L'Abbé

Elzéar RUFFAT

PAR

M. le Chanoine ROUQUETTE

TOULOUSE

LAGARDE ET SEBILLE, ÉDITEURS

2, RUE ROMIGUIÈRES, 2

1903.

L'Abbé Elzéar RUFFAT

DU CLERGÉ SÉCULIER

L'Abbé Elzéar Ruffat

(1812-1897)

L'Abbé

Elzéar RUFFAT

DU CLERGÉ SÉCULIER

PAR

M. le Chanoine ROUQUETTE

TOULOUSE

LAGARDE ET SEBILLE, ÉDITEURS

2, RUE ROMIGUIÈRES, 2

—

1903

Toulouse, le 22 Janvier 1903.

H. Monsieur le Chanoine,

Après avoir lu avec grand intérêt votre **Vie de Monsieur Ruffat**, malgré le parfum de sincérité qui s'en dégage, j'ai tenu à m'éclairer auprès de ceux qui connurent ce vénérable chanoine, afin de pouvoir louer votre œuvre et la recommander.

Un ecclésiastique qui est bon juge me l'a résumée ainsi : « C'est une œuvre d'édification sacerdotale. »

Je souscris volontiers à ce témoignage. Ce que vous dites des vertus, des œuvres des derniers jours de M. Ruffat, montre bien qu'il n'est pas exagéré. Vous y ajoutez, avec votre verve ordinaire, des souvenirs personnels, des faits locaux, des anecdotes qui, en évoquant quelques anciennes figures du Clergé toulousain, ne sont pas pour déplaire à vos lecteurs, pas plus que pour diminuer l'intérêt de votre biographie.

Agréez, je vous prie, l'hommage de mon affectueux dévouement en N.-S.

† AUGUSTUS,
Archevêque de Toulouse.

INTRODUCTION

La mode n'est plus à ces *avant-propos* que nos aïeux du grand siècle appelaient *avertissement au lecteur*. Les *préfaces* ont cependant une double utilité : 1º Elles exposent l'idée-mère d'un auteur, le plan de son ouvrage, son but; 2º Elles lui concilient la bienveillance des lecteurs, leur sympathie même, par la franchise de ses déclarations et la modestie de ses visées. La *préface* est un acte de prudence, de sincérité et de discrétion.

J'y persiste.

Les études biographiques doivent avoir, au déclin de la vie, un intérêt tout particulier. L'exactitude des jugements est plus facile, au voisinage plus immédiat de ceux dont on raconte l'existence. Les passions de l'écrivain, et aussi ses enthousiasmes, s'émoussent d'eux-mêmes, quand il a pour pupitre une table mortuaire ; et pourtant il y a un tel charme à considérer les traits de ceux que nous avons estimés et aimés, qu'il semble que la mort y perde de sa laideur et presque de sa nature.

Aussi les vies méditées des êtres vertueux sont-elles à leurs survivants une leçon, un encouragement et une consolation. C'est sans doute pour ces motifs que saint Paul nous conseille « d'approfondir l'issue de leur conversation et d'imiter leur foi, » l'alliance en eux de la vérité et de la vertu, la sainteté.

C'est pour cela encore que saint Bernard recommande à ceux qui parlent ou qui écrivent dans un but d'utilité pour leurs frères, de devenir *réservoirs*, avant de se faire *canaux* (1). Car il est écrit que « nul ne donne ce qu'il n'a pas. » Et il ne faut pas mettre son champ à sec, en arrosant celui d'autrui.

La vérité et la vertu, ces deux trésors, peuvent-ils être proposés au vulgaire ? Oh non. Parmi les vivants, ils doivent être rares, parce que aucune sainteté n'est regardée comme définitive, qui n'ait reçu la consécration de la mort : effrayante consécratrice que celle-là ! Louer les vivants serait une périlleuse tentation à leur vanité, qui dure en tout être humain, jusqu'au dernier soupir.

Mais, après ce terme, la vertu, même relative,

---

(1) Te concam exhibe, deindè canalem.

la sainteté simplement humaine sont des faits acquis, des biens imperdables, puisque Dieu a daigné les accepter dans les conditions de notre course terminée. Ce sont là des exemples qui ne désespèrent aucun courage, qui, au contraire, enhardissent les petits et les faibles.

Voilà une considération sur laquelle je me suis appuyé, devant cette mémoire distinguée et modeste : *Interrogez, connaissez et faites !*

Mais ce qui est trop haut situé est plus difficile à atteindre. Et, si c'est une tactique sage de viser à une perfection qu'on peut appeler *surhumaine* — tant elle a demandé d'efforts et enfanté de mérites — c'est une stratégie non moins prudente de se proposer des types plus voisins de notre nature et encore assujettis à nos faiblesses. Les devoirs sont, d'ailleurs, toujours conformes à l'état de chacun.

Donnez-nous des modèles dont l'austérité ne nous fasse pas peur.

Ce que nous aimons dans la sainteté, c'est qu'elle soit douce, bonne, aimable. Montrez-nous des êtres d'élite qui aient foulé les chemins dans lesquels nous marchons, vaincu les obstacles contre lesquels nous avons à lutter.

Pas trop de miracles, s'il vous plaît? Le *pain quotidien* de la vie ordinaire sanctifiée par la soumission à la volonté de Dieu : Voilà ce qu'il nous faut; et ce sera bien beau et bien bon ! Le plus humble siège est encore un trône, dans ce royaume où il n'y a que des princes, des rois et des anges, en compagnie de Dieu !

Le père et la mère de famille qui ont porté jusqu'à l'héroïsme les vertus du foyer, les parfaits éducateurs de l'enfance, les maîtres, modèles de leurs serviteurs, les serviteurs irréprochables envers leurs maîtres; le mercenaire et le colon qui ont tenu dignement l'outil du labeur:.. Un prêtre qui ne partit ni pour la chine, ni pour le Japon, qui ne vint cacher sa vie ni à la chartreuse, ni à la trappe, ni même dans aucune de ces congrégations que la révolution persécute aujourd'hui..., mais qui fut, tour à tour et selon ses âges divers, écolier, séminariste, vicaire, préposé aux premiers emplois hiérarchiques et qui aurait pû, s'il l'eût voulu, sans démarches ambitieuses, arriver au plus haut sommet; qui, sans orgueil ni timidité, se borna à faire de son mieux ce qu'il faisait? Voilà un type bon à connaître et à suivre, dans quelque condition sociale qu'on soit placé?

— Ce prêtre, quel est-il? Dites-nous son nom et nous ferons de lui le meilleur éloge; *nous l'imiterons*. Car il a évité le mal, autant que la nature humaine peut lui échapper. « C'est pourquoi ses bonnes œuvres sont établies dans le Seigneur? »

Elles peuvent être écrites dans les livres qui traitent de religion, d'honnêteté, d'honneur, de zèle, de courage, de fidélité à Dieu et aux hommes, à la conscience et au devoir !

Elles pourront être racontées dans l'assemblée des fidèles, ou même des prêtres et de ceux-là surtout qui ont la vocation de le devenir :

— Encore une fois, dites-nous son nom ?

— Je ne saurais vous le taire ; car tout ce qui précède est le cadre dans lequel j'ai enfermé sa vie entière. Et elle dura quatre-vingt sept ans. Il s'appela l'Abbé Ruffat.

P.-S. Note très essentielle :

Ceci n'est pas une histoire de polémiques quelconques comme il en surgit quelquefois dans les centres administratifs, où travaillent cependant des hommes faisant profession de bonté et voués à la paix d'autrui. Non. C'est, essentiellement et avant tout, une œuvre d'*édification sacerdotale*. Aucune curiosité saine n'y doit chercher autre chose.

G. R.

Monseigneur,

Un de vos meilleurs désirs doit être certainement de connaître plus à fond le clergé toulousain dont vous êtes le Pasteur et le Père.

Pour ceux d'entre-nous que vous trouvâtes en plein travail dans votre champ, cette connaissance a dû être facile à votre haut discernement et à votre bon cœur; mais, pour ceux qui avant votre arrivée, avaient déjà emporté là-haut leur gerbe mûre, il peut vous falloir quelqu'aide. Permettez-moi, Monseigneur, de remplir cet office, en vous retraçant la physionomie et l'action d'un des travailleurs qui ont le plus honoré nos rangs, au cours du siècle qui vient de finir.

Si vous daignez accorder à mon initiative votre bénédiction, elle me rappellera ces jours lointains où j'eus la faveur providentielle d'avoir pour Maître de mon apostolat à ses débuts le même grand évêque de Nîmes, qui fut le père de votre carrière, presque à son apogée aujourd'hui.

Permettez-moi aussi, Monseigneur, devant ce souvenir, de vous offrir l'expression de la vénération et du dévouement avec lesquels j'ai l'honneur d'être et de me dire

De votre Grandeur,

Le très respectueux serviteur et fils,

G. ROUQUETTE.

L'Esquile, mai 1902.

A Monsieur le Chanoine Tessèdre,
à la Sainte-Famille de Toulouse.

Mon cher et vieil Ami,

Je vous aborde familièrement par ces deux qualificatifs, dont le second justifie si bien le premier. En amitié, en effet, la durée crée la fidélité et la prouve.

Autrefois vous fîtes, sous ma jeune pédagogie, des versions grecques et des thêmes latins ! Aujourd'hui, c'est moi qui viens d'écrire, sous votre inspiration, une vraie *narration française*. Je vous la livre avec une confiance et une tendresse qui n'auront rien de nouveau pour vous. Elle m'aura servi à rendre encore de quelque utilité la solitude à laquelle la Providence a voulu astreindre mes anciennes activités, dans ces vieux murs où nos cœurs apprirent à demeurer jeunes.

Ceci est un recueil des *Souvenirs* ; mais, par les exemples qu'il contient, il deviendra, je l'espère, pour ceux qui l'auront goûté, un motif d'*espérances*.

Je suis toujours bien cordialement à vous.

G. ROUQUETTE.

L'Esquile, mai 1902.

L'ABBÉ ELZÉAR RUFFAT

DU CLERGÉ SÉCULIER

Les Ascendants.

La légende quotidienne des saints, dans le bréviaire romain, commence toujours par une note généalogique donnant les noms du père et de la mère de ces héros. Ce mode est tout à fait naturel, logique, moral, édifiant. « Il est, en effet, digne et juste, équitable et salutaire » d'évoquer, sur la tombe des saints, les auteurs de leur vie ; parce que si « la couronne des vieillards est faite avec les fils de leurs fils », la gloire de ceux-ci réside dans leurs aïeux et leurs pères ». En aucune histoire, méritant d'être publiée, cette observation ne sera moins douteuse qu'en celle où nous entrons. La vie de l'abbé Ruffat est pleine de la vie de son père. C'est une question d'atavisme intellectuel, moral, religieux, à ce point que le biographe doit faire de constants efforts pour que la distinction et l'originalité même du modèle n'atténue pas les mérites de la copie. Nous laisserons à chacun son caractère propre, sans exagérer le *Gloria patri*, mais en lui rendant tout hommage.

Nous remonterons même à la génération supérieure, pour mieux découvrir la source des courants qui agrémenteront notre route :

Le grand-père de l'abbé s'appelait Barthélemi, le père Dominique.

Voici une note officielle :

M. Barthélemi Ruffat, professeur de Droit romain à l'Université de Toulouse, mourut dans sa maison, rue de l'Egalité, section 3, n° 767. « Par devant nous, dit un acte public, a comparu la citoyenne Marie-Anne Boyer, veuve dudit Barthélemi Ruffat, laquelle nous a dit qu'à son très grand regret, ledit Ruffat, son mari, serait décédé dans cette maison le 26 avril 1794 ; qu'il a laissé a lui survivant pour ses seuls et uniques héritiers de droit, cinq enfants, nommés : Jean-Baptiste-Alexandre, médecin ; Toussaint ; Claire-Josephe, épouse du citoyen Vidal ; Charles, prêtre ; et *Jean-François-Dominique* (le père de l'abbé).

Il avait trente-deux ans alors, et fut plus tard le successeur de ce père éminent. Mais c'était bien sous sa direction et sous son égide qu'il avait conquis ces capacités et acquis, dans son propre pays, cette réputation qui le mirent en état de porter, dans la carrière du Droit et dans celle des Lettres, un nom recommandable à l'égal de ceux qui l'étaient le plus. La tourmente révolutionnaire n'avait rien laissé debout sur le sol ébranlé de la France. Toutes les institutions étaient tombées, les Universités comme les autres. C'est la page sanglante, jusqu'au jour de délivrance où tomba, sous le billot, la tête du monstre qui en avait fait tomber tant d'autres !

Parmi les seuls enfants de Barthélemi Ruffat, il y eut trois victimes : un guillotiné, un émigré, prêtre, qui mourut, en Espagne, en 1801, un détenu, qui échappa à la mort par miracle : M. Dominique Ruffat.

On comprend sans peine quelles impressions

d'effroi devaient produire ces souvenirs et quelle horreur on devait avoir plus tard en famille de tout ce qui pourrait ramener ces épouvantables desastres.

Ces conditions déplorables ne peuvent être omises dans les éléments d'éducation de l'abbé Ruffat.

Disons encore : Il n'y a pas seulement ici une note d'atavisme intellectuel : de père en fils, ils étaient moraux, bons, honnêtes, *chrétiens*, enfin. Si Dominique fut élevé chez les doctrinaires de l'Esquile, c'est parce que son père lui avait choisi cette institution. Il avisait à toutes les précautions pour conserver son innocence. Un de ses moyens était de le confier pendant les vacances à un de ses parents, curé de Pechbonnieu. Dominique Ruffat a donc commencé par être l'*enfant du presbytère*. En sorte que quand, cent ans après, Elzéar, vicaire-général de Mgr Mioland, accompagnait le prélat dans ces contrées, il a pu retrouver, dans une modeste église, dans une sacristie, dans un jardin champêtre, des souvenirs encore vivants de son père enfant. Belles impressions que celles-là !

Du reste, l'opinion publique, qui était alors à Toulouse ce qu'elle est aujourd'hui et partout, avait marqué comme dignes d'une égale vénération ces deux têtes, celle du père et celle du fils. La gent des écoles, toujours ardente mais sincère, accueillit avec des ovations, en 1808, le retour de Dominique Ruffat sur la chaire paternelle de Droit romain ; et surtout elle fit remonter jusqu'au noble père ses enthousiasmes pour le fils. J'ai sous la main une épître adressée par un de ses élèves au maître actuel. Elle renferme ces deux vers :

> Toi qu'une noble ardeur anime d'un saint zèle,
> En marchant sur les pas d'un illustre modèle... (1)

Et je copie *in-extenso* la note ci-dessous, avec le renvoi au fond de la page.

« Allusion à M. Ruffat le père, doué de toutes les qualités sublimes qui ravissent l'estime des siècles et assurent l'immortalité. Sa mémoire sera toujours chère aux amis des sciences et des lettres. » (Textuel.) Certes, voilà un élève au moins reconnaissant. L'abbé Ruffat avait lieu d'être fier de pareils ascendants. Et, à coup sûr, il en bénissait Dieu.

M. Louis Pech.

Il serait naturel et logique de placer le portrait de la mère à la suite de celui du père. Les deux doivent n'en faire qu'un dans l'histoire du fils. Mais patience ! La physionomie de cette digne femme résidera dans ses œuvres qui sont ses enfants. Disons ceci en attendant :

Mme Ruffat était une demoiselle Pech, dont le père et la mère étaient un ménage d'honnêtes négociants, qu'un oncle paternel a laissés un peu dans l'ombre par son importance personnelle et par ses bontés. Il était célibataire, condition favorable aux neveux.

---

(1) L'épître est signée du nom de *Rives*.

C'était aussi un négociant des plus honnêtes et des plus considérés. Il avait, à la rue des Paradoux, un bazar de bijouterie de luxe. Sa carte commerciale serait encore aujourd'hui un objet de curiosité. De plus, il était administrateur de l'église de la Daurade. Très lié avec M. Ruffat, qui épousa sa nièce, il se conduisit en vrai père de famille pour tous les siens, ainsi qu'en témoignent ces vers que le légiste lui adressa la veille de sa fête :

A MONSIEUR PECH

Tel est de tout pays et l'usage et la loi
   Qu'un débiteur doit acquitter sa dette,
Surtout celle du cœur ! Que l'âme est satisfaite !
Qu'on est heureux ! Comme on éprouve en soi
   Une jouissance secrète,
Alors qu'on peut, sans manquer à sa foi,
Dire : J'ai des amis qui retrouvent en moi
D'amour, de sentiments une échange complète !
Et quand chés des parents on trouve des amis,
   Ce qui n'est pas d'usage en tout pays,
Le bonheur est plus pur, la joye est plus parfaite !

   O vous, surtout, par vos vertus heureux,
   Vous, à qui vos neveux
   Doivent le nom chéri de père,
   Recevez l'hommage sincère
   De leur amour et de leurs vœux (1).

C'était l'honorable alliance de la science et des lettres avec l'industrie. Le mariage de la nièce de M. Pech avec M. Ruffat fut à la fois la meilleure

---

(1) En style autant qu'en orthographe, ça sent son 1825. Un neveu, âgé de 50 ans, qui proteste de son amour à l'oncle de sa femme ! Oh ! que de vertus il y a dans certaines naïvetés ! On ne fait plus de ces vers aujourd'hui ! M. Ruffat en fesait beaucoup.

preuve et la plus légitime extension de ces rapports amicaux.

M. Louis Pech avait acheté, en 1781, le château et le domaine d'Ardizas, à Saint-Martin-du-Touch. C'est dans cette luxueuse résidence que le généreux propriétaire recevait sa famille à la belle saison ; M. Ruffat y fut plus tard *chez lui* avec tous les siens.

Quand la tourmente révolutionnaire fut passée, il en a chanté tous les sentiers et, pour ainsi dire, tous les arbres et toutes les pierres.

Mais c'est évidemment là que son cœur avait fait son choix. Il avait épousé la nièce de l'oncle.

Un vieil ami, qui n'a pas moins de quatre-vingt-dix ans, m'a raconté un incident qui ne manque pas de piquant et dont l'étrangeté n'étonne qu'à moitié ceux qui ont connu le grave juriste. Il cultivait la plaisanterie jusqu'à en devenir un peu farceur. Voici le trait :

Un de ses camarades lui annonça, un jour, qu'il s'absentait pour un temps assez long et lui demanda, comme un service d'ami, de fréquenter autant qu'il le pourrait la famille Pech, « afin d'empêcher ces dames de languir en son absence ». Il se traitait en fiancé.

Dominique promit ses meilleures assiduités de consolateur et s'acquitta si bien de sa fonction que, quand le pèlerin fut de retour, Mlle Thérèse déclara qu'elle avait toujours eu l'intention d'épouser M. Dominique Ruffat et qu'elle n'aurait pas d'autre mari que lui. L'aimable compétiteur consentit à être *garçon d'honneur*. Il n'y eut pas de duel ; on ne se brouilla même pas. Et le fiancé, *pour de vrai cette fois*, plus heureux qu'il ne s'y était attendu, se composa un madrigal dont la jeune épouse fut ravie.

Elle s'appelait désormais Mme *Ruffat*. Son meilleur vœu était rempli. Pour qui a connu M. Ruffat, ceci ne fut ni une trahison ni un larcin, mais tout simplement un escamotage très amusant et très *prévu*.

M. Louis Pech, vrai père de tous les siens, vécut jusqu'en 1832. En 1824, il donna par testament à sa nièce le château et les terres d'Ardizas; laissa cinq mille francs à chacun des hospices de Toulouse et plusieurs autres legs pieux. Il était riche et chrétien.

Mais M. Ruffat, qui n'était ni grand négociant ni célibataire, dut considérer comme une trop lourde charge l'entretien d'un immeuble si important et si nécessairement dispendieux. Il le garda deux ans à peine et le revendit à M. de Malafosse, dont les héritiers successifs le possèdent encore.

Quant à lui, il retrouva ses habitudes d'ancienne modestie dans sa maison, pleine de familie, de Villeneuve-les-Cugnaux. Il y vécut encore huit années, dans cette paix très intellectuelle et volontairement un peu rustique. Les relations avec le vicaire de la Daurade étaient, pour ainsi dire, quotidiennes. C'était l'honnêteté, la paix, le bonheur pour lui et pour les siens, dans la plus honorable des retraites !

Mais, hélas ! cela dura huit ans !

Quatre Filles et un Fils.

En époux chrétiens et patriotes qu'ils étaient,
M. et Mme Ruffat eurent cinq enfants. C'était un
nombre au moins respectable. Les trois premiers
furent des filles. Elzéar vint le quatrième ; ce dut
être, pour la vertueuse femme, une série non inter-
rompue d'occupations absorbantes, que ces berceaux successifs, avec toutes les préparations qui
les précèdent et tous les travaux d'éducation dont
ils sont le point de départ. M. Ruffat prêta bien à
sa compagne tout son concours affectueux pour
alléger ses soucis, sans diminuer ses mérites. Mais
on ne risque aucune erreur de jugement, en déclarant à l'avance que ses vœux paternels n'étaient
pas encore comblés. Tout en aimant trèstendrement
ses filles, il souhaitait avoir un fils, se faisant à
l'avance un idéal de tout ce qu'il accumulerait,
en cet être si attendu, de germes heureux et
d'éducation religieuse. Si nous interprétions ses
projets et ses espérances à cet égard, nous risque-
rions de les affaiblir. Plus exquis sont les sentiments humains, plus difficiles ils sont à définir, à
commenter. Contentons-nous d'indiquer que le
13 octobre 1812 ces vœux eurent leur accomplissement. Les prophètes chirurgicaux purent dire
au père de famille : *Un enfant vous est né, un fils*
vous est donné !

Et le père, dans le ravissement de son âme,
répondit, par un enthousiaste : *Deo gratias !* Tout
était prévu pour la réception du nouvel arrivant.

Et si la mère s'était enquise de la layette en jouets,
et en autres instruments puérils, le père avait tout
préparé et s'était préparé avec elle à cet avéne-
ment qui était le grand événement de la famille.
Jamais la vieille chanson qui dit :

> Or, un baptême
> C'est une fête
> Pour les parents, pour les amis,

n'eut une plus sincère réalisation. Connaissant
M. Ruffat tel qu'il s'est déjà révélé à nous dans
ces études, nous sommes bien persuadé que sa
muse fut de la partie et que la quatrième églogue
de Virgile eut son écho dans la maison du profes-
seur-poète.

EXTRAIT DE BAPTÊME DU NOUVEAU-NÉ

CLAUDE-CATHERINE-ELZÉAR RUFFAT,
Né le 13 octobre 1812,
Baptisé le 15 octobre, jour de sainte Thérèse,
Fête de sa mère,
par M. ORTRIC, futur évêque de Pamiers.

Décidément l'évêché de Pamiers était destiné à
avoir sa part dans la vie de cet enfant.

Et la série n'était pas épuisée. Mme Ruffat, que
ses travaux maternels n'avaient pas trop affaiblie,
fut mère une cinquième fois. Et, pour un empire,
cette courageuse héritière de la mère des Maccha-
bées n'aurait sacrifié ni l'une des aînées, ni celle
qui venait de naître. Quant à M. Ruffat, il était
trop poète pour ne pas avoir savouré d'instinct la

prière que son ami Lamartine a placée sur les lèvres de l'enfant à son réveil :

> Donne une famille nombreuse
> Au père qui craint le Seigneur ;
> Donne à moi sagesse et bonheur
> Pour que ma mère soit heureuse !

Il était trop honnête homme, trop moral, trop patriote, trop chrétien surtout, pour ne pas repousser énergiquement ces théories de l'égoïsme sensuel qui devait aboutir, après moins d'un siècle, à ce résultat désastreusement appauvrissant qu'on appelle aujourd'hui : *La dépopulation de la patrie.* M. Ruffat était assez philosophe pour savoir que le remède était moins dans des primes gouvernementales que dans les mœurs chrétiennes. Le professeur de Droit romain avait toujours admiré la mère des gracques, mais ses préférences invariables étaient pour ces vieux foyers de la Bretagne, où on comptait les vertus par le nombre des enfants.

Il paya donc sa dette à l'humanité et à la patrie, en conséquence, tout prêt à la payer à l'Eglise et à Dieu.

Nous avons dit qu'il *chassait de race* ; c'est le cas de le répéter et de le prouver. Son père et sa mère avaient eu cinq enfants. Quatre fils, une fille. Il eut quatre filles et un fils. La tradition familiale fut conservée.

> Enfant, connais ta mère à son heureux sourire
> De ton père tu vois le regard attendri
> Et que personne ici ne vienne dire :
> Tes parents ne t'ont pas souri.

Le Nid Familial

Nous pouvons pénétrer au sein de cette famille, conduit par des guides bien sûrs, dont les témoignages seront un certificat de cette perfection, au moins relative, à laquelle les êtres craignant Dieu et aimant la vertu, s'efforcent de tendre. La première de ces attestations, que rien n'avait provoquée, est de Mgr Savy ; elle est datée d'Issy, près Paris, où l'évêque-nommé d'Aire se préparait à sa consécration épiscopale. Elle porte l'empreinte des plus graves préoccupations, en laissant toute carrière à l'affection qui l'inspire. Elle est adressée à Mme Ruffat au début, à M. Ruffat à la seconde moitié :

La vérité est qu'il n'est pas de bien que je ne souhaite de tout mon cœur à cette bonne famille. Si j'ai le bonheur d'être exaucé, l'abbé sera un prodige de science et de sainteté. Mlle Anastasie goûtera la douceur des fruits de cette sagesse qui ne s'est jamais démentie ; Mlle Eliza sera toujours pieuse comme un ange ; Mlle Zoé ira gaiement par la même voie que ses deux sœurs ; Mlle Pauline se préparera à la première communion avec beaucoup de soin, la fera bientôt avec beaucoup de ferveur, en conservera constamment les fruits précieux ; et le père et la mère de cette pieuse famille jouiront longues années du bonheur que doivent leur donner de tels enfants. Ce sont mes vœux et mes prières, mon cher monsieur, et j'espère qu'on en fera ainsi pour moi dans cette chère famille, surtout pour le jour qui approche où doivent m'être imposées de si graves et si redoutables obligations. Ce sera, selon toutes les apparences, le premier dimanche d'août, le lendemain de notre fête (il s'appelait Dominique), que je vous souhaite très bonne et très heureuse. Je suis tout à vous et aux vôtres.

SAVY.

Du séminaire d'Issy, le 13 juillet 1827.

Quand cette belle et bonne lettre fut adressée à ces vertueux parents, leurs enfants étaient jeunes encore ; c'étaient des fruits futurs, à la saison des fleurs. Plus tard, nous retrouverons à leur maturité ces vertus exquises, ces dispositions heureuses, que les religieuses de Notre-Dame, auront cultivées ; en un mot, tous ces développements de vertus dont l'affectueux évêque a salué les espérances ! En 1827, Elzéar était encore un enfant.

Que ne durent-ils pas être tous en eux-mêmes, et les uns par rapport aux autres, quand la Providence les eut assez élevés dans les efforts de la vertu et les délices de la piété pour qu'ils fussent prêts à l'heure des grands devoirs et des majeures tribulations de la vie. Contentons-nous d'admirer aujourd'hui, dans ses évolutions juvéniles, ce *Nid familial* si intéressant, en lui appliquant cet adage consolant des Saintes-Ecritures : « L'adolescent est entré dans sa voie définitive ; même quand il aura vieilli, il n'en sortira pas... » Nous voilà en aussi parfaite connaissance qu'on puisse être, par les prévisions de la sagesse et les leçons de l'expérience.

Nous connaissons l'abbé Ruffat et ses sœurs, leur père et leur mère, toute la famille.

A l'Ecole

Elzéar naquit à Toulouse le 13 octobre 1812, sur
la paroisse Saint-Etienne, sous l'épiscopat de
Mgr Primat, ancien évêque constitutionnel de Lyon,
mais ayant fait sa soumission au Saint-Siège et
vivant désormais dans cette hybride fidélité à ses
vœux professionnels et à ses engagements politiques ; époque de douloureux souvenirs pour
l'épiscopat, pour les prêtres et pour les catholiques, que celle où, après sa captivité à Savonne,
la papauté était enchaînée à Fontainebleau et où,
après les orgies révolutionnaires qui avaient ensan-
glanté la France, cette patrie aimée du Christ et
amoureuse de la liberté était opprimée sous la
main de fer d'un tyran qui ne l'avait enivrée de
gloire militaire que pour lui enlever le sens populaire de l'indépendance et de son vieil honneur.
Plus rien n'est à écrire sur ces débauches successives de la révolution et de la tyrannie. La génération qui sortit de ces ruines sembla prédestinée
à une résurrection nécessaire. Elle l'eut, en effet,
mais ces fatales folies demeurèrent, à des heures plus
ou moins espacées, renouvelables. Voila plus de
cent ans que la révolution dure. Et jusques à
quand ?

A cette période d'accalmie provisoire, les res-
taurateurs de l'ordre public, récemment restaurés
eux-mêmes, durent commencer par fermer la plus
déplorable brèche qui restât béante : l'enseignement public. Le clergé se mit à l'œuvre pour la

réédification des séminaires, et les plus courageux laïques le secondèrent par leur confiance de pères de famille.

A Toulouse, deux prêtres, dont les noms sont demeurés en vénération, fondèrent une école-libre, où les chefs de maison les plus respectables envoyèrent leurs enfants. C'est là que fut enseignée la jeune génération qui devait enseigner à son tour. Ces deux instituteurs s'appelaient : Gary et Savy. C'est chez eux que furent envoyés, dix ans avant, des élèves qui s'appelaient Izac et Pratviel. C'est à eux que furent confiés, dix ans après, Elzéar Ruffat et ses contemporains.   o

C'était une grande sécurité, au sortir d'une aussi longue tourmente, de trouver un asile de paix. On conçoit quelle reconnaissance méritèrent ceux qui eurent l'honneur et le sens patriotique de l'ouvrir. Ce fut un abri temporaire, mais suffisant aux vocations à venir.

M. Ruffat, dont la science littéraire et les aptitudes pédagogiques étaient si remarquables, avait fondé, en 1806, une école secondaire qui eut, auprès des plus nobles familles de Toulouse, un succès éclatant et continu. Mais, ni les odes d'Horace ni les discours de Cicéron, ne l'avaient détourné de Justinien. Il y revint, sur la chaire même qu'avait précédemment occupée son père. En quittant sa nombreuse société de jeunes gens, il se préoccupa de se donner pour eux des successeurs et des amis : ce furent MM. Gary et Savy, dont les noms sont aussi demeurés en vénération chez nos pères.

C'est à ces mêmes hommes qu'il confia plus tard son Elzéar, le trésor des trésors.

L'enfant s'y conduisit selon toutes les qualités qu'il pouvait montrer à son âge. Son intelligence eut des développements progressifs et rapides. Il fallut plutôt contenir son ardeur que la stimuler. Mais le père y veillait. La santé et la constitution du jeune écolier ne donnaient aucune sollicitude, et c'était, à son âge, le point le plus essentiel. Disons que sa jeune âme grandissait à l'avenant. Il ne se contentait pas de suivre les bonnes inspirations ; par une sorte de divination précoce, il les devançait. La sécurité en ce point était, pour son père et pour sa mère, le bonheur. On conçoit dans quelles proportions ils l'appelaient sur une tête si chère. Sans la fatiguer, ils y travaillaient tous.

Mais M. Ruffat avait en éducation des idées fermement arrêtées par ses expériences. Il ne lui tardait pas de se dégager d'obligations paternelles qui n'étaient pas un poids ; mais il était partisan de l'enseignement public et prisait beaucoup les avantages que l'émulation fait naître. Ce fils qu'il avait si ardemment désiré, il était dans la ferme résolution de l'offrir à Dieu. Elzéar n'était nullement en retard pour ses études, mais il n'était que temps d'en régler le cours.

Tous les vœux paternels de M. Ruffat étaient tournés vers l'Esquile, son ancien collège à lui. L'âge de la première communion approchait pour l'enfant. Cette considération était décisive.

Assurément, le clergé paroissial de Saint-Etienne était en ce moment composé d'hommes dont la moralité professionnelle offrait toutes les garanties. Le curé était M. Bernadet, un homme d'une vertu consommée. Les vicaires étaient M. Pagan,

qui fut plus tard son successeur ; deux frères Ortric,
dont l'un fut curé de la Dalbade, dont l'autre
mourut évêque de Pamiers. C'étaient les champions d'un beau relèvement après quelques com-
promissions dans lesquelles la politique de plusieurs autres avait joué un vilain jeu. Mais
M. Ruffat était très partisan de l'éducation publique, pour des motifs d'emulation. Il réfléchit
encore ; l'Esquile vainquit décidément dans ses
goûts tous les autres projets. Cette inspiration
venait de haut.

M. Ruffat chez M. Izac

On fait, en général, grand bruit autour de deux
hommes d'Etat, de deux souverains qui se sont
abouchés — à plus forte raison de deux saints. —
Ex. : saint Paul et saint Antoine ; saint François et
saint Dominique.

Cet intérêt est juste. Le monde social est en
droit d'attendre beaucoup de la rencontre de deux
éminentes spécialités.

Il semble que la vérité, l'art, la sainteté soient,
en ce cas, comparables à un objet placé entre deux
miroirs et se réflétant à l'infini.

Cette comparaison est appliquée par Bossuet à
la Douleur de deux êtres qu'elle martyrise également.

Elle est applicable au génie et à la vertu.

Représentons-nous deux hommes marqués à ce
double caractère et dont chacun a passé par cet
incendie, par cette tempête qui s'est appelée *la*

Révolution française; quels souvenirs, quelles impressions, quelle conversation !

Ce fut celle qui marqua les premières relations entre l'ancien professeur de droit et le supérieur actuel de l'Esquile.

On sait ce que le premier avait souffert, jusques dans sa prison, d'où il aurait pu ne sortir que pour monter sur la charrette fatale !

Quant à M. Izac, il n'avait souffert ni dans sa liberté, ni dans ses biens, ni dans sa famille. Il pouvait dire comme Sieyès : « Pendant tout ce temps nous avons vécu ». C'était beaucoup, mais c'était tout !

Quand le Concordat eut pacifié la France, l'abbé Izac, encore diacre, prit sa direction vers l'enseignement et il se disposait à entrer à Saint-Sulpice. Mgr Primat, à qui il en demanda l'autorisation, lui répondit : « Je vous nomme supérieur du petit séminaire. »

Ce dut être surtout un sujet de considérations remarquables sur les intérêts de l'Eglise et ceux de la patrie que celui qui intervint entre ce légiste consommé qu'était M. Ruffat et cet éducateur profondément réfléchi qu'était M. Izac, auquel ce père éminent venait confier ce qu'il avait de plus cher au monde, son trésor unique, son fils.

M. Izac avait un plan principal et, on peut le dire, réalisait une *idée fixe*, qu'il partageait, du reste, avec tout ce qu'il y avait d'honorable dans le clergé français et particulièrement dans l'élite du clergé toulousain.

L'idée était la restauration du clergé français par les séminaires diocésains; le plan, plus défini, plus localisé, était la fondation et la direction de ce qu'on appelait les *petits séminaires purs,* par opposition aux *petits séminaires mixtes.* Les premiers étaient exclusivement, irréductiblement destinés au repeuplement de la tribu sainte et devaient avoir des règlements rigoureux d'admission ou d'ostracisme pour tout élève qui donnait ou ne donnait pas au moins des espérances de vocation. Les seconds, élargissant leurs portes, recevaient volontiers, pour complaire aux familles chrétiennes, les enfants qui, en dehors de toute question de vocation, devaient être élevés selon les principes et les lois de l'honnêteté sociale sous l'égide de la religion. C'était beaucoup, assurément, mais c'était insuffisant pour les visées réparatrices des d'Arbou, des Garrigou, des Izac.

Selon ces derniers, il n'y avait rien à retrancher des prescriptions formelles du Concile de Trente. Tout en demeurant pénétrés d'estime et de dévouement pour les familles désireuses de confier au clergé l'éducation laïque de leurs enfants, ils se croyaient obligés de refuser leur concours.

« Un séminaire mixte, disait M. Izac dans son langage imagé, ça n'est ni chair ni poisson. » Et, durant toute sa vie, il se fit un cas de conscience de ne pas admettre officiellement un mélange qui, disait-il, « pouvait avoir des avantages pour les jeunes laïques, mais qui ne devait avoir que des inconvénients pour les jeunes abbés. »

« Il ne manque pas de collèges, dont quelques-uns tenus par des prêtres. Nous ne pouvons qu'être satisfaits de la confiance qu'ils inspirent. Mais *nous,* nous sommes *un séminaire.* »

Et, là-dessus, le digne supérieur était irréductible. Aussi, la première condition qui ne se discutait même pas, était : La prise de la soutane à bref délai. Cela restreignait le nombre et un peu la qualité des admissibles. Mais M. Izac ne voyait aucun mal dans les préférences accordées à la pauvreté. C'était, dès l'asile de la première enfance, le *non multi potentes, non multi nobiles !*

D'ailleurs, il était déjà évident que les hautes classes avaient détourné leurs vues du Sanctuaire, depuis que les riches prébendes avaient été supprimées.

Il n'y avait plus que les hommes de foi qui vinssent dire à l'Eglise : « Voilà mon fils. Non seulement la pensée qu'il pourra prendre chez vous des goûts de sacerdoce ne me répugne pas, mais j'ai plutôt ce désir et cette espérance. Prenez-le. »

M. Ruffat, que nos lecteurs connaissent, n'était pas seulement ce qu'aujourd'hui on appelle *un clérical;* c'était un chrétien pieux et éclairé, un érudit qui connaissait sa haute philosophie et son catéchisme populaire.

M. Izac ne lui apprit certainement rien en lui citant ces propos de M. de Maistre, qui l'avaient tant affermi lui-même dans sa vocation d'instituteur.

« Le sacerdoce doit être en ce moment la préoccupation de la société qui veut renaître. Que les hautes classes offrent leurs fils à l'autel comme dans les temps passés. Qu'elles rendent à l'église en illustration et en richesse ce qu'elles en ont reçu. Elles s'acquitteront ainsi d'une dette immense qu'elles ont contractée envers la France et même envers l'Europe... mais surtout envers Dieu ! » Et, avec ce ton prophétique qu'il employait volontiers, M. de Maistre ajoutait : « Si j'avais sous les yeux le tableau des ordinations sacerdotales, je pourrais prédire de grands événements (1). »

Hélas ! la confiance que le philosophe avait en ses lumières et en son dévouement le trompait. Les hautes classes auxquelles il adressait son appel avaient déjà perdu, au commencement de ce siècle, le chemin du sacerdoce. Elles ne l'ont pas retrouvé, ni recherché depuis. On est tenté d'ajouter : Tant pis pour elles.

Plus avisés et plus pratiques étaient, dès cette époque, les hommes qui, comme M. Izac, comptaient sur les enfants du peuple pour *repeupler* le sanctuaire.

Plus dévoués surtout étaient à la religion, à l'Eglise, à Dieu, les hommes qui, comme M. Ruffat, appartenant à la plus haute aristocratie de la France, par l'intelligence, par le savoir et par le cœur, lui ont donné leurs enfants. Dans les exigences et dans les misères de la société nouvelle, il en est qui ont valu de s'appeler chacun *légion*.

Nous en avons connu *un* à Toulouse et nous savons où il fut élevé.

Au Petit Séminaire

C'est donc à M. Izac que M. Ruffat vint présenter son fils, pour qu'il fît ses études dans ce même asile de la science et de la piété où lui-même avait été élevé, par les anciens *Pères doctrinaires*. Ces

----

(1) Voir sur cette question la belle étude de M. l'abbé Bougaud, vicaire-général d'Orléans, plus tard évêque de Quimper, intitulée : *Le grand péril de l'Eglise de France* (Poussielgue, Paris).

religieux avaient été fondés à Avignon par César
de Bus, que Pie VII déclara vénérable en 1821. Ils
avaient fondé eux-mêmes, en 1592, le Collège de
l'Esquile qui, pendant deux cents ans, rendit d'immenses services à la haute éducation de la cité et
du pays, mais qui disparut, comme toutes les institutions similaires, dans l'affreuse tourmente. Quand
la pacification fut faite, Napoléon donna cet établissement à M⁇ Primat. Le prélat lui donna pour
supérieur M. Izac et nous savons ce que celui-ci
en avait fait.

Elzéar devait avoir douze ans à peine quand il
fut reçu à bras ouverts par son supérieur; il n'avait
pas encore fait sa première communion.

Un jour, il y a quatre ans à peine, par conséquent près de la fin du vénérable octogénaire,
nous lui racontions comment les exigences administratives et la distribution des locaux avaient
obligé les supérieurs actuels à convertir en une
classe de grammaire ou d'arithmétique le modeste sanctuaire qu'on appelait *la Vieille Chapelle*; une larme qui ne demandait qu'à couler gon-
fla l'œil du vieillard, et avec une émotion mal
comprimée : « C'est là, dit-il, que j'ai fait ma
première communion. Il y a 75 ans de cela ! »

Les estampes données aux enfants à pareil jour
portaient toutes cette inscription : « *Précieux souvenir, si vous êtes fidèle !* » Cette scène posthume
nous dispense de raconter comment le pieux enfant se prépara à ce grand jour et ce qu'il apporta
au bon Dieu qui se donnait à lui. Il a été *fidèle!*

Nous ne raconterons pas, même par approxi-
mation, les détails de sa vie d'écolier. Qu'il nous
suffise — et ceci est d'une importance majeure —

d'exposer ce qu'était, en ce moment quasi-initial, le séminaire de l'Esquile, pour tout élève que ses parents y conduisaient et qui, une fois admis, se conduisait lui-même assez bien pour y demeurer. Ceci touche, d'aussi près que possible, à une question capitale de l'éducation ecclésiastique. L'ancien professeur du Droit romain, philosophe et littérateur distingué, bon chrétien jusqu'à la moelle, n'ayant qu'un fils et sortant à peine des révolutions ou, ayant subi la prison, il avait vu la mort de si près, ne pouvait se faire aucune illusion sur la voie dans laquelle il engageait ce trésor unique de son âme. Et cette certitude faisait sa particulière satisfaction et son paternel bonheur. Le nouvel Abraham n'hésitait pas et savait quel holocauste il offrait au Seigneur. Seulement, au lieu de prendre un glaive et d'allumer un bûcher, il s'agenouillait devant l'autel eucharistique, pendant que sa vertueuse épouse s'agenouillait devant l'autel de la Sainte-Vierge. Et tous deux, unanimement, ils disaient à Dieu : « Nous vous le donnons ». Les pieuses sœurs, plus avancées en âge, prenaient leur bonne part à cette offrande. Et l'enfant lui-même, éclairé et ardent par la flamme d'une vocation précoce, disait au Dieu de sa première communion : « Mon Dieu, vous vous êtes donné à moi, je me donne à vous ». Il avait déjà, cet enfant précoce, la notion prématurée de la justice et du droit. Et tout, de la part du jeune Samuel et de ses auteurs, était parfaitement voulu et réfléchi. La destination de la sainte Maison, le but et le programme du supérieur n'avaient rien de mystérieux pour eux. Au contraire, l'Esquile était une *école spéciale de préparation au sacerdoce.*

Quelle hauteur de vues, quelle franchise, quelles garanties !

Rien n'est plus facile à synthétiser que la vie d'un étudiant vertueux ; par ce motif que tous les jours se suivent et se ressemblent.

Ce qu'il suffit de connaître, c'est : 1º l'idée principale, l'*Idée* du fondateur, ceci est le *but* ; 2º la *règle*, ceci est le chemin.

Un biographe expérimenté et consciencieux n'a pas besoin de nous raconter minutieusement comment l'élève Ruffat, en sixième ou en rhétorique, se tenait à la salle d'étude, faisait ses devoirs de classe, priait à la chapelle, se promenait ou jouait en récréation ; c'est instructif, intéressant, c'est même beau. Mais on peut juger, sans le suivre à chacun de ses pas, un séminariste de l'Esquile aussi véridiquement qu'on jugerait un novice de la Compagnie de Jésus, de la Trappe ou de la Grande-Chartreuse. Ce qui est tout, c'est la fidélité vers le but, sans déviation et sans mollesse ; la fidélité à la règle, par conséquent.

Et Benoît XIV, qui était un grand pape, déclarait qu'il n'hésiterait pas à canoniser un novice, un étudiant, un séminariste qui ferait le miracle de passer tout une période de trois ans sans manquer à sa règle !

On va peut-être me demander si je compte écrire la vie de M. Ruffat sans rien signaler de ce qu'il a fait de sage, de prudent, de généreux, d'héroïque ?? à l'âge de Louis de Gonzague.

Eh ! mon Dieu, laissez-moi avoir la franchise qui convient à l'état que j'ai adopté vis-à-vis de mes lecteurs :

Il y a bientôt quatre-vingts ans, que l'abbé Ruffat

était assis sur les bancs de l'Esquile ; et je n'ai guère de consultation possible, ni auprès de ses condisciples, ni encore moins auprès de ses maîtres ; ce que je sais à n'en pouvoir douter, c'est qu'il fut élevé dans une école préparatoire au sacerdoce, dans ce qu'on désignait ainsi : *un petit séminaire pur* et qu'il y fut, durant les cinq années qu'il y passa, « un élève de prédilection et un sujet de perfection relative. »

Toujours parmi les premiers et toujours parmi les meilleurs.

Ce que je sais, c'est que l'établissement dans lequel il primait ainsi était du premier ordre pour former ses adeptes à la science, à la religion, à la piété !

En sorte que j'ai autant à tracer ici l'éloge de l'institution que l'éloge d'un de ses élèves.

Nous l'avons connu dans son âge mûr et dans sa vieillesse. Et là, nous pourrons esquisser quelques traits véridiques de sa physionomie actuelle ; mais quand nous verrons ce soleil humain « arriver par des croissances successives à son jour parfait », nous nous souviendrons de ce qu'il fut à son aurore ; et nous appliquerons une fois de plus, au vicaire général, « ce que l'auteur sacré appliqua au séminariste *adolescent.* »

Nous l'avons vu avec ce prestige de la jeunesse, avec cette séduction de l'enfance qui portait, les graves amis de sa maison et de son père, à se demander les uns aux autres, quand ils le voyaient assister un célébrant à l'autel, ou vêtu de ce blanc surplis de lin, dont les ailes figuraient celles des anges, suivre le cours d'une procession, jetant à toutes chaînes des flots d'encens devant le très

Saint Sacrement, dont notre vieille cité admettait librement le culte dans nos rues pavoisées, et sur nos places publiques transformées en temple aérien : « L'avez-vous vu, l'avez-vous remarqué à la longue file de ses condisciples, le front modeste et le regard recueilli ? Que pensez-vous que sera cet enfant ? Car la main du Seigneur est visiblement avec lui ? » Que de fois, à Saint-Etienne ou à la Daurade, les mères pieuses amies de la sienne disaient tout bas sans se faire entendre d'elle, ni de lui : « Heureuses les entrailles qui vous ont porté ! Heureux le sein que vous avez sucé ! » Oh ! les mères sont des panégyristes éloquents quand elles louent les fils de celles dont elles envient, sans jalousie, mais avec admiration, la félicité !

Enfant gâté de ses Maîtres

Assurément Elzéar était un enfant et puis un jeune homme fort aimable et fort intéressant par lui-même ; il était supérieur, par ses qualités et toute son éducation, à sa condition d'écolier et même de séminariste. Mais quels secours d'en haut, par les faveurs même terrestres, que la Providence lui ménagea ! Quels appuis et quels patronages dans les plus hautes régions de l'administration ecclésiastique !

Il fut *enfant gâté* du bon Dieu et des hauts personnages qui pouvaient avec honneur le conduire à lui ! Certainement il eut le mérite de correspondre à la grace de Dieu ; mais quelles prévenances, quelles protections, quelles amitiés envers sa famille et envers lui-même, de la part des administrateurs du diocèse! On pense d'instinct, en écrivant les premières pages de cette vie, à celles par lesquelles s'ouvre la carrière de certains saints, à un âge où ils pouvaient à peine avoir normalement la notion exacte des vertus qu'ils pratiquaient? Il n'y a pas à leur enlever leur mérite; mais il faut avouer que leurs voies furent singulièrement applanies et leur marche vers les hauteurs rendue facile.

La protection qui, dès ses jeunes ans, favorisa et développa sa vocation, n'eut aucun concours matériel à lui fournir — ce qui était très appréciable. — M. Ruffat père n'était ni le serviteur industriel, ni le fournisseur salarié en quoi que ce soit de l'archevêché; mais, par la distinction de ses mœurs religieuses, autant au moins que par la hauteur de ses fonctions, il était l'habitué, le familier, le bienvenu du palais épiscopal. Et, ce qui est plus significatif encore, il était, à la ville et aux champs, l'aimable visité, l'amphitrion charmant, à la table duquel venaient s'asseoir, comme chez un ancien camarade d'école, les sommités ecclésiastiques ; qu'on juge par le billet ci-contre :

Votre lettre, mon bien cher Monsieur, tout aimable qu'elle est, me jette dans un grand embarras. C'est que le mardi est chez moi un jour de réunion pour les neveux, nièces et petits neveux. Par malheur, mardi dernier, je fis faux bond, pour m'être engagé sans y penser, et l'on dinna sans moi. Mais, tranquillisez-vous, plus les difficultés se multiplient, et plus je me pique au jeu. Laissez-moi faire, gardez-moi le secret, et je dinnerai deux fois. On ne s'en doutera pas; je peloterai chez moi, et vous réserverai le

gros appétit. Vous voyez b'en que je suis fidèle à mon
caractère et le serai jusqu'au bout. Vous avez beau faire :
tous vos titres ne me changeront pas. Je suis tout à vous
et aux vôtres et le serai toujours, de loin comme de près.

Savy, *vicaire général.*

Certes, voilà des manières presque familières,
tant elles sont familiales. Qu'on songe à l'avenir
ecclésiastique du jeune séminariste, qui est le
bénéficiaire prévu de toutes ces faciles bontés !

Eh bien, il y avait plus fort que ça, en fait de
zèle affectueux, de tendresse amicale, de ce que
l'on peut appeler de *nécessités de cœur.* L'ami par
excellence, hors-pair pour M. Ruffat, n'était plus
vicaire général en activité ; il était, trois ans après,
lui aussi, évêque d'Aire et s'appelait *Mgr Lannéluc.*

J'ai sous la main la correspondance, volumi-
neuse par le nombre des lettres et par les pages
pleines et les lignes serrées de chacune. C'est
d'une assiduité, d'une abondance de sentiment,
d'une fraîcheur de style, qui font à mon esprit la
plus complète illusion, sur l'âge, la gravité,
j'allais presque dire la *majesté* des deux corres-
pondants.

Ce que ces lettres de l'évêque ont de caractéris-
tique, c'est la préoccupation des intérêts de
chaque membre de la famille, nommément. Il faut
que tous y passent.

Depuis plusieurs jours que cette liasse m'a été
confiée, je la tourne, la feuillette et la retourne,
cherchant un specimen à choisir, tout se ressemble et tout est également bon.

Oh ! c'était deux hommes d'esprit, deux hommes
de cœur, que cet évêque et ce juriste. Je vais ici

transcrire un regret qui m'a travaillé tout le temps :
Si je savais l'existence et si je connaissais la résidence de quelque arrière petit-neveu de ces deux
hommes, je leur offrirais de bon cœur ces reliques
qu'ils regarderaient comme un trésor. Mais, hélas !
M. Ruffat n'a pas fait souche, parce qu'il a été le
père de quatre filles non mariées et de son Elzéar,
prêtre.

Et l'évêque d'Aire n'a pas plus de postérité que
lui.

Et puis, il y a 80 ans ! Mais ma thèse demeure
intacte :

Le vénérable confrère, dont j'écris la vie édifiante, a été le Benjamin de la Providence et de
ses plus hauts représentants ici-bas, dans notre
Pays Toulousain.

Au Grand Séminaire

Quand il eut terminé à l'Esquile ses études purement littéraires, l'abbé Ruffat, suivant en cela le
mouvement habituel, entra au grand séminaire
pour la philosophie et la théologie. Il eut pour
professeur de philosophie M. Bélaval. C'est pendant cette année que se formèrent, entre le maître
et le disciple, ces liens d'amitié qui eurent sur la
vie de tous les deux une influence si décisive.
Entre temps, M. d'Arbou ayant été nommé à
l'évêché de Bayonne, devenu vacant par la translation de Mgr d'Astros à l'archevêché de Toulouse,
les messieurs de Saint-Sulpice lui succédèrent
dans le supériorat et la direction de cette haute
maison diocésaine. C'est, imbu de leurs principes

et fort de leurs leçons, que l'écolier de MM. Gary
et Savy et le disciple privilégié de M. Izac apprit
à devenir le prêtre distingué qu'il fut dès la fin de
son éducation cléricale :

« C'est ainsi que dans ces écoles, au foyer
d'abord, au voisinage ensuite de sa chrétienne
famille, cette heureuse nature qu'il avait reçue de
Dieu s'acheva et que la bonté dans cette âme généreuse, se fortifiant, devint la vertu sacerdotale.
Ce fut une des grandes grâces de sa vie que Dieu
ait ménagé à sa jeunesse d'avoir pour maîtres et
pour amis ces hommes de l'ancienne Eglise de
France dont nous admirerons toujours la foi si
simple et si vive dans une dignité si ferme. Ces
hommes, sur le compte desquels l'immortel Fénelon disait à Louis XIV : « Je ne connais rien de
plus grand ! (1) »

Ils s'appelèrent, à Paris, de noms devenus historiques par les services rendus à l'Eglise de
France, à cette difficile période de sa restauration
universelle et par la distinction que leurs spécialités vertueuses ont conférée à leur compagnie. Mais
la province a participé à leur action et à leurs
bienfaits et si la capitale et la maison-mère ont eu,
après M. Ollier le fondateur, les Emery, les Bor-
deries, les Tisseyre et tant d'autres, notre Toulouse
a eu les Ducray, les Vieusse, les Lafaurie, les An-
glaret, les Maréchal, les Gassaut. Et aujourd'hui
encore, dans une jeunesse verte et abondante, les
Gondal et les Pagny consolent les vieux ans d'un

---

(1) Paroles de Mgr Dupauloup aux obsèques de Mgr Menjaud, archevêque de Bourges. Elles semblent écrites par nous pour le sujet actuel.

directeur-honoraire que Toulouse même a produit dans cette maison et qui y a passé sa vie
jusqu'après ses noces d'or : *M. Vital Sire !*

La reconnaissance est trop une vertu du ciel
pour que l'abbé Ruffat, consulté, nous eut blâmé
d'avoir ainsi interprété la sienne sur la terre.

Ses études théologiques terminées, c'est dans la
magnifique chapelle de la rue Périgord qu'il reçut
des mains de Mgr d'Astros l'onction sacerdotale
et qu'il chanta sa première messe, assisté par tous
ses heureux amis et par ses maîtres, en reconnaissante admiration du don que Dieu leur avait fait
en cette personne d'un de leurs élèves.

L'ancien Clergé toulousain au devant de Pie VII

Ce clergé français, auquel l'abbé Ruffat et ses
contemporains ont succédé immédiatement, n'a
pas toujours été jugé comme il le méritait à
l'endroit de ses sentiments pour Rome et pour la
papauté : La déclaration de 1682 a longtemps pesé
non sur la conscience, mais sur la réputation des
neveux de Bossuet. Le fait le plus certain et le plus
éclatant dans l'histoire ecclésiastico-française
depuis cinquante ans, c'est que les mœurs à cet
égard ont tout à fait changé : les mœurs, mais
non les sentiments. Ils étaient chez nos pères ce
qu'ils sont chez nous. Les mouvements vers Rome
ont pris une intensité et une fréquence qu'ils
n'avaient jamais eue. C'est là la note distinctive
du règne de Pie IX. Jusque là on avait aimé la
Papauté ; depuis ce glorieux pontife, on a aimé le

Pape et on a centralisé, en la personne, tout le dévouement qu'on avait eu pour le principe. Plusieurs circonstances providentielles ont contribué à développer ce goût, notamment la facilité de voyager et la rapidité des communications. Autrefois, un voyage à Rome était compté comme un événement dans la vie d'un prêtre et même dans une carrière épiscopale. Combien de fois Mgr de Quélen et Mgr Affre, et même notre Mgr d'Astros ont-ils accompli leur pèlerinage *ad limina ?...* Les journaux d'hier racontaient que Mgr Richard, qui en est, pour ce seul voyage, à sa troisième audience de Léon XIII, a mis ce voyage dans son *programme annuel*.

Or, l'archevêque de Paris a quatre-vingt-dix ans. Il est vrai que Léon XIII en a quatre-vingt-onze !

La définition dogmatique de l'Immaculée-Conception, le Concile œcuménique, les noces d'argent ou d'or du Souverain Pontife, la fréquence des fêtes de Canonisation, les Congrès catholiques, les trains de plaisir et les trains d'ouvriers ont multiplié, popularisé les pèlerinages ; le zèle intéressé des compagnies de chemins de fer n'a pas été pour les diminuer. Bref, le clergé français a profité de ces moyens qui ont développé ces mœurs. Et son dévouement à la cause ultramontaine a été surtout démontré dans les satisfactions religieuses qu'il y a trouvées.

Autrefois, quand une affirmation paraissait étrange et un projet difficile, on avait coutume de dire, avec beaucoup de *si...* « Je veux aller le dire à Rome ! » Aujourd'hui, on y va d'improvisation et pour les moindres motifs. En sorte que le goût a précédé l'usage, comme

l'usage dévoloppe le goût. La Providence tire le
bien de ces progrès qu'elle suscite dans l'esprit,
dans le cœur et dans l'activité humaine; le clergé
fait son œuvre et l'Eglise accomplit sa destinée!

Donc le clergé qui nous devança n'était pas
plus froid que nous ne le sommes pour la cause
romaine. Il n'était ni moins déférent ni moins
affectueux pour le Pape. Pour ne pas sortir de
notre pays, le cardinal d'Astros, qui ne mit jamais
le pied dans la ville éternelle, n'était pas plus indifférent que le cardinal Desprez, dont l'enthousiasme pour Pie IX était classique. Quand notre
grand archevêque de 1830 reçut cette pourpre
Romaine par laquelle il s'était laissé longtemps
poursuivre, on raconta, dans certaines classes peu
modérées, qu'en récitant sa profession de foi —
credo cardinalice — il s'était arrêté tout court à
certaine formule disant : « Je ne peux pas prononcer cette profession de foi, parce qu'elle est
contraire aux principes de l'Eglise Gallicane. »
C'était un racontar très imaginatif. Le noble et
consciencieux vieillard avait un moment hésité,
en effet, parce que la formule lui faisait déclarer
connaître certaine particularité qu'il ignorait. Et
sa conscience était troublée d'une assertion qui
lui paraissait mensongère. Le lendemain il écrivit
au Pape pour lui exposer ce passager incident et
lui attester sa complète orthodoxie : De quoi le
Pape le remercia et le félicita. Et voilà l'homme
dont quelques ultramontains exagérés avaient
fait un gallican !

Oh! non. Les prêtres qui comme l'abbé Ruffat
ont vénéré et aimé ces nobles représentants de
l'ancien clergé, n'étaient pas des refroidis pour

Rome. Ils étaient, ces patriarches de la doctrine, que l'esprit conseille aux plus jeunes de consulter, « afin de découvrir dans leur vie la conduite à tenir. » *Interroga majores et dicent tibi!*

Du reste, un événement majeur se produisit à Toulouse même, qui fut une éloquente démonstration de l'accord parfait existant entre les membres du clergé de tout degré et de tout âge dans la vénération et dans l'amour de la papauté et du pape. Le fait vaut d'être raconté, par l'honneur que son souvenir fait à nos confrères et à nos compatriotes d'alors et à tout notre pays.

C'était le 1er février 1814. Le pape Pie VII, prisonnier à Fontainebleau depuis le mois de juillet 1809, allait être rendu à sa résidence romaine et à ses États pontificaux. Napoléon avait entrevu l'abîme où lui-même allait sombrer et il espérait peut-être conjurer le destin en rendant à la liberté cette auguste victime de son orgueil et de sa tyrannie. Le souverain pontife dût traverser la France, accompagné de son seul secrétaire et escorté par un colonel de gendarmerie.

Toulouse était sur sa route et le passage prévu et arrêté était pour le 2 février. De quelque mystère que la police publique eut entouré cette mesure réparatrice de tant de hontes, le bruit s'en répandit et naturellement toutes les curiosités les plus légitimes furent mises en éveil. Les plus ardentes et les plus récompensées furent celles du clergé des deux séminaires, ayant à leur tête chacune son supérieur ; les deux communautés partirent à pied la veille à l'entrée de la nuit et prirent la route de Paris.

Le supérieur du Grand Séminaire était M. d'Arbou, qui fut plus tard évêque de Bayonne ; le supérieur de l'Esquile était notre M. Izac, qui avait alors 26 ans. On arriva jusqu'à Saint-Jory, où un aménagement sommaire et un repas du même style avaient été préparés. Et dans les conditions d'entrain et de gêne que chacun peut deviner, grâce sans doute à une longue veillée à l'église, on attendit le lendemain. Dès l'aurore qui, au 2 février se lève tard, on était sur la route, l'œil tourné dans la direction de Paris. Vers les huit heures seulement, au milieu d'un brouillard qui se dissipait avec lenteur, on aperçut une voiture qui cheminait d'un tel train, qu'elle semblait menacer de passer sans arrêt.

Vaine prétention ! tout un bataillon de soldats en soutane lui barra le passage. Les vigoureux de la troupe se précipitent au frein des chevaux et le postillon eut le bon esprit de la laisser faire. Le colonel-policier gromelle peut être un peu, car on ne lui avait demandé aucune permission. Mais déjà les deux supérieurs sont aux portières où une foule enthousiaste et triste les a suivis. Les séminaristes sont à genoux, chantant, priant et pleurant..... Un pape sur une route à cette heure et dans ces conditions, quel spectacle et quel sujet de discours ! Hélas ! Mais cela vaut encore mieux que Fontainebleau et Savonne ! C'est là qu'est pour le pape l'aurore d'un soleil, voilé depuis sept ans : la liberté !

De pareilles scènes ne se racontent pas, c'est le cas de répéter encore avec Bossuet que la parole est courte.

Mais les minutes de ce relai inattendu sont

comptées. L'automédon a fait claquer son fouet. Le carrosse repart. En le suivant avec des yeux noyés de larmes, jusqu'à ce qu'il n'apparaisse plus que comme un point noir sur la route, on n'a plus qu'une ressource et on y recourt aussitôt : l'église se remplit vite. Le chœur des deux séminaires est à son lutrin et chante sur un plain-chant majestueux, la messe de la Chandeleur et le : *Oremus pro pontifice nostro Pio !*

Voilà une veille, une nuit et une matinée, comme les anciens de notre tribu eux-mêmes n'en ont pas vues ni à Toulouse, ni même à Rome.

Le Saint-Père a béni, de tout son cœur, à pleines mains ouvertes, cette foule variée ; et, de ses lèvres augustes, il a prononcé cette exclamation reconnaissante : *Quanta fides in Gallia !*

Il a vu le peuple et le clergé français sur la route de Saint-Jory. Le clergé des vieux et le clergé des jeunes ; le clergé de la révolution expirante et le clergé de la monarchie qui renaît. Le clergé des Primat, des Clermont-Tonnerre et des d'Astros ; le clergé des Ruffat et de toute la jeune France. Il les a tous bénis, à cause de la foi dont il a vu en eux la manifestation : *quanta fides in Gallia !*

Les anciens du clergé de Toulouse étaient là, avec leur génération.

Les jeunes, les séminaristes avec toute la leur.

Note très importante.

L'Esquile fut fondé en 1813, et Pie VII, en 1814, passa à Toulouse.

Encore Mᵐᵉ Ruffat

Nous avons beaucoup parlé jusqu'ici de M. Ruffat père ; c'était naturel, puisqu'il a dû jouer le premier rôle dans l'éducation de son fils. Nous n'avons pas assez insisté sur le rôle de la mère..... uniquement parce que les détails nous ont manqué. Et cependant, que de certitudes intéressantes nous aurions pu produire, sans erreur et même sans exagération ?

Une femme qui, jeune fille encore, avait fixé le regard et le choix d'un homme comme celui que nous connaissons maintenant ; et que toutes les expériences de celui-ci avaient porté à bénir Dieu de lui avoir donné une telle compagne et à ses enfants une telle mère ;

Une jeune mère qui éleva successivement quatre filles dans les sentiments les plus dignes et la conduite la plus parfaite, au double point de vue des vertus domestiques et des pratiques pieuses.....

L'historien, ici, doit facilement devenir un apologiste et peut presque prendre, comme base de sa narration, l'éloge de la *femme forte*, tel que l'a transcrit le sage de la Bible : l'amour du travail, l'économie et la règle du foyer, l'honneur de sa maison, la glorifiante louange de son époux, tout ce portrait, enfin, me semble une peinture prophétique et je n'exagère pas ; car elle est bien applibuable à toute femme, à toute épouse, à toute mère qui, dès le matin, « se lève comme un soleil sur la maison de son époux et de ses enfants, les réjouit tous par sa lumière, les réchauffe et les anime par la chaleur de son zèle..... »

Oh ! que de fois un fils prêtre, ayant une telle mère, a dû trouver tentante pour son ardeur une telle homélie !... que de fois l'abbé Ruffat, parlant à l'assemblée des mères chrétiennes, a pu se dire en toute humilité et dans sa reconnaissance envers le Dieu des fils vertueux : cette femme, je la connais ; je suis le fruit de sa tendresse et de ses sollicitudes. C'est à elle, après Dieu, que je suis redevable de tout ce que j'ai et de tout ce que je suis ! »

Car voilà son chef-d'œuvre : elle a été, dans toutes les conditions requises pour la production d'un pareil phénomène, *la mère d'un digne prêtre.*

Parcourez les belles pages de l'histoire et, laissant, malgré toute sa légitime fierté, la Cornélie des vieux Romains, allez à Anthuze, la mère de saint Chrysostome, à Monique, la mère d'Augustin, à Blanche de Castille, la mère de saint Louis, à toutes les mères de la légende que l'Eglise a canonisées : Mme Ruffat fut de cette lignée. La preuve en est dans le récit que nous écrivons simplement de la vie de son fils.

C'est surtout à mesure que se rapprochait l'époque solennelle de la première communion qu'elle sentit son zèle maternel redoubler. Quelle fête pour toute la maison ! Maîtres et serviteurs s'y disposèrent, en jouirent. Solennité du respect chez les uns, de l'amour chez les autres, du bonheur que la piété seule donne, chez tous.

Et cette fête n'était qu'un prélude. L'enfant communiant était déjà au séminaire et il saluait de loin un autre autel de ses espérances : l'autel de la messe !

En Philosophie. — M. Bélaval.

Enfant gâté de ses maîtres, avons-nous déjà dit. Il le fut dès son enfance, dans sa jeunesse, et c'est par là que la Providence le prépara, un demi-siècle à l'avance, aux épreuves réservées à son âge mûr. Elles vinrent en effet, ces manifestations de l'agrément divin. Et il eut, pour le conseiller et l'aider, le même homme, le même directeur que séminariste il avait eu, cinquante ans avant, pour protecteur et pour initiateur aux sciences philosophiques, M. l'abbé Bélaval.

Ce dévoué maître voulut être, auprès de la famille du jeune lévite, le premier annonciateur d'une nouvelle qui devait la combler de joie. Cet incident rend très remarquable déjà l'influence de ces vertueux parents sur les destinées de leur fils. Il est hors ligne comme attention et sollicitude. MM. Ducray, Vieusse, Lafaurie jouaient à qui mieux mieux de leur affection pour leur cher Elzéar. M. Bélaval avait le premier prix du patronage et voici sa composition :

Monsieur,

C'est un sujet de joie bien vive pour mon cœur que d'avoir à vous communiquer une bonne nouvelle qui intéresse le cher Elzéar. Tous nos messieurs, que son excellente conduite contente parfaitement, verraient, avec un vrai plaisir, qu'il fît un premier pas dans le sanctuaire, à la prochaine ordination. Ils l'y invitent d'une voix unanime, pourvu qu'il se sente appelé du Ciel à embrasser la carrière ecclésiastique.

Pour moi, qui le connais un peu mieux que mes collègues, qui l'ai suivi d'assez près depuis quelques années, je me range pleinement de leur avis et sa vocation m'inspire une entière confiance.

Assuré d'avance de votre assentiment et de celui de Mme Ruffat, parce que vous n'avez d'autres desseins sur M. votre fils que ceux de la divine Providence, je l'encourage de mon mieux et, sans le violenter le moins du monde, je le vois soumis et même *très satisfait*.

Toutefois, l'expression de votre consentement n'ajoutera pas peu à son zèle et me rassurera complètement sur la conduite que je tiens envers lui. Il se propose d'écrire à Mgr l'évêque d'Aire dès que nous aurons reçu votre réponse.

Cette idée est tout à fait de lui et je n'ai pu qu'y applaudir.

Veuillez agréer, Monsieur, et me permettre d'offrir ici à votre famille l'hommage respectueux de tous mes sentiments.

A. Bélaval.

Ce dimanche matin.

Ainsi nous savons que le jeune Elzéar a dû faire part à Mgr Savy de sa prochaine promotion. La réponse du prélat nous porte à croire qu'il s'agissait déjà du sous-diaconat dans la lettre non datée de M. Bélaval. Au fait, ceci ne modifie en rien la situation respective entre le maître et son élève.

Elzéar était une nature d'élite ; mais de quels soins, de quelle culture la Providence le favorisa !

Aucun appel n'a manqué à sa reconnaissance, à sa fidélité et même à son humilité. Car, dans sa vocation, Dieu a tout fait.

Mgr Savy lui écrivait :

Mon bien cher Ami,

O la bonne et bien consolante nouvelle que celle de ton appel au sous-diaconat ! J'en bénis le Seigneur comme de l'heureuse confirmation des grâces dont il a comblé ton enfance. J'aime bien cette expression toute simple du sentiment qui s'est échappé de ton cœur reconnaissant : *Encore quelques jours, et je ne serai plus à moi, mais irrévocablement au Seigneur !* Oui, au Seigneur. Et pourquoi ? Pour être son ministre, le dispensateur de ses grâces, l'administrateur des choses saintes. Et pourquoi ? Pour être son ambassadeur auprès des peuples, annoncer sa parole, publier ses infinies miséricordes. Et pourquoi ? Pour être son coopérateur dans l'œuvre du salut, réconcilier les pécheurs, soutenir, encourager les justes. Et pourquoi encore ? Pour être son homme, *l'homme de Dieu*, procurer sa gloire, défendre ses intérêts. Se peut-il rien de plus grand, de plus heureux ? Et le propre de cette destinée, toute grande et toute glorieuse qu'elle est, c'est qu'elle porte avec elle l'assurance contre toutes les craintes qui peuvent naître de notre faiblesse. Car, puisque *tu es irrévocablement au Seigneur*, chaque jour et dans toutes les difficultés, dans tous les dangers du saint ministère, tu pourras dire avec une douce confiance : *tuus sum, salvum me fac.* Avance donc, mon bien cher enfant, fais hardîment, fais généreusement ce pas mystérieux qui va te séparer de tout ce qui n'est pas Dieu, pour te faire entrer dans son héritage. Je te verrai en tête des vingt sous-diacres que je dois consacrer ce même jour et j'appellerai sur toi les plus précieuses bénédictions. Adieu, mon bien cher Elzéar ; je suis heureux de te voir à ce point et je partage, plus que personne, le bonheur de ta si chrétienne famille.

† O. MARIE, évêque d'Aire.

A Aire, le 11 mai, le 64° anniversaire de mon baptême. Prie bien le bon Dieu pour moi.

Ainsi, la lettre de Mgr Savy a été surtout le commentaire de cette phrase de la lettre d'annonce du futur sous-diacre. Et l'annonce de celui-ci se reconnaît en cette prière : *tuus sum ego* (Je suis votre, ô mon Dieu !).

Il est des paroles qui valent tout un discours.

Une indication à relever dans la lettre du prélat: il devait, le lendemain, consacrer vingt-deux sous-diacres.

Vingt-deux sous-diacres en une seule ordination ! à Aire ! C'était en 1832. Que les temps sont changés !

Pour le Diaconat

Mon cher Elzéar,

J'ai reçu ta lettre à temps et je t'ai compris dans l'ordination que j'ai faite pendant que Mgr l'Archevêque de Toulouse te mettait au rang des diacres, et j'ai prié avec d'autant plus de confiance que ta vocation porte, à mon avis, toutes les marques d'une vocation divine. C'est donc le cas d'attendre de Dieu les grâces qui feront de mon cher Elzéar un prêtre selon son cœur, un prêtre vraiment utile à l'Eglise. Je ne dis point ceci pour détruire cette défiance que t'inspire le sentiment de ton indignité, bien au contraire. C'est sur ce sentiment que j'appuie ma confiance, sachant bien que rien n'est propre à attirer sur toi l'abondance de ces grâces comme cette juste défiance de toi-même : et plus tu sentiras ce fonds de misère qui nous tient si fort au dessous d'un ministère tout divin, plus tu te sentiras pressé de recourir à celui qui se sert volontiers de ce qu'il y a de plus faible pour opérer les plus grandes choses. C'est lorsqu'on se sent bien faible, à la manière de l'apôtre, qu'on éprouve, comme lui, les effets de cette puissance qui le rendait supérieur à tous les obstacles. O que j'aime à voir en toi ce bon sentiment ! Je prie le bon

4

Dieu de l'y faire croître, comme la principale disposition au sacerdoce où tu seras bientôt élevé. Et quelles que soient, après cela, les difficultés du saint ministère que tu auras à exercer, j'ai la confiance que tu pourras toujours dire : *Cui, je puis tout en celui qui me fortifie.* Adieu, mon cher et bien cher enfant ; reçois l'expression de toute ma tendresse et sois l'interprète de mes vœux de bonne année auprès de ta bien chère famille.

† O. MARIE, évêque d'Aire.

Aire, le 27 décembre 1834.

Le stade épiscopal de Mᵍʳ Savy, à Aire, ne dura que deux ans. Il fut remplacé sur ce siège par Mᵍʳ Lanneluc, qui lui avait déjà succédé en qualité de vicaire-général à Toulouse. Heureusement pour M. Ruffat et sa famille qu'un ami succédait à un autre.

La lettre suivante (1) est tout une histoire de la famille Ruffat. Écrite à l'occasion de l'ordination sacerdotale du fils, elle retrace toutes les précédentes sollicitudes et tous les bonheurs actuels du père et de la mère, sans oublier les sœurs.

Elle est une histoire touchante de la vieille et sainte amitié qui unissait ces deux hommes d'élite, le jurisconsulte que nous connaissons et un évêque qui, ancien vicaire général de Toulouse, avait gardé à l'abbé Ruffat une fidélité de tendresse et à tous les siens un dévouement inaltéré.

------

(1) M. l'abbé Ruffat avait gardé dans ses pieuses archives de nombreuses lettres de Mᵍʳ Lanneluc, évêque d'Aire, adressées à son père. Nous en avons extrait celle-ci, qui nous a bien semblé la plus digne d'être goûtée parmi les meilleures.

Et quel langage pieux ! Quel style épiscopal et paternel pour parler des saintes choses qu'il touche !

MON TRÈS CHER AMI,

Je partage votre bonheur, si bien que c'est mon propre bonheur. Le voilà donc, ce cher et très cher Elzéar, objet de tant d'affection, de tant de soins, de tant de tendres sollicitudes ; le voilà heureusement arrivé au sacerdoce, auquel le prépara de bonne heure une enfance si soigneusement préservée de tout danger pour son innocence et qui a été l'objet constant de ses vœux depuis qu'il a pu connaître le prix d'une si sainte vocation. Sa lettre, à laquelle je vais répondre, m'exprime des sentiments qui sont la plus sûre garantie des grâces dont il se juge indigne. Le voilà prêtre selon le cœur de Dieu ! Il l'a bien senti, j'en suis sûr, au moment où pour la première fois il offrait le saint sacrifice ; lorsque ne faisant plus qu'un avec Jésus-Christ et disposant de son corps adorable, il l'a donné pour nourriture à son père, à sa mère, à ses sœurs, rangés autour de la table sainte. O heureuse famille ! que puis-je vous souhaiter après un tel bonheur ! Vivez toujours de cette vie de Jésus-Christ. Tous les autres souhaits que je pourrais faire ne sont rien pour vous au prix de celui-là. Le prêtre que vous avez donné au Seigneur appellera tous les jours sur vous de nouvelles grâces ; jouissez longues années des succès de son ministère dont, pour votre grande consolation, il consacre les prémices à la paroisse de la Daurade.

✝ O. MARIE, évêque d'Aire.

Aire, le 10 janvier 1836

Le Journal des Retraites

L'abbé Ruffat n'avait pas, comme d'autres, la passion d'écrire. Penser et réfléchir lui paraissait, pour l'ordinaire, suffisant. Mais la préparation requise pour la réception des Saints Ordres, pour la prêtrise en particulier, c'était de l'*extraordinaire*. Et il écrivit.

La retraite préparatoire fut prêchée par le supérieur et les directeurs du Séminaire. L'abbé Ruffat la suivit la plume à la main. Après chaque instruction, il analysa le sujet de manière à en pénétrer profondément le sens pratique et à en conserver même le souvenir matériel. Soixante ans après, dans un cahier dont le temps a bruni la couleur, je retrouve ce que ces graves prédicateurs ont dit sur de grandes vérités : mort, enfer, éternité, péché. Et si la théologie en est exacte, la morale n'en fut pas très tendre. Mais il s'agissait, comme en tous ces graves exercices, de frapper l'imagination pour purifier le cœur et sanctifier la vie. Le zèle des ordinants était bien à cette mesure. M. Ducray traita le *péché*; M. Vieusse, l'*enfer* ; M. Dumaine, l'*éternité* ; M. Lafaurie, *le goût et le dégoût de la piété*. Les diacres sortirent de là comme d'un cénacle. A chaque méditation correspondit un projet, une résolution, un regret peut-être (1) ?

---

(1) L'abbé Ruffat a donc fait son journal de retraite la plume à la main. C'était en décembre 1835. Il y a 67 ans ! Et le jour même où je viens de le parcourir, 16 janvier 1902, le *Correspondant* m'apporte un pre-

Prêtre !

Noël, 1835.

Ce serait certainement une page émouvante que celle qui raconterait par les détails l'ordination sacerdotale ; émouvante pour tous ceux de nos lecteurs à qui elle retracerait le plus beau souvenir de leur vie ; émouvante ou au moins intéressante pour ceux à qui elle exposerait des sentiments dont on n'a la notion que quand on les a éprouvés. Contentons-nous d'en signaler quelques incidents : Il se trouva bien heureux l'abbé Ruffat, séminariste et diacre d'hier, quand il vit s'avancer et se placer en cercle ouvert du côté des nouveaux élus, sur les degrés de l'autel, les vétérans, les anciens maîtres et aussi quelques amis des précédentes ordinations pour la cérémonie qu'on appelle *l'imposition des mains*. Le titre suffit à tout expliquer : bras tendus et mains larges-ouvertes sur ces têtes aimées, vénérables et jeunes, pendant que le pontife consécrateur invoque sur elles toute l'affluence des vertus utiles à l'état de ce jour, pendant que toute l'assistance répond *amen*, un *amen* d'arrache-cœur, fervent comme la paternité, comme l'amitié,

---

mier article intitulé : *Le Journal intime de Mgr Dupanloup* en 1850-1-2-3-4. Il était déjà évêque d'Orléans. Et ce travail quotidien était un examen de conscience, confié à sa conscience même avec la distinction d'esprit et de langage qui le caractérisa toujours. J'ai lu naguère, dans la vie du cardinal d'Astros, qu'en 1830 et années suivantes, il se donnait à lui-même ces avertissements intimes écrits. C'était donc là une pratique studieuse de nos pères du grand clergé de France. Les anciens d'entre nous l'ont suivie et peut-être perdue ? Puisse l'exemple de l'abbé Ruffat les y ramener.

comme l'amour chrétien sous tous les aspects !

L'ordination sacerdotale est une cérémonie d'un ordre si élevé, productrice d'émotions si exquises et si profondes, qu'on n'a pas à craindre d'avoir exagéré quand on s'en est fait l'interprète fidèle. C'est un des cas de narration ou d'exposition auquel on peut appliquer sûrement encore le même mot de Bossuet : *la parole est courte*; et cet autre mot de la Sainte-Ecriture, résumant dans l'abstention et le silence certaines descriptions trop difficiles à formuler : *silentium tibi laus!*

Un très grand poète du siècle qui vient de finir a dramatisé outre mesure ce sujet par le cadre imaginatif qu'il lui a donné : un diacre, ordonné prêtre dans un cachot révolutionnaire, par un évêque qui devait monter à l'échafaud le lendemain ! Eh bien, quand le drame a été en entier déroulé, il le conclut par ces deux vers aussi beaux que simples :

> Un changement divin se fit dans tout mon être,
> Quand je me relevai de terre, j'étais prêtre.

J'étais prêtre ! Le romancier poète ne mesure pas toujours cette transformation immense, idéale.

L'oint de vingt-cinq ans la comprend.

La liste des Ordonnés de 1835

Chez certaines natures plus délicates, la teneur de la vie peut souvent être jugée sur de minimes incidents. Que de choses auxquelles certains êtres d'élite attachent un vrai prix et qui passent inaperçues pour d'autres !

On m'a remis ce matin une vieille feuille de papier tout roussi et rongé des bords portant ce titre et cette date : *Ordonnés prêtres le 19 décembre 1835.*

Ils sont vingt-deux ; avec leurs noms de famille et de baptême, avec l'indication de leur lieu d'origine. Il y en a six de Toulouse. Tout cela est instructif. D'abord, c'est une initiative toute personnelle ; et c'est écrit de la main même de M. Ruffat. Il y a là tout un petit poème affectueux, amical.

Ce n'est pas une liste imprimée ni lithographiée, comme on l'a fait plus tard. C'est une attention *toute privée*, une précaution de souvenir, une prévision de confraternité persévérante ; car la vieille feuille a survécu à son auteur. Elle a eu même un usage suffisamment indiqué et édifiant ; à part cinq noms sur vingt-deux, ils sont tous marqués d'une barre transversale. Et ils ne l'ont pas été au même moment, ce qui prouve, d'une manière indiscutable, que le teneur bénévole de ce registre mortuaire a dû l'ouvrir et le fouiller, au cours de ces soixante-cinq ans, autant de fois que la *Séparatrice des amis* a frappé dans ces rangs. Il a survécu au plus grand nombre ; mais, tout de même, vingt-deux en soixante-cinq ans, c'est un travail précipité — un tous les trois ans !

Mais ce qui ne peut être douteux, c'est l'intention qui a présidé à ce travail de statistique : 1° son auteur avait le culte du souvenir et il le rattachait au plus bel événement de la vie entre ceux par qui il était fidèlement gardé : l'ordination sacerdotale ; 2° ce souvenir était fondé sur des promesses pieusement faites à ceux dont les départs avaient été plus hâtifs ; 3° il était un *Souve-*

nez-vous pour soi-même, que l'auteur de l'*Imitation de Jésus-Christ* a ainsi interprété : « Souvenez-vous que vous passerez par le même chemin. » L'expérience avait maintes fois révélé à notre vénérable ami que les plus belles œuvres de l'amitié et même de la charité sont celles où l'on trouve son utilité personnelle à côté de l'utilité de nos frères, *utilité spirituelle* s'entend ; projets pour l'âme, sanctification et salut.

Pour plus d'un, peut-être, la liste dont nous venons de nous entretenir serait passée inaperçue ? Qui sait ? Les vieux d'entre nous y feront plus d'attention ? Et les jeunes, dont le cœur est plus ardent et qui ont plus de temps devant eux, trouveront que la liste de l'abbé Ruffat en 1835 est, encore en 1902, d'un bon exemple ??

De 1820 à 1835

L'abbé Ruffat était né sous l'épiscopat de Mgr Primat, qui, en 1819, mourut subitement à Villemur et qui, d'ailleurs, ayant été réconcilié avec le pape, avait donné aux toulousains des signes non équivoques d'édification ; ne citât-on que celui-ci : il venait toutes les semaines réciter publiquement les sept psaumes de la pénitence dans la vieille petite chapelle de l'Esquile, que Napoléon avait donné au séminaire. C'était fort touchant pour les séminaristes.

Né en 1812, Elzéar était trop enfant pour tirer de ce spectacle son fruit réparateur, mais toute sa carrière, de 1820 à 1830, s'écoula sous le pontificat de l'homme le plus pieux et le plus aimable qui pût succéder à ces temps désastreux.

Mgr de Clermont-Tonnerre avait été nommé, en 1781, évêque de Châlons-sur-Marne, par le roi Louis XVI, et c'est en 1820 seulement qu'il arrivait à Toulouse, âgé de soixante-onze ans.

Il y fut un sujet d'admiration universelle et je ne doute pas qu'Elzéar, séminariste et paroissien de la cathédrale, dès qu'il a été en état de servir le cardinal dans les cérémonies, n'ait été déjà séduit par tout ce que les charmes de ce saint prélat avaient d'entraînant pour la jeunesse et même pour l'enfance. Il n'était rien en lui, jusqu'à sa petite taille et en ses mouvements actifs, jusqu'à sa parole enjouée et ses traits délicats, surtout jusqu'à ses œuvres grandioses de charité populaire qui ne se produisît sous des formes où le cœur tient lieu d'éloquence et même de majesté.

Nulle nature en ses maîtres n'a dû paraître à Elzéar plus imitable que celle-là, autant qu'un séminariste peut copier un cardinal, puisque la perfection sied à tous les âges. Un jour de distribution des prix à l'Esquile même, l'introducteur de la cérémonie omit de présenter au général commandant de division le prix que cet officier supérieur devait donner au lauréat qui lui serait conduit. Le cardinal s'aperçut vite de l'omission et demanda au supérieur quel prix restait encore à distribuer? — Le prix d'histoire, Monseigneur! — Portez-le moi. Son Eminence se leva alors, quitta sa place pour aller droit au général et lui remit le volume et la couronne avec ces gracieuses paroles : « C'est à ceux dont le nom doit être écrit dans l'histoire qu'il appartient de décerner le prix d'histoire! »

La gaffe précédente était apparue; mais impossible de la réparer avec plus d'esprit et de distinction.

Très intelligent sur les qualités les plus essentiellement en usage dans les milieux distingués, l'abbé Ruffat, jeune prêtre et encore même séminariste, était regardé par ses confrères, déjà, comme un futur hôte d'évêché; fidèle à l'heureuse habitude qu'a la jeunesse la mieux élevée de prendre haut ses modèles et, sans affectation, de les reproduire dans les manières compatibles avec son âge et sa situation, l'abbé Ruffat fut dès son séminaire en admiration continue devant ce célèbre prélat qui, bien avant que Mgr Mioland l'eut achevé, avait très vivement ébauché et mis à point sa physionomie sacerdotale.

J'ai lu et relu, pour me familiariser avec cette époque de l'histoire du clergé toulousain, celle de son archevêque, Mgr de Clermont-Tonnerre, et j'ai tracé quelques traits que j'en ai relevés :

« Sa piété était d'une douceur et d'une bienveillance extrême. On éprouvait le besoin de se rapprocher de lui pour apprendre à bien aimer le bon Dieu. De grands saints ont enseigné à le craindre ; lui, il apprenait à le servir par amour et par reconnaissance. L'oubli de soi-même et le soin des autres formait le fond de son caractère... Il ne croyait pas qu'une chose pût lui coûter, quand elle était utile à ceux qu'il aimait... Dans les réunions de jeunesse, où la charité se traduisait par des loteries ou autres industries de ce genre, il aidait aux enfants et *mettait sa charité au niveau de leur âge*... Quant à sa bonté, elle cherchait jusqu'aux moindres occasions de se produire. Toute sa vie a été un tissu de faits de bonté et de bienveillance.....

Enfin, c'était un homme actif, spirituel et bon dont le

souvenir doit vivre au milieu de ceux qui l'ont connu,
tant qu'on saura y apprécier la finesse de l'esprit, la délicatesse du cœur et ce parfum de bonne et grande éducation, très enviable pour un homme du monde et qui ne
dépare pas la vie... d'un prêtre. »

Mettez le nom de l'imitateur à la place de celui
du modèle, et vous aurez un alinéa non forcé de
la vie que nous écrivons.

Ordonné par Monseigneur d'Astros

Un vrai titre glorieux que celui-là et dont furent légitimement fiers tous ceux dont le sacerdoce eut cette origine.

Nous ne pouvons pas nous laisser aller à la
pente qui nous entraînerait à faire toute l'histoire
d'un père, à propos de la naissance de son fils.
Mais quel évêque, celui-là ! et quels travaux que
les siens ! Le Père Caussette, son historiographe,
a consacré à cette noble vie six cents pages et il
n'y en a pas de trop pour raconter toutes les luttes
qu'il soutint contre Napoléon d'abord, contre
l'Université ensuite. Le résumé des dix derniers
chapitres, se rapportant à *sa vie à Toulouse,* est
une histoire complète de l'Eglise de France pendant les vingt ans qu'il a passés au milieu de nous.

On peut dire que, durant tout ce temps, il a été
« la boussole de l'Episcopat français ». La grandeur de cette vie épiscopale fut « un spectacle
vraiment antique et, pour le sacerdoce, une leçon
qu'il a demandé à Dieu de ne pas oublier ».

Aujourd'hui, où toutes les exigences d'alors sont renouvelées et même dépassées, il n'y a pas une carrière ecclésiastique, soit épiscopale, soit sacerdotale, dont celle-ci ne puisse être l'admirable modèle; admirable et imitable jusque parmi les plus modestement placés d'entre nous.

La hauteur de ses vues administratives et politiques peut le dérober à notre regard; mais l'esprit pratique de sa vie régulière, charitable, mortifiée, humble, ne peut nous échapper.

C'était un grand prélat et un saint. Aucun pontife n'a eu plus que lui le droit et le devoir de traiter en maître avec toutes les puissances, soit religieuses, soit sociales, de ce monde. Il les a toutes ravies par sa justice et sa bonté.

C'était un docteur humanitaire et un anachorète, un philosophe praticien et un moine, un zétateur des Puissances et un apôtre d'ouvriers ou de paysans.

Il avait toutes les aristocraties et toutes les humilités, toutes les ambitions du droit et de la vérité, toutes les résignations de la souffrance humiliée.

C'était un saint. Et il fut un martyr. Il n'a pas été tué pour la religion et la justice, mais il a été *mutilé*. Il a perdu un œil et il n'a pas demandé grâce pour l'autre. Il a lassé son bourreau, *voilà tout*.

Il est sorti du donjon de Vincennes quand le temps et la justice en eurent ouvert les portes et vaincu la tyrannie !

Il n'a pas un instant demandé grâce ni rétracté une parole ou réagi contre un de ses mouvements.

Et tout cela, pour la Vérité et l'Eglise, pour les

droits de la Justice et pour l'honneur de Dieu.

Voilà juste cinquante ans qu'il est mort. Je voudrais bien voir rouvrir sa tombe. Les miracles ont éclaté sur de moins illustres par la piété et la vertu.

Les prêtres qu'il a consacrés et revêtus de leur tunique doivent lui avoir fait fête dans le Ciel. Les quelques-uns qui lui survivent sur la terre le vénèrent après cinquante ans !

Et nous sommes de ceux qui le prient comme un Charles Borrhomée.

Bien rares sont les membres de sa famille d'ici-bas.

Mais ils sont fidèles. L'abbé Ruffat en était.

Gloria Matri !

Je me suis reproché de n'avoir pas assez suivi dans ses évolutions l'amour maternel de Mme Ruffat. Mon excuse est celle-ci : c'est la vie de son fils que j'écris ; mais il est un acte important que je ne peux pas omettre, c'est son testament. Je le place au lieu même où elle l'a placé, en 1834 ; quand Elzéar est déjà voisin, à moins d'une année près, de son sacerdoce.

On sait qu'elle a été constituée, depuis dix ans, l'héritière de son généreux oncle, M. Louis Pech :

Au nom du Père, du Fils et du Saint-Esprit !

Voulant, en cas de mort, faire mes dispositions testamentaires, je les fais en la manière suivante :

Je laisse à M. Ruffat, mon bien aimé mari, tout ce que la loi m'autorise à lui donner.

Aimant tous mes enfants également, je veux qu'ils se partagent ma succession par égales portions.

Je laisse huit cents francs pour des messes pour le repos de mon âme et à mon intention.

Je donne deux cents francs aux pauvres.

Telles sont mes volontés que j'ai écrites en entier et signées de ma main.

A Toulouse, le dix janvier mil huit cent trente-quatre.

RUFFAT née PECH.

Tous les enfants de Mme Ruffat, avaient appris, dès leur jeune âge, la poésie classique qui débute ainsi :

> Le plus saint des devoirs, celui qu'en traits de flamme
> La nature a gravé dans le fond de notre âme,
> C'est de chérir l'objet qui nous donna le jour.

Et leur père avait dû leur répéter souvent ce cri de Lamartine :

> Heureux l'homme à qui Dieu donne une Sainte-Mère!
> Qui peut douter sur son tombeau??

La femme, l'épouse, la mère (et il faudrait dire avant tout la *chrétienne*) sont révélées en cet acte de justice, d'affection et de prudence consommés.

M. et Mme Ruffat, vécurent encore huit ans; mais ils n'avaient gardé que jusqu'en 1832 le domaine d'Ardizas. C'est après l'avoir vendu qu'ils devinrent acquéreurs du modeste domaine de Villeneuve-les-Cugnaux, plus conforme à leur situation et à leurs goûts. La famille entière y vécut presque sans interruption, dans la paix, le bonheur au moins relatif et dans le souvenir reconnaissant de l'oncle Pech qui les avait aimés.

Ce modeste domaine a été conservé à côté du tombeau de famille jusqu'à la dernière heure de l'abbé. Il est aujourd'hui la propriété de M. l'abbé Tessèdre, son héritier.

Une Conclusion

Mes lecteurs, mes lectrices surtout, permettront au moraliste et même à l'apôtre, d'empiéter un peu sur l'historien et de conclure cette première phase de la vie de mon héros vénéré par quelques réflexions d'un ordre tout pratique : m'adressant aux jeunes gens que le hasard, voie providentielle, aura amenés dans mon auditoire — car tout exemple cité est une prédication — je leur dirai : més amis, voilà le terme auquel une vocation prise dès l'enfance et poursuivie persévéramment jusqu'à la maturité a pu conduire un écolier, un jeune homme, car il n'a pas plus de vingt-trois ans et il remplit désormais les fonctions sacrées du sacerdoce.

Il catéchise, il prêche, il instruit, il console ; il fait validement et avec fruit tout ce que font les anciens de son ordre ; avocat des causes les plus graves, il a une clientèle toute désignée et une barre où sa parole est admise ; médecin avide de pratique, il a ouvert une clinique déjà fréquentée par des malades, confiants parce qu'ils sont assurés de leur guérison ; magistrat affamé d'intégrité, il s'assied à un tribunal dont aucune cour ne réforma

les jugements ; négociant ingénieux, il a une spécialité où sa fortune est par avance faite.

Au point de vue même humain et matériel, il
est parvenu à un sommet relativement assez élevé
pour que les embarras de l'existence honnête et
même honorable ne le tracassent plus. Il est dans
la hiérarchie des élus, de laquelle on peut dire :

> Dieu prodigue ses biens
> A ceux qui font vœu d'être siens.

Mais il y a plus ; toutes ses fonctions sont d'un
ordre surnaturel, tout son commerce est avec les
âmes. Il est leur précepteur, leur confesseur, leur
médiateur. Et son rôle avec Dieu lui-même
dépasse en honneur et en utilité tout ce que la
langue humaine, en dehors de la théologie — qui
est par excellence la langue de la science divine —
pourrait inventer.

Il bénit, il consacre, il dit la messe !

Et il a vingt-trois ou vingt-quatre ans !!

Cherchez une position supérieure en dignité à
la sienne..., vous ne la trouverez pas..., plus lucra-
tives tout au plus, seront celles qui sollicitent les
ambitions communes ou que ces ambitions sollicitent, mais non pas plus honorables ni plus consi-
dérées dans le meilleur monde au milieu duquel
elles s'exercent. Et cette considération extérieure
est un des appats les plus légitimes :

> Et cependant, dit-on, les vocations baissent !
> — Pourquoi ! sous la matière âmes et cœurs s'affaissent.
> — C'est vrai ; moins nombreuse est dans la religion
> Des lévites sacrés, l'ardente légion.

> L'épreuve est rude ; mais elle passerait vite
> Si tous les jeunes gens que notre voix invite
> Par leurs propres parents fermement éclairés,
> Savaient voir sagement leurs intérêts sacrés ??

Oui, voila le second point de l'homélie que j'ose essayer ici :

La vocation de l'abbé Ruffat a été primitivement l'œuvre de Dieu. Mais il ressort, de tout ce que nous avons dit, comment elle a été accueillie, chauffée, développée par son père et par sa mère. Ils ont cru à tout l'honneur qui résulterait pour leur nom et leur famille d'avoir un fils prêtre. Ils ne se sont pas trompés, ils n'ont pas été déçus.

A l'époque où ils ont donné leur fils au sanctuaire, les nobles familles de France avaient déjà failli à la vieille habitude qu'elles avaient eue jusque là d'y être représentées. Quand on parcourt sommairement la liste officielle des Prélats toulousains d'avant la révolution et celles qui l'ont suivie, on voit comment des de Bovet, des Clermont-Tonnerre et des d'Astros — si saints évêques cependant — on est, non point tombé, mais subitement passé aux noblesses roturières qui s'appelèrent, dignes de la vénération publique, Mioland, Desprez. Eh bien, ce n'est pas là qu'est le mal, Dieu nous garde de le dire ! Que la saine bourgeoisie demeure, avec les Ruffat, fidèles à l'Eglise de France !... Qu'elle s'honore d'y tenir sa place... Elle peut, pour l'Eglise et la patrie, au moins autant qu'ont pu l'aristocratie et la noblesse, à d'autres époques.

Et puis, enfin, si les fils de cette classe moyenne nous faisaient défaut, parce que les vocations sacerdotales ne rapportent ni assez d'honneur humain ni assez d'argent, l'Eglise qui se recruta jadis parmi les corroyeurs et les batteliers, s'alliera de plus en plus avec les fils de la démocratie moderne. Celle-ci a assez besoin d'être sanctifiée, et le vœu de saint Paul sera rempli. Nos cadres seront faits avec ceux qui ne sont « *ni riches, ni puissants, ni nobles* ». Le vingtième siècle de l'Eglise, inauguré par Léon XIII, sera celui de la Démocratie sacerdotale, héritant de toutes les épreuves et de toutes les preuves que la science, l'industrie et les progrès de tout genre lui ont données ! *Amen !*

ҺOMME, PRÊTRE, VICAIRE

C'est fort intéressant à considérer qu'un enfant bien doué, qu'un adolescent bien élevé et surtout innocent et pur ; mais son histoire est celle de sa nourrice, de ses parents et de ses instituteurs. L'intérêt est surtout dans l'avenir. Nous ne pouvons encore saluer que des promesses, tout au plus des espérances. Attendons que l'arbuste soit devenu un arbre. Et même, laissons passer sur lui le printemps jusqu'à la saison des fruits. Quand nous aurons devant nous un homme fait, ayant une vie professionnelle, aux prises avec les devoirs et les difficultés, en possession de son âme devant les tentations, nous rendrons à ses efforts le témoignage mérité. Et tout en gardant envers le lutteur la discrétion qui n'accorde des couronnes qu'au vainqueur dans la lice de la vie, nous le féliciterons et nous bénirons Dieu des progrès vertueux dont nous serons les témoins...

Nous y sommes. Cette période fructueuse est ouverte pour le séminariste de l'Esquile. C'est un homme dans la puissance du discernement, de l'intelligence et de la volonté. Les préparations furent laborieuses et longues, mais l'ère en est passée. Après les ordinations successives, le voilà promu au Sacerdoce. Le voilà même placé dans une sphère dont la hauteur, relative pour un début, prouve éloquemment la sage direction de ses travaux et la perfection de sa conduite.

Il est nommé *vicaire de la Daurade*.

Son Portrait

C'est très difficile à faire, qu'un portrait à la plume, même quand le modèle est vivant, parlant, se remuant. Plus grande est encore la difficulté quand le personnage est absent, absent depuis longtemps et absent pour toujours. C'est alors un portrait de tête, de souvenir, de cœur. Et cependant, la ressemblance peut y être ; car le souvenir est un miroir au sein duquel les êtres, une fois incrustés, ne s'effacent plus. Il suffit de se recueillir et de regarder en soi d'un œil profond, pour entendre son propre esprit vous dire : « J'y suis ! »

Essayons :

Il était d'une taille moyenne. Ni corpulent ni joufflu, ni maigre ni rachitique. Son corps était une image de son caractère. Rien d'exubérant et encore moins de difforme ; rien de particulièrement beau et surtout de trop recherché ; une grâce régulière et naturelle, c'est tout. Il se tenait bien droit et n'avait pas des airs penchés ; mais il n'avait aucune raideur. Ni tempérament de mollesse ni signe de fierté.

Son teint n'était ni rouge ni pâle. Il respirait un bon état de santé, sans accuser aucune force matérielle.

Son œil était bleu et doux, mais voilé par des sourcils assez épais.

Son regard, très posé, avait des moments où il

semblait se porter en dedans ; mais il n'était pas plus dur que son attitude n'était fière et sa parole arrogante. Il s'accommodait au sourire des lèvres et se baissait souvent, par modestie.

Sa chevelure était un peu blonde, mais n'avait rien d'ardent ni de crépu. Il la tenait taillée à l'ancienne mode toulousaine : courte sur le front découvert et longue jusqu'à former un pli, un commencement de boudin, sur la nuque.

Il n'a jamais adopté la coupe moderne des cheveux très ras par derrière ; ce genre était très en défaveur chez nos anciens, regardé comme laïque par nos maitres (1).

M. L'abbé Ruffat était, pour son vêtement, d'une simplicité toute primitive. Je crois bien qu'il ne portait que des soutanes de drap, même en été. Elles avaient toujours des parements ronds et assez amples pour y pouvoir enfermer les mains contre le froid. Il n'usait de gants que pour les occasions d'étiquette. Ses soutanes étaient *à queue*

(1) Qu'on me permette un incident très significatif : Quand j'allai à Paris pour la première fois, un de mes condisciples, devenu très Parisien, alors chapelain de Sainte-Geneviève, me conduisit chez son coiffeur et lui dit tout bas : « Coupez-lui moi cette aile de pigeon. » L'artiste s'acquitta consciencieusement de son mandat. Il m'oingnit même d'une huile à laquelle ni à l'Esquile ni à la Daurade nous n'étions habitués. Mon ami Brocard lui dit : « C'est parfait. » Pour moi, quand je me regardai dans la glace, je fus navré et je pressentis bien ce qui m'arriverait à Toulouse.

Dès ma première visite à M⁵ʳ Mioland, qui cependant était très indulgent et large, il se fit tout sérieux et me dit : « Monsieur R..., vous arrivez de Paris Si je ne vous connaissais, je croirais que vous vous êtes fait faire une tête qui vous permit le costume laïque. » Je contai l'histoire ; et M. Ruffat, qui connaissait, pour lui avoir jadis fait le catéchisme à la Daurade le chapelain égrillard en question, se mit à rire malgré mon ennui. Et pendant deux mois j'eus à renouveler mon anecdote. M. Izac et M. Piéchaud n'en rirent pas du tout. La mode a bien changé depuis !

traînante. Et cet appendice était obligatoire, même
pour les élèves des deux séminaires. On n'entrait
jamais à la chapelle sans l'abattre, par respect pour
le Très-Saint-Sacrement. On la laissait traîner
dans le salon de Mᵍʳ l'Archevêque, et même à la
distribution des prix, quand on entrait dans l'hémi-
cycle pour y être couronné.

Qui eût pensé en ce temps que cet embryon
serait un jour supprimé comme un drapeau de
prétention et de privilège ?

M. Ruffat ne sortait guère sans revêtir le manteau de visite qu'on appelait le *manteau-long* et
qui était vraiment, même à une tenue simple, un
supplément de distinction. Il était obligatoire aux
sorties *pour les élèves du grand séminaire.*

Il ne se coiffa jamais que du chapeau tricorne,
ne se chaussa que de souliers à pattes et n'adopta
pas la boucle d'argent, même à une époque où le
grave chapitre cathédral en avait délibéré affirmativement. Il renonça à la poudre, quand beaucoup
y persévérèrent.

En y regardant du plus près possible, on ne saurait imaginer plus de correction unie à plus de
simplicité.

Ce sont là des détails, des riens. Mais de quoi
donc se compose la vie d'un homme d'esprit, d'un
noble cœur et même d'un grand caractère ? En
quoi consiste la fixité du tempérament et même la
perpétuité de la vertu ?? Cette permanence de la
tenue et des règles dans les vieux ordres religieux
rend vénérables les moindres fidélités, à cause du
principe de respect et de foi qui les conserve.

Un prêtre séculier, vivant dans le monde selon
les usages antiques, a quelque chose du trappiste,

du chartreux, du jésuite. C'est le fameux *sint ut sunt*.

M. Ruffat était de l'ancien temps, pour tout ce qui en valait la peine.

Le Prêtre comme il le faut

Un homme du monde, et, de plus, un haut fonctionnaire de l'empire, ayant rencontré quelquefois l'abbé Ruffat dans les salons officiels, que cependant il ne fréquentait guère, rendait de lui ce témoignage : « Voilà un prêtre *comme il faut*. »

— Je me garderais de vous contredire, ajouta quelqu'un qui le connaissait mieux, et qui donnait à son éloge une portée autrement étendue : « Voilà le prêtre *comme il le faut*. »

Chacun des deux opinants avait raison ; mais quelle distance entre ces deux jugements également vrais. La langue française, a, dans ses locutions, des nuances qui métamorphosent le sujet auquel elles s'appliquent.

« Un prêtre comme il faut ». C'est fort bien, mais ça existe en nombre indéfini, grâce à Dieu et à la bonne éducation française en vogue au séminaire ou même au lycée. Ce qualificatif en trois mots s'applique à tout homme bien élevé, à toute femme d'une tenue correcte. Il affecte surtout des manières d'être extérieures, le langage sobre, la démarche modeste, les habitudes dignes et peu bruyantes ; en un mot, cet ensemble qui plaît parce qu'il révèle une distinction sans faste, une supériorité sans prétention et qui semble ne pas se

douter de sa propre existence. Quand on a dit,
d'un magistrat ou d'un simple ouvrier, d'une
grande dame ou d'une femme de chambre : il est,
elle est *très comme il faut* — car cette tenue a
un superlatif — on a l'intention d'inspirer toute
confiance. Ça veut dire : « vous pouvez aller, vous
pouvez prendre. C'est un sujet de choix parmi les
meilleurs... » Autant que le jugement des hommes
de bon sens et même celui du public mérite créance,
sans pour cela être infaillible, c'est l'apologie de
tout ce qui paraît ; et, à moins de duplicité dans
celui qu'elle caractérise, elle est irrécusable.

— Vous avez bien raison, M. le Prefet, et votre
jugement ne vous a pas trompé. Il est très *comme
il faut* ce prêtre-là, dans le meilleur sens que le
monde le plus pointilleux attribue à cet hommage.
A preuve, le public en juge ainsi : le suisse, le
bedeau, le sacristain, les clercs, les duchesses et
les bonnes femmes lui ont toujours trouvé une
tenue non seulement irréprochable, mais humai-
nement parfaite.

Paulo majora canamus! « Chantons un peu
plus haut », disait le grand poète.

Le prêtre comme il le faut, Qu'est-ce ? Une perfection relative, mais à tous égards ; presque un
idéal, non pas *de ce qui paraît*, mais de ce qui est,
de ce qui *doit être*.

Non pas *un prêtre* comme il doit y en avoir
tant, mais *le prêtre*, celui qui est le *type*, celui qui
va à ses devoirs et s'accomode à sa vocation et à
notre temps, comme la gaine s'adapte à la lame :
comme il *le* faut, je souligne *le*.

Les temps sont variables, les jours sont souvent

mauvais. Les vocations les plus hautes sont d'ailleurs les plus difficiles.

Hélas! même parmi les prêtres, il y en a parfois *comme il n'en faudrait* pas, ou qui ne sont pas comme il en faudrait. C'est si ardu, le sacerdoce, au milieu du monde!

« Nous portons, caducs que nous sommes, un poids redoutable aux épaules des anges ». Un trésor dans un vase d'argile!

Eh bien : voici un prêtre selon la formule, selon le modèle.

Il ne prêche pas comme Lacordaire; il ne s'en va pas au désert comme les fils de François d'Assise; il n'écrit pas des livres de philosophie comme le père Gratry, ni même des livres d'ascetisme comme François de Sales. Inférieur à tous ceux-là, il est tout simplement l'homme de son état et de sa condition : le vicaire de son curé, le vicaire-général de son archevêque, le catéchiste des enfants, le conseiller et le guide de leurs parents, le consolateur des familles en deuil, l'assistant des mourants. Le bienfaiteur de tous ceux qui le fréquentent, le béni de tous ceux a qui il a fait du bien.

Il a quatre-vingts ans passés! Voilà le prêtre comme il le faut, mais il en eut vingt-cinq et il était *lui-même!*

Daigne Dieu en donner de pareils à l'Eglise et à la France!

Les deux Amis à la Daurade

Le premier soin de M. Ruffat, après sa nomination à la Daurade, dût être l'installation de son ménage sur le territoire de la paroisse. Il se fixa à l'hôtel Arzac, rue Clémence-Isaure, très à portée de tout, très aristocratiquement habité. La paroisse n'avait encore ni presbytère, ni vicairerie ; mais M. Ferradou, qui avait l'heureuse habitude de la truelle dans des conditions de solidité, d'élégance et d'originalité, se préoccupait déjà des constructions qu'il a depuis réalisées et qui ont si fort amélioré la condition matérielle et la dignité indépendante du clergé paroissial. Il a admirablement utilisé les coins et recoins de toute cette partie de l'église sur le plan exact du quai de Brienne et de la place de la Daurade. Depuis cinquante et quelques années déjà, le curé et les vicaires sont chez eux et, pour ainsi dire, dans l'église même. Ce n'a été qu'une question de portes à ouvrir, ce qui était une des aptitudes et des bonheurs de M. Ferradou. Les dépenses ont dû être considérables, mais le bon curé avait le bras long de ce côté et les mains faciles à s'ouvrir tour à tour, soit pour donner, soit pour recevoir. Ces constructions sont vraiment une œuvre qui honore sa mémoire.

Donc, M. Ruffat s'installa dans des conditions peu communes de sécurité morale et d'agrément affectueux. Il avait été, au grand séminaire, l'élève choyé entre tous d'un maître assez insinuant, assez habile pour n'avoir pas connu beaucoup de difficultés insurmontables. M. l'abbé Bélaval se fit le *socius* de son ancien disciple. Ils n'eurent qu'un appartement et une table ; l'esprit public s'habitua à les regarder comme n'ayant qu'un seul cœur (1).

Est-ce que je signale un trait que quelqu'un ait nié, en leur appliquant ce coup de crayon que saint Augustin a pris à Cicéron et que nos moralistes anciens ou modernes ont ainsi tracé : « *L'Identité du vouloir et du non vouloir, voilà la Solide Amitié* ? » Non.

Elle était proverbiale, parmi notre génération plus jeune que la leur. Ça ressemblait dans l'antiquité à Nisus et à Euryale. Virgile seul leur manquait.

On nous racontait — et c'était nos maîtres au séminaire même — « qu'ils ne passaient pas un jour sans s'écrire quand ils étaient sans se voir. » Nulle plaisanterie, nulle critique ne les atteignit ni ne les visa sur le terrain de leur affection réciproque.

Pieux et fervents, ils assignaient à leur amitié des rendez-vous surnaturels : l'autel, le tabernacle, à l'heure de la messe ou de la visite au Saint-Sacre-

---

(1) Je ne crois pas qu'il y ait dans la vie littéraire ou même pieuse un passe-temps plus doux, plus fécond en sages inspirations que celui qui consiste à récapituler dans la mémoire du cœur les noms de tous ceux de nos aînés qui nous ont fait du bien. Or, quand, il y a cinquante ans, je fus nommé d'emblée vicaire de la Daurade, je le fus par l'influence de M. Bélaval et ce fut en succession immédiate de M. Ruffat ; en sorte que tout ce que j'ai pu apprendre et faire de bon durant cette première période du ministère sacerdotal, dans un milieu si honorable pour mes débuts, je le dus à ces deux, à tous les deux. Et je ne peux signaler en meilleur lieu qu'au chapitre de *Leurs amitiés*, un accord qui me fut si profitable. En rendant mon hommage à une amitié si publique, j'acquitte donc encore, après un demi-siècle, une dette de reconnaissance. Cela ne porte pas malheur.

ment: petits moyens que l'intention rend si grands, quand ils sont à la mesure du cœur !

Et cela a duré?? — Toujours! comme l'amitié de saint Chrysostome et de saint Basile ; comme celle de saint Paul et de saint Thimothée : à la vie, à la mort et au-delà.

Sous une pareille égide et dans une semblable société dès le départ, le chemin en ses fonctions nouvelles fut facile au jeune vicaire. La Providence réalisait pour lui cette vérité du sage : « Il vaut mieux être deux ensemble que d'être seul », et il pouvait ajouter avec Lacordaire, dont la parole à cette époque était un oracle : « Etre deux est très bon, mais à la condition qu'on le sache et qu'on en soit sûr, pour son encouragement et sa consolation ». L'abbé Ruffat le savait et il en était sûr.

Oh ! ils sont dignes du plus profond respect, prêtres ou laïques, réguliers ou séculiers, ceux qui reproduisent ou perpétuent ici-bas le type que Lacordaire encore appelle les *Amitiés en Jésus-Christ*. La belle physionomie de saint Jean, reposant sa tête sur la poitrine du *Maître-Ami*; la race de Lazare et de ses sœurs de Béthanie ; la noble succession des êtres qui ont eu le bonheur d'aimer et le mérite d'être aimés, dans la pureté des sentiments, dans l'innocence des désirs, dans la sainteté des œuvres!

Les amis comme ceux-ci connaissent ces belles définitions dans les termes desquelles la philosophie antique a raisonné comme le même saint Augustin : « L'amitié trouve l'égalité ou elle la crée entre les êtres qu'elle unit ». Et cette admirable règle qui fait le bonheur de ceux qui la pratiquent :

« Aimer Dieu dans les créatures et les créatures en
Dieu ».

Nos lecteurs nous pardonneront cette homélie.
Il y a toujours un petit sermon sous la philosophie
de l'apôtre.

Ils avaient d'ailleurs trop de piété et de bon
sens, pour que ces privautés intimes et réciproques pussent avoir quelque regrettable influence
sur leur propre âme ou sur l'esprit de leurs voisins.
Aucun larcin n'était fait à Dieu dans le don amical
de leur cœur. L'amitié fut, au contraire, un élément perfectionnant leur vertu chrétienne, sacerdotale. On n'aime jamais mieux l'Eucharistie, la
croix, la Sainte-Vierge que quand on les aime à
deux. Nul de leurs autres amis n'en concevait une
émulation inquiète, au contraire. Les meilleurs
amis de l'abbé Ruffat à la Daurade étaient ses confrères en vicariat, M. Vié, qui fut supérieur et
aumônier des Sœurs de la Croix de Colomiers ;
M. l'abbé Galy, qui rentra à Rodez, son diocèse
d'origine, pour s'y asseoir dans une stalle du Chapitre cathédral.

En cela, l'abbé Ruffat pratiquait la conduite du
Maître qui donna véridiquement le titre d'ami à
tous ses apôtres, mais qui en aima *un* d'une affection tellement intense et tellement apparente qu'on
l'avait surnommé « le Disciple que Jésus aimait ».
Ni l'abbé Bruno Berdoulat qui, après avoir été
vicaire de la Cathédrale, a terminé à la cure déca-
nale de Saint-Lys, une carrière fructueuse ; ni l'abbé
Gasc, qui fut, jusqu'à l'âge de quatre-vingt-dix ans,
curé de Villeneuve-les-Cugnaux, ne se sont jamais

plaints que l'abbé Ruffat leur ait servi une affection tronquée. La sincérité et la fidélité ont, au contraire, marqué toutes ces relations amicales.

Dans le monde, peut être plus encore que dans le clergé, on le regarda comme un ami solide et constant. Et cependant combien d'hommes, combien de familles lui ont donné ce titre, en l'appuyant, mieux encore que sur des qualités réelles, sur des services rendus. Car voilà une des notes les plus apparentes et les plus authentiques de sa vie : *Il était serviable.*

Essentiellement utilitaire pour lui-même, sans aucune trace d'égoïsme, il était encore plus pratique dans ses bienveillances et dans ses amitiés. Quand il pouvait dire à l'ami qui retournait chez lui après l'avoir intéressé à sa situation : *C'est fait*, c'est alors qu'il était content et rayonnait dans sa modestie.

En 1835, il en était à ses débuts de bienfaisance et d'amitié, il avait vingt-cinq ans : *supra* octogénaire, en passant dans les mêmes rues et saluant des maisons, dont à peu près chacune avait eu pour lui ses personnalités et son histoire, il pouvait bien dire d'un certain nombre : « Dans celle-là j'eus un ami », mais de toutes il pouvait ajouter : *Je n'y connus que des amis.*

Du reste, l'abbé Ruffat avait, en son amitié pour l'abbé Bélaval, un concurrent, disons mieux, un complice, dont il ne pouvait être jaloux. C'était son propre père qui, ayant une Muse au service de tous ses bons sentiments, écrivait à l'ami d'Elzear, la veille de la saint Augustin :

A Monsieur l'abbé Bélaval, pour le jour de sa fête.

De saint Augustin ton patron,
Nous connaissons la jeunesse orageuse ;
Par ses pleurs sa mère pieuse
Demandait sa conversion.
Certes, la tienne est plus heureuse :
Elle a pleuré, mais toujours de bonheur,
Et les vertus dès ta première entance
N'ont rien perdu de leur première ardeur.
Monique de ses vœux obtint la récompense,
Ta mère, hélas ! vu ta persévérance,
N'aura jamais éprouvé de malheur.

Le papier a changé de couleur, mais l'écriture demeure ferme comme l'était le sentiment.

Auguste était un frère aîné d'Elzéar.

Souvenirs de la Daurade.

Il y a des maisons, au vide desquelles l'œil et l'esprit s'habituent difficilement, quand on fréquenta beaucoup celui qui en fut le dernier maître. C'est quelquefois une question de prestige, d'autorité, de grandeur morale, mais c'est souvent une question d'activité, de mouvements multipliés et de bienfaits longuement soudés l'un à l'autre.

Il a fallu du temps aux amis de l'abbé de Guery et de Mgr Dupanloup, pour se figurer sans ces hôtes illustres, la Madeleine de Paris ou l'évêché d'Orléans. La place occupée par certains hommes se mesure par le vide qu'ils ont laissé.

Je serais ridicule, par une admiration grossissante, si je complétais le trio par le nom de M. Ferradou. Mais le principe de la *place occupée* n'en existe pas moins, et les amis de l'abbé Ruffat supporteront agréablement que je rapproche, une fois, au moins, de son digne vicaire le très digne curé qui fut aussi le mien.

C'était d'ailleurs, en son genre modeste, une personnalité qui, pour des Toulousains et pour des habitants de la Daurade, ne fut pas sans intérêt, étant donné surtout son originalité et son caractère généreux.

Celui qui m'approuverait le plus, s'il parlait depuis sa tombe, serait l'abbé Ruffat lui-même.

M. Joseph Ferradou

Il fut un type très voisin de l'ancien clergé, tout en ayant les allures d'une jeunesse perpétuelle ; un type de *bonté*, mais de bonté dans l'originalité. Il ne se défendait ni de l'une ni de l'autre de ces notes de son caractère. D'ailleurs, il avait par moments cette petite faiblesse de viser aux extrêmes, et il était très franc. Voici une poignée d'histoires :

Un jour, il disait : « Il y a du fer dans mon nom et je vous prouverai qu'il y en a dans mon caractère.

« — Oui, Monsieur le curé, mais il y a aussi du doux. »

Plus pasteur que Sicambre, il fut désarmé par

cette fine observation, digne de l'abbé Ruffat. Et que de fois elle fut répétée !

Quand, en 1851, les capucins durent fonder une maison à Toulouse, Monseigneur Mioland, qui était leur grand protecteur, provoqua une réunion de tous les curés de la ville afin de leur annoncer son projet et ajouta : « Je voudrais, Messieurs, avoir l'avis de chacun de vous sur les moyens de faire aboutir cette création ».

M. Piéchaud, curé de Saint-Etienne, prouva non seulement qu'il la désirait beaucoup, mais qu'elle ne lui paraissait pas irréalisable. Il eut bien raison.

M. Suberville, curé de Saint-Sernin, déclara « qu'il n'avait qu'une paroisse de pauvres et qu'il devait surtout quêter pour les siens ». Soit dit en passant, les choses ont joliment changé depuis, autour de la grande basilique et à son avantage.

Vint le tour de M. Ferradou, qui prit un air aussi assuré que modeste, déclarant qu'il y avait un moyen de succès *infaillible* et *prompt*. Il insista sur ces deux mots.

« — Voyons, voyons ! dit avec curiosité toute l'assemblée. »

M. Ferradou reprit :

« — Monseigneur, si votre Grandeur veut permettre ?.....

« — Parlez, parlez !!

« — Eh bien, votre Grandeur n'a qu'à charger de cette fondation, messieurs les Jésuites. Ce sera bientôt fait et bien fait. »

Une hilarité générale suivit le propos ; mais la séance fut remise ; et, certainement plus tard, M. Ferradou y alla de sa personne et de son argent. Il adorait la contradiction, mais il était très généreux.

Il avait une passion bien honorable à tous égards ; deux passions en une : la passion de son église, qu'il aurait voulu achever ; et la passion de *Notre-Dame-la-Noire*. Quant à l'église, il l'aurait peut-être achevée avec les dépenses faites en réparations et en améliorations. Les travaux se sont succédé pendant quarante ans ; le seul passage de la rue Peyrolières a coûté plus de 8o.ooo francs ! Il avait, à un degré éminent, le goût des *passages* et celui des *portes*. Contrairement à ce qui eut lieu pour la construction du temple de Salomon, les marteaux retentissaient presque d'un bout d'année à l'autre. A l'époque où la manie des tables tournantes avait gagné la gent même dévote, une bonne vieille vint s'accuser *d'avoir manqué de respect* en disant que M. le curé *avait le diable frappeur*, « mais, ajouta-t-elle, je ne le crois pas ! »

L'a-t-il retournée du sol à la voûte, cette église ? et a-t-il poussé loin et porté haut le zèle pour la maison de Dieu ? Oh ! il n'avait aucun besoin ni de jésuites, ni de capucins pour ouvrir les bourses de ses paroissiens qui l'aimaient sincèrement, parce qu'il était franc et qu'il était « de chez eux, prophète dans sa patrie ». Nul ne le seconda mieux dans cette entreprise maîtresse et permanente que l'abbé Ruffat.

Quant à Notre-Dame-la-Noire, c'était la passion poussée jusqu'au paroxisme.

Il était très rare que M. Ferradou se fît remplacer pour quelque devoir de sa charge pastorale ; mais, pour son exercice de l'archiconfrérie, jamais ! D'un bout de l'année à l'autre, quand les offices du dimanche étaient terminés, — même quand ils avaient renfermé un sermon quelquefois long, — pendant que les paroissiens moins zélés opéraient leur sortie, le curé montait en chaire et c'était à croire qu'il commençait sa journée. Il parlait quelquefois une heure durant. Il avait, de vieille date, avec une santé de *fer*, une toux opiniâtre. C'était l'heure favorite de sa lutte contre elle, en homme qui ne veut pas laisser le dernier à son adversaire. Une expectoration sanguinolente s'en suivait quelquefois ; l'auditoire s'émouvait, le plaignait ; mais lui se trouvait provisoirement vainqueur. Et il tint bon jusqu'à l'âge de quatre-vingt-six ans, où il finit par un véritable suicide, ayant voulu, malgré ces atteintes et malgré son médecin, faire son carême rigoureux et de *maigre strict,* comme soixante-dix ans auparavant !!!

A propos du carême, l'année où fut inaugurée, par Monseigneur Desprez, qui était un fervent en la matière, la liturgie romaine, l'abbé Ferradou apprit que les usages romains autorisaient « une petite tasse de chocolat avant tout repas du matin. » Il s'en vint, tout guilleret, le dimanche suivant, faire part de cette découverte : « Puisque nous sommes au romain, pour le missel et le bréviaire, soyons-y pour la tasse de chocolat ! » et il ajouta : « J'ai jeûné toute ma vie sans m'en douter ». Mais il fut de ceux à qui l'archevêque donna l'autorisation de continuer la récitation du bréviaire Gallican et surtout il conserva la queue de sa soutane « qui faisait si bien dans les cérémonies ». L'abbé Ruffat disait : « Il y a des gens qui n'ont ni tête ni queue ». Le curé de la Daurade a sauvé de la bataille l'une et l'autre.

C'est encore dans son allocution de l'Archiconfrérie qu'il lui arriva, au moins une fois, de faire par anticipation sa propre oraison funèbre. La voici textuellement :

« Un jour, bientôt peut-être, car je suis vieux, une nouvelle se répandra dans la paroisse : Vous savez, il est mort ! Et c'est dommage, car, en somme, c'était un brave homme, né au milieu de nous, et surtout il nous aimait beaucoup. Il avait bien ses petits travers : Par exemple, il était vif comme la poudre ; mais, depuis plus de quarante ans, il ne nous a fait que du bien ».

C'était fort touchant, mais personne ne pleurait, au contraire...

Tout autrement il en fut quand il mourut tout de bon.

En 1855, on ne faisait pas encore de mois de Marie à la Daurade. M. Ferradou n'aimait pas les choses banales, c'est-à-dire faites comme partout.

L'année suivante le mois de Marie fut fait avec un entrain, un luxe de prières et de musique extraordinaire — à Notre-Dame-la-Noire, bien entendu. — Le chœur des chanteuses fit merveille et la clientèle du prédicateur fut loin d'y perdre. Mais tous les étudiants présents ne récitaient pas le chapelet. Et ils furent très nombreux. Quelques-uns furent même légers.

M. Ferradou parqua ses virtuoses derrière une palissade de planches pour les dérober aux regards indiscrets. Il monta en chaire pour un speech très accentué qu'une brochure publiée le surlendemain, en vers, intitula : *Satan à la Daurade.*

L'auteur débutait ainsi :

> Muse, raconte-moi la fameuse tirade
> De Monsieur Ferradou, curé de la Daurade !

Satan était ainsi dépeint :

> Encore s'il sentait le soufre et le bitume !
> On pourrait le couvrir de dédain et d'oubli.
> Mais non ! Il se parfume
> Avec du patchouli !

Il y eut bien quelques désordres, de gaieté, plus que de scandale. Mais M. Ferradou finit par en avoir raison et le résultat fut une belle station bien suivie. L'auteur du pamphlet était un M. Dayrem, alors juge d'instruction, digne de précéder le citoyen Manau à la Cour de cassation !

M. Ferradou ne voyageait jamais que dans sa voiture. Il n'était jamais allé qu'à une de ses maisons de campagne. Nous lui en avons connu trois, successivement bien entendu. Il n'était jamais monté en diligence, ni surtout en chemin de fer. Il en avait horreur, autant qu'il aimait son chez soi, qu'il quittait invariablement tous les soirs après sa collation — jamais de repas à cette heure — pour aller causer chez un vieil ami, *toujours le même.* Et cette fidélité si simple, cette nécessité de se revoir dans ces conditions, fut une des plus honorables de sa vie, toujours empreinte d'une grande dignité dans ses allures ultra-bourgeoises. Son ami de chaque soirée était M. Couseran, un honorable pharmacien de la rue Cujas que tout le monde a estimé.

Le bon curé eut quelquefois des peines familiales après avoir tout fait pour être au moins affranchi de ce côté. Le lendemain du jour où quelque crise avait été un peu plus aiguë, son attitude portait l'empreinte d'une tristesse manifeste, mais encore plus indulgente. Alors tout était deviné, tout était transparent. Et notre *premier*, qui n'était plus l'abbé Ruffat, mais l'abbé Barrère, invoquait le titre de l'imitation *De utilitate adversitatis!* Avec une nature de cette franchise-là, c'était immanquable. Et, en vérité, loin d'atténuer le respect et la sympathie, ça les développait. On aime ses supérieurs, plus qu'à l'ordinaire, quand ils ont du chagrin et du cœur.

Or, un jour ce dut être bien le cas, mais nous n'étions plus là, les mêmes témoins. Voici le fait sans commentaire :

M. Ferradou, dont l'église est vraiment une basilique, s'était persuadé sincèrement que la note d'ancienneté relative faisait seule le titre de *majeure* ou de mineure, comme cela se passe au chœur pour les stalles des chanoines.

Ce fut là son erreur : le titre de Basilique majeure fut revendiqué, preuves à l'appui, par les titulaires successifs de Saint-Sernin. Et un beau jour ce timide voyageur, qui n'avait jamais entendu le sifflet d'une locomotive et qui n'avait pas dépassé le territoire de Lardenne ou tout au plus de Colomiers, se paya — sans crier gare, c'est bien le cas de le dire — une promenade à Rome. Il avait réuni son dossier et croyait ses démonstrations irréfragables. Mais il avait affaire à romain plus au courant que lui. Il alla seul errer dans ces immenses dédales du Vatican, de Saint-Pierre et des congrégations.

Il en revint allégé du côté de sa bourse — ce qui n'avait pour lui aucune importance ; il est même probable que le Denier de Saint-Pierre ne s'en porta pas plus mal, — mais aggravé du côté de son cœur.

L'affaire fit du bruit à cette époque dans le petit Congrès des initiés. Saint-Sernin continua à être Basilique majeure. Et l'abbé Ruffat lui-même, quoique si sympathique à la Daurade et à son curé, disait : *Saint Sernin le mérite bien.*

Le titre de basilique resta à la Daurade, mais sans qualification de *majeure* ou de mineure.

M. Ferradou s'était quelquefois servi de cette expression : « Je veux aller le dire à Rome ! » Il y alla ; mais n'en rapporta que la consolation d'avoir puisé au tombeau des Saints-Apôtres un esprit de foi et de résignation tel qu'il ne l'eût trouvé nulle part au monde !

Il put, à son retour, en relisant l'inscription si monumentale posée à la porte de la crypte de Saint-Sernin, s'écrier : « J'ai vu encore mieux que ça ! » Il s'était prosterné à la confession de Saint-Pierre ! Ce fut son dédommagement.

Mais que fais-je ? J'oublie que ceci est une *notice sur M. l'abbé Ruffat* et je me suis laissé gagner la main par les souvenirs de la Daurade et de son bien cher curé. Celui qui me l'aurait le plus facilement pardonné, c'est M. l'abbé Ruffat lui-même, car, dans mon vieux dévouement, il a toujours été mon complice.

Encore une pièce très brève, mais très significative. Il y a quelques années, à une époque où je faisais un peu plus de politique qu'aujourd'hui, je reçus une carte de visite ainsi libellée :

JOSEPH FERRADOU
Curé de la Daurade.

Et cet ajoutié à la main :

*Catholique par conviction,
Libéral par goût, Monarchiste par raison,
Bourbonnien par affection.*

Tout l'homme est là. Et cet homme en vaut bien d'autres.

Un jour, M. Ferradou, l'air réjoui comme en ses meilleurs jours, mais plus paternel encore que de coutume, vint droit à moi en entrant dans la sacristie et, me frappant des deux doigts sur la joue comme si j'avais été son neveu, me donna ce motif de cette caresse inaccoutumée, mais très sincère : « Mon cher, je vous aime beaucoup, parce que vous avez fait un acte de reconnaissance et de cœur, en écrivant et publiant la vie de M. Piéchaud (1), vous avez fait revivre ses mérites en honorant sa mémoire, je vous en félicite de tout mon cœur.

« — Je regrette, Monsieur le curé, de n'être pas assez sûr de vous survivre, quoique je sois bien plus jeune que vous, vous auriez en moi un historiographe assuré.

____

(1) M. Piéchaud, d'abord vicaire et plus tard curé de la Cathédrale, m'avait élevé comme un fils ; auteur paterne de ma vocation et de tout le reste. Je lui devais tout. Et l'acquit de cette dette fut pour moi un bonheur facile.

« — Oh ! moi, je ne suis pas un type à biographie. »

Etant donnée la vie nomade que je menais alors, je n'ai pas souvent revu mon cher curé dans les dernières années de sa vie.

Mais il m'est apparu ce matin auprès de son estimé vicaire. Une idée d'extension m'est venue, et j'ai ajouté ce chapitre : *Souvenirs de la Daurade*. Il répondra mieux à tout ce que je peux dire d'intéressant, sans négliger mon premier type : *L'abbé Ruffat :*

Et ces deux bons amis seront fort bien ensemble.

Souvenirs de la Daurade.
Encore N.-D. la Noire. — Les Blanchers.

La Daurade fut de tout temps regardée comme une des belles paroisses de Toulouse ; belle, parce qu'elle fut riche par la situation commerciale de ses habitants. La fortune est un grand aide pour la prospérité même religieuse. Riche, par conséquent, par le train régulier et supérieur de toutes les opérations dont elle fut le centre, de tout le Culte, dont elle fut le sanctuaire. Elle remonte à la plus haute antiquité dans les fastes toulousains. Elle commença par être un temple païen consacré à Minerve, quand ni Saint-Sernin ni le Taur n'étaient encore bâtis. Elle fut surtout un sanctuaire vénérable par sa dévotion à Notre-Dame-la-Noire, qui fut de tout temps l'objet d'un culte public que les miracles éclatants recommandèrent à l'admiration des Toulousains, souvenir glorieusement historique qu'aucun écrivain mécréant n'a contesté.

Quand la Garonne, que le chanteur Nadaud ne connaissait pas encore, se passait la fantaisie de sortir de son lit, moins bastionné qu'il ne l'est aujourd'hui par les épaisses murailles de ses quais..., quand cette vagabonde qui, en 1875, devait exciter les cris peu admirateurs de l'illustre Mac-Mahon, accouru de Paris pour consoler les inondés..., quand, dis-je, ce fleuve menaçait la vieille cité, on ne se contentait pas de sonner le tocsin d'alarme, mais tous les Toulousains sur pied venaient à la Daurade prier Notre-Dame-la-Noire. La statue était descendue de la niche plusieurs fois séculaire; les graves Capitouls se faisaient un honneur de l'accompagner et même de la porter jusqu'au fleuve ; et il était de tradition miraculeuse qu'aussitôt que les pieds de la Madonne avaient touché les flots, le courroux torrentueux de ceux ci diminuait et leur décroissance progressive laissait une fois de plus la grande cité arrachée à une épouvantable catastrophe.

Foi de nos aïeux, qu'êtes-vous devenue ? Non seulement nos Capitouls modernes ne suivent plus les processions religieuses, mais il est interdit à la magistrature, à l'armée, à l'administration, au clergé lui-même d'y prendre part et je trace cette page de mes regrets profonds et humiliés, entre deux séances de tribunal policier appelé à juger des vicaires pris au collet et violemment entraînés à rebrousser chemin au moment où, dans l'apparât le plus modeste, ils apportaient à leurs infirmes les consolations de la communion pascale !

O temps, ô mœurs! Et que nous sommes loin, comme valeur morale et comme liberté religieuse, comme liberté à tous égards, de ces époques naïves, sages et ardentes, que nos progressistes modernes accusent d'ignorantisme, parce qu'elles savaient courir aux autels à l'heure d'un danger ou d'une calamité publique!

Il y eut cependant une heure néfaste et providentielle où la Vierge Noire redevint d'une manière plus accusée l'*alma mater* invoquée des Toulousains. Ce fut l'année terrible dont les malheurs n'ont pas besoin d'être racontés. Nos mobiles de la Haute-Garonne étaient à Belfort et l'on sait les prodiges d'héroïsme que ces enfants de nos familles y firent, quand la pensée vint à M. Ferradou d'amener en pélerinage à l'autel de Notre-Dame-la-Noire toutes les paroisses de la ville. La cathédrale vint la première, conduite par le pieux curé Castillon, depuis évêque de Dijon. Toutes les autres suivirent, précédées de leurs bannières, conduites par leurs curés. Et cela dura dix jours entiers. J'eus l'honneur d'être le prédicateur de cette station d'un nouveau genre. Elle fut additionnée d'un service funèbre très solennel auquel, cette fois, les autorités assistèrent (1).

Si la peur est une mauvaise conseillère, la tribulation qui amène la crainte, la crainte de Dieu, conduit à des œuvres plus sages. Daigne Dieu nous préserver des inondations et de la guerre,

---

(1) M. Charles Ferry, préfet de la Haute-Garonne, nous fit l'honneur de nous adresser des félicitations et des remerciements dont ses successeurs seraient aujourd'hui bien étonnés.

deux fléaux qui sont de la même famille et, à vingt ans ou à des siècles de distance, sont des avertissements de Dieu nous convoquant aux autels de sa miséricordieuse mère !

Revenons à la Daurade, ou plutôt à l'abbé Ruffat, pour y apprendre comment elle fut le théâtre de sa bonté pendant son stade de vicaire.

De temps immémorial, depuis le rétablissement du culte peut-être, la paroisse de la Daurade, qui tient le troisième rang dans les quatre cantons de la ville, est servie par un curé et trois vicaires. A certaines époques seulement, la pénurie de sujets a fait réduire à deux les auxiliaires de M. le curé ; mais le nombre normal est *trois*.

Le territoire est divisé en trois lots dont chaque vicaire a le sien, constituant comme un domaine plus personnel. Le quartier du premier vicaire est censé le plus aristocratique. Il comprend les rues de la Bourse et des Marchands, une partie de la place de la Trinité, la rue du Pont, les rues Temponières, Cujas et Peyras et une partie de la rue Saint-Rome. Le lot du second vicaire est formé de la rue des Balances et des rues adjacentes sur les deux rives de celle-ci. Le district attribué au troisième vicaire se compose des *Blanchers*. Il est formé de la longue rue de ce nom et parallèlement du quai de Brienne, de la place de la Daurade et de la rue de l'Hôpital-Militaire. C'est le lot du nouvel arrivant qui, à la prochaine mutation, a le droit de changer de quartier, comme de stalle au chœur.

Les Blanchers furent donc le dévolu de M. Ruffat et il n'y renonça jamais. Seulement, comme il devint à son tour second et premier vicaire, il en résulta qu'après deux mutations il avait un pied dans chaque quartier. C'était une possession sinon onéreuse au moins laborieuse, dans laquelle il n'y avait pour lui rien d'obligatoire, mais dont les habitants avaient le droit et peu à peu pris l'habitude de recourir à lui. Il y avait, en outre, la corvée de *semaine* pour les cas prévus et réguliers, tels que baptêmes, mariages, sépultures. La spécialité du quartier avait surtout trait aux malades.

Il y allait à peu près tous les jours, plutôt deux fois qu'une, quand c'était utile. C'est là qu'il voyait et bénissait ces petits bataillons qui lui faisaient dire un jour avec autant de gaîté que de conviction : « Et qu'on dise, après ça, que la France n'est pas immortelle ! » Tous ces marmots avaient pris l'habitude de n'éprouver, à son aspect, aucune crainte. Les mères les y avaient dressés en les suivant elles-mêmes de l'œil et de la main pour s'assurer que tout respect était gardé. Dans chacune de ces familles il savait le nombre et connaissait les noms. Du baptème au catéchisme et à la première communion, il ne les perdait pas de vue. Et c'était l'orgueil des mères et des pères aussi.

Je ne sais pas si les traditions des familles nombreuses ont été conservées dans ce quartier, mais il y a soixante ans, c'était une petite Bretagne pour les mœurs. Ils étaient très laborieux et avaient d'ailleurs des spécialités dont le bon abbé s'égayait à leur faire raconter très pittoresquement les variantes :

— Que fait ton père ?

— Il saigne, monsieur.

— Et ta mère ?

— Elle plume.

— Et ta tante ?

— Elle emballe.

— Ton grand-père ?

— Il expédie.

C'était des volailliers ayant chacun leur emploi dans l'industrie de famille. Ils contaient par le menu leurs petites affaires à ce catéchiste aimable de leurs enfants, qui y prenait tout intérêt. M. Ruffat avait acquis l'expérience déjà que, dans ces classes populaires, c'est par les enfants qu'on gagne les parents. Dans ces classes populaires, et aussi dans les autres.

Les Enfants

Ce qu'il aimait dans les enfants, c'était cette candeur, cette ingénuité, cette pureté, cette innocence, que Notre-Seigneur a rapprochées dans ses éloges de celle des anges, habitués, eux, « à contempler la face du Père qui est aux cieux » ; c'était cette ressemblance que l'Enfant-Jésus, « le plus beau des enfants des hommes », avait daigné prendre avec eux ; aussi, les berceaux qu'il rencontrait dans ces modestes ménages des Blanchers lui rappelaient celui que sa piété avait admiré dans l'étable de Bethléem et dans la maisonnette de Nazareth ; les mères remplissant dans ces humbles réduits leur office de nourrices et de tous soins hygiéniques lui rappelaient la Jeune Mère de Galilée ; et quand, visitant l'asile maternel des sœurs ou l'école des frères, il voyait ces bambins qui avaient grandi et qui, comme jadis le jeune Joas, étudiaient sous leurs vénérés maîtres, la loi de Dieu,

Dans les livres sacrés sachant déjà la lire
Et déjà de leur main commençant à l'écrire,

il leur commentait avec une science paternelle et un pareil bonheur cette phase primitive de la vie de l'Enfant-Jésus, « croissant en sagesse, en âge et en grâce devant Dieu et devant les hommes. »

Il aimait, il visitait cette modeste résidence de la petite rue Sainte-Ursule, qui semblait avoir une prédestination à son usage actuel et cette maison trop étroite de la rue du Lycée, où les successeurs de Jean de Lassale accomplissaient ce modeste ministère, auxiliaire du ministère sacerdotal. Il les encourageait, il les bénissait, il les aimait, il les servait !

L'antiquité a pu signaler le respect dû à l'enfance et il l'a appelé très grand : *maxima debetur puero reverentia* ; l'abbé Ruffat et les initiateurs de son zèle sont allés plus loin et montés plus haut. Ils l'ont *aimée* tendrement, religieusement, paternellement.

C'est surtout dès que les enfants pouvaient fréquenter les catéchismes paroissiaux que l'abbé Ruffat leur donnait sinon une surveillance plus assidue, au moins une protection plus utile. Les catéchismes étaient faits le jeudi et le dimanche par de jeunes théologiens du grand séminaire, lesquels étaient placés sous la direction des vicaires qui, de temps en temps, venaient assister à ces cours de théologie élémentaire et formaient ainsi les catéchisés et les catéchistes. Cette excellente méthode est encore aujourd'hui en vigueur et nul doute que les successeurs de l'abbé Ruffat ne soient, après soixante ans, les imitateurs de son zèle, comme on l'était après dix ans.

Enfin, c'est surtout aux approches de la première communion que, l'intérêt grandissant avec les circonstances, un grand mois à l'avance, les catéchismes préparatoires étaient quotidiennement non pas seulement surveillés, mais faits par les vicaires eux-mêmes. Relater ce détail c'est dire comment ils étaient faits. La *bonté* avait trouvé désormais un de ses champs les plus féconds, un de ses moyens de culture les plus efficaces.

Passons sur les émotions de ce jour qu'on a peint aux enfants comme *le plus beau de la vie* et laissons au digne prêtre le secret de toutes les jouissances de cœur qu'il a dû lui donner en conformité des efforts qu'il avait faits pour en préparer la sanctification. Les êtres vraiment bons ne perdent pas une occasion de devenir meilleurs.

M. l'abbé Ruffat fit bien aux Blanchers ses premières armes de troisième vicaire, mais, comme il ne les quitta plus en devenant second et même premier, il en résulta naturellement qu'au bout de quelques années il pouvait être considéré comme le vicaire général de la Daurade et de son curé. Il l'était, en effet, et ses confrères, son curé et les paroissiens n'en purent être que satisfaits et édifiés, tant il mettait de discrétion à l'exercice de son zèle.

Ainsi bientôt les enfants des familles plus aisées lui furent amenés. Il devint le vicaire de la bourgeoisie et même de l'aristocratie qui, à la Daurade, avait son temple principal à la Bourse et au tribunal de commerce.

Un auteur pieux et avisé a dit de la « Gloire qu'elle est semblable à l'ombre, fuyant celui qui la poursuit, poursuivant celui qui la veut éviter ». M. Ruffat en fut là, au bout de quelques annnées. Il était, dans tout Toulouse, regardé comme un vicaire-type. Et le grand agent de ses succès fut *sa bonté* envers les enfants.

Les pauvres. — Le quartier des Blanchers ne les renfermait pas tous. Et quoique la Daurade ait toujours été regardée comme une paroisse riche — elle l'était, je crois, autrefois bien plus qu'aujourd'hui — il n'y avait pas moins que dans une autre de ces gènes financières, de ces infortunes au moins inavouées. Après quelques années, il était devenu le confident et le conseil de la plupart des familles riches et généreuses. M. le curé Ferradou, qui centralisait les ressources de l'aumônerie paroissiale, avait, de son côté, une confiance sans limites en son premier vicaire. C'était donc au bénéfice des pauvres que tous les deux fréquentaient les riches. L'abbé Ruffat aimait surtout les secours portés à domicile. Et il pratiquait l'usage de ces utiles conseils qui aident le pauvre à supporter une misère dont on ne peut l'affranchir.

L'abbé Ruffat a toujours été l'ami de la Société de Saint-Vincent-de-Paul, le conseiller de quelques-uns de ses membres principaux. Les Dufour, les Souyeux, les Lafeuillade étaient de sa Société. Il les encourageait dans leurs entreprises quand il était en quelque sorte leur égal, et facilitait leurs démarches quand il fut devenu un titulaire de l'administration ecclésiastique.

Il existe à Toulouse, conservés depuis cinquante ans, des exercices pieux dont M. Ruffat a dû favoriser la création. Notamment la retraite des pauvres dans l'église des Pénitents-Gris. Les exercices d'inauguration en furent prêchés par un vicaire de la Daurade aussi ; et comme l'église était une propriété privée de M Bélaval d'abord, de M. Ruffat ensuite, il avait été plus facile d'en faire le fief des pauvres. Ces souvenirs sont loin ; mais ceux qui assistèrent aux inaugurations, bien rares aujourd'hui, savent rendre hommage aux fondateurs et aux participants. Ils voient bien dans leur mémoire M. l'abbé Ruffat, à sa place toujours.

L'*Infirmité* à laquelle son nom convient le plus, c'est la *maladie*. Plus intéressants que les enfants qui se portent bien, plus à plaindre que les pauvres à qui reste la vigueur de leur bras, sont, riches ou pauvres, ceux que le mal immobilise, menace, met en danger ; les pères et les mères, au chevet desquels leurs enfants se désolent, les êtres encore utiles et dont la vie est irrévocablement frappée dans quelqu'une de ses sources, à la tête, à la poitrine, au cœur.

Voilà le côté le plus grave et le plus émouvant du ministère pastoral. Nulle peinture n'est ici à faire, ni pour redire les imprescriptibles devoirs, ni pour tracer les immenses responsabilités, puisque éternelles sont les conséquences. Ceci est une notice et non point un traité. Or, en aucune de ses obligations, notre éminent frère ne fut plus convaincu, plus assidu, plus anxieux qu'envers ses malades. Visites quotidiennes renouvelées quelquefois dans le cours de la même journée, stations prolongées quand il le fallait pour amener, soit de la part du malade, soit de la part de son entourage, des décisions trop lentes à venir?... Il faut être prêtre et prêtre dans l'exercice de ces fonctions désintéressées et sublimes, pour se rendre compte de tout ce qu'elles exigent de prudence et de dévouement, de patience et de résolution, de foi surtout et de confiance en Dieu. Nous y reviendrons ; et ce ne sera pas de trop.

J'ai vu à l'œuvre M. l'abbé Ruffat en des circonstances difficiles. Et je ne crois pas qu'il soit possible de posséder plus sûrement, avec sa tête et avec son cœur, les qualités requises. Elles étaient une quintessence de son invariable bonté.

Nous nous sommes arrêtés plus qu'on ne s'y attendait, plus que nous ne l'avions nous-même prévu, sur ce premier théâtre du zèle de l'apôtre ayant trouvé son champ d'action.

Nous en sommes bien excusable: il s'agissait d'*enfants*, de *pauvres* et de *malades*. Et nous étions dans un milieu où les faiblesses et les misères humaines sont toujours plus abondantes et plus difficiles à porter ; dans un milieu qui fut pour l'abbé Ruffat une sorte de petit *saint des saints* paroissial, et qui fut aussi le nôtre. Un peu de personnalité est bien ici permise à notre vieille affection : Habitants des *Blanchers,* vous étiez donc présents à ma pensée et à mon cœur, pendant que je traçais ces souvenirs de mon jeune apostolat parmi vos frères aînés, vos pères et vos aïeux, car il y a de cela cinquante ans passés! Et moi aussi, je ne voulus point, pendant les sept années de mon vicariat à la Daurade, échanger votre quartier modeste contre les quartiers luxueux de la *Bourse* et des Marchands. J'ai fréquenté toutes vos maisons, connu toutes vos familles. Je vois d'ici la boutique de tels boulangers qui furent si malheureux dans leurs enfants, pourtant si beaux ; l'atelier de telle veuve blanchisseuse, qui élevait merveilleusement ses filles dans l'état professionnel et dans la saine piété ; je vois vos ameublements modestes et propres, presque luisants, aux heures où on nous attendait. Je célèbre avec vous mon premier mois de Marie, dans une immense salle donnant d'un côté sur la rue, de l'autre sur le quai. Et, comme je succédais immédiatement à votre incomparable abbé Ruffat, ce sont bien ses souvenirs que je retrace dans les miens.....

Je l'appelle *incomparable* ; mais le plus grand honneur que vous m'ayez fait dans vos empressements et vos sympathies a été d'espérer que je lui ressemblerais un peu : « *Moussu Rouquetto séra coumo moussu Ruffat.* » Et, pour le sentiment, vous aviez eu le sens droit en me jugeant ainsi. Rien de plus naturel à moi, que de penser à vous en écrivant sa vie, sa vie au milieu de vous.

Et je m'en vante, en toute modestie. Les lecteurs qui ne sont pas des Blanchers me pardonneront cette irrégularité apparente.

Et ceux de mes confrères de n'importe quel pays qui liront cette page, se diront : « C'est ainsi qu'à 75 ans on aime le premier peuple qu'on a évangélisé quand on avait 25 ans. »

Et, depuis le Ciel, qu'il a gagné en vous servant, l'abbé Ruffat ne dira pas le contraire.

Les Vertus

Ceci n'est pas la vie d'un saint et nous n'exagérerons pas notre sympathie, jusqu'à des imprudences de langage dont l'église nous recommande de nous garder. Mais le titre de *saint* est familièrement donné par les écrivains les plus graves et les discoureurs les plus sérieux à des personnages mêmes vivants, et qui par conséquent n'ont pas été canonisés Il y a une canonisation qu'on peut appeler celle par l'opinion et qui, sans attribuer des vertus éminentes à ceux qu'elle apprécie, leur en reconnaît une somme suffisante pour ne croire commettre aucune erreur dogmatique, en disant de tels bons chrétiens : « C'est un saint homme, c'était une sainte femme.» Que de paroissiens judicieux ont dit : *nous avons un saint curé*. C'est une manière d'exprimer son respect et son estime. Et plaise au ciel que cette formule aille se popularisant, par le mérite de ceux à qui on l'applique!

Or, la sainteté, officiellement définie ou bénévolement attribuée, n'est pas autre chose que l'ensemble des vertus. « Celui là est saint qui les possède toutes,» et quand l'église procède si laborieusement à la canonisation d'un saint, son but et son effort consistent à établir et à prouver qu'il a pratiqué, dans un degré éminent, les trois vertus théologales: la foi, l'espérance et la charité ; mêmement les quatre vertus appelées cardinales : la prudence et la justice, la tempérance et la force.

Toutes les vertus privées ou publiques, morales

ou sociales, mystiques ou actives, se rapportent comme des rameaux à cette nomenclature de branches principales ayant pour tige-mère la sainteté, d'où elles viennent et à laquelle elles aboutissent. En sorte que, pour écrire la vie d'un écolier ou d'un docteur, d'une bergère ou d'une reine, de Benoît Labre ou de Louis IX, du curé d'Ars, ou de saint Thomas-d'Aquin, il suffit de déterminer à quel degré ces êtres se sont élevés dans ces voies vertueuses.

« L'Etoile diffère de l'Etoile en clarté », est-il écrit. Et la clarté, c'est la seule vertu qui la donne.

D'où il suit que, pour apprécier un être baptisé, homme ou femme, prêtre ou laïque — signalons ici toutes différences créées par la nature, la condition et les événements, c'est-à-dire par tout ce qui crée les devoirs et les mérites de la vie — il suffit de savoir comment ce chrétien s'est comporté en présence des obligations faites à son âme.

Ce qu'il a pensé, ce qu'il a dit et ce qu'il a fait, ce qu'il a omis ou négligé, en un mot un examen de conscience, aussi franc et aussi sincère qu'a pu le provoquer, dans sa vie normalement connue, le sujet sur lequel on s'édifie : voilà ce que je voudrais essayer de surprendre et de noter, en le rattachant à des données générales, dans la carrière d'un homme, prêtre séculier, aussi sincère qu'il était modeste, et qui, par conséquent, n'a aucun besoin d'être surfait aux yeux de ses survivants pour les charmer et leur être utile.

Ceci est le chapitre général et particulier des vertus de l'Abbé Ruffat.

Son Humilité

L'humilité est par excellence une vertu cachée, puisque son influence et son rôle consistent à cacher toutes les autres.

Elle réside donc au fond de l'âme, mais elle se révèle par des signes extérieurs : par les paroles et aussi souvent par le silence, par les initiatives ou les démarches et aussi souvent par les abstentions.

« Apprenez de moi que je suis humble de cœur », a dit le Maître. Et un de ses plus habiles interprètes enseigne qu' « il faut avoir de bas sentiments de soi-même ; qu'il faut aimer à être ignoré et compté pour rien. »

Nous n'avons pas vu jusqu'au fond le cœur de ce prêtre; mais nous l'avons entendu parler, nous l'avons vu agir. Et nous n'avons jamais découvert en ses discours, en ses conversations, en ses causeries les plus familières, une manifestation d'orgueil ou de simple vanité.

Il avait pour principe et pour habitude de ne *jamais parler de lui*. Ce qu'on savait de sa famille si honorable et de ses antécédents, jusqu'à sa prime jeunesse, c'était par d'autres qu'on l'avait appris.

Il ne se vantait jamais et semblait ignorer, ou même méconnaître, les vertus des siens. Les aimait-il, cependant !

J'insiste sur ce point, parce que l'humilité d'un homme me semble devoir être appréciée selon qu'il parle ou qu'il se tait.

On en pourrait dire autant de la douceur, de la prudence, de toutes les autres vertus, conformément à cette sentence du sage : « Celui qui ne pèche point par la langue est un homme parfait. »

Et cependant il n'avait rien d'un morose silencieux. Il parlait, il causait quelquefois beaucoup, souvent avec esprit et toujours dans la mesure de la plus parfaite convenance... à tous égards.

Il était modeste ; il était humble.

Ces qualités n'étaient pas un incident de sa vie, elles en faisaient la trame, le fond.

Si la sainteté courante, au point de vue de laquelle nous considérons notre honoré sujet, est comparable à un édifice, *la foi* était pour lui la pierre angulaire. Dès sa jeunesse, il s'appliqua à l'entretenir au fond de son âme, comme un bon sacristain entretient la lampe dans les profondeurs du sanctuaire, en témoignage de la présence du Dieu qui y réside, la visitant dans le courant du jour, la ranimant à la nuit pour empêcher qu'elle ne s'éteigne.

Il agissait toujours d'après ces lumières, sans raisonner trop curieusement des motifs de crédibilité. Sa théologie la plus haute et la plus pratique aboutissait à *la foi du charbonnier* qu'il vantait comme la plus prudente, lui opposant ce texte qui menace l'investigateur orgueilleux » d'être opprimé par la gloire de ses découvertes. »

Il regardait cette vertu fondamentale comme un fruit de la grâce divine et il priait sans cesse pour en augmenter le trésor. Ses instructions, ses catéchismes, ses consolations aux affligés étaient empreintes de cette simplicité solide et de cette

onction efficace. Il formait à sa ressemblance en ce point sa clientèle confiante. Il procédait moins par des élans mouvementés que par des affirmations élémentaires. Quand il avait dit *je crois* — et le *credo* était vingt fois par jour sur ses lèvres. — Il avait touché au moyen le plus sublime de la paix et de la sanctification.

Il n'avait aucun goût pour les controverses trop doctrinales et les discussions stériles ; et quand certains de ses confrères s'y étaient livrés avec une ferveur qui parfois dépassait la mesure, il s'écartait doucement, après les avoir à moitié suivis, et concluait par cette question d'un ordre tout pratique : de quoi cela leur a-t-il servi ?

Mais sa foi, réduite ou plutôt élevée à cette naïveté, était le constant élément de sa religion sereine et de sa calme ferveur. A l'autel de sa messe, à sa visite au Très-Saint-Sacrement, devant l'autel de la Très-Sainte-Vierge, dans les cérémonies diverses auxquelles il assistait ou qu'il présidait, c'était toujours par un principe de foi qu'il était régulier et recueilli, fidèle aux moindres prescriptions liturgiques. Toute sa tenue était celle d'un homme pénétré, convaincu. Et c'est par toute son attitude, édifiante sans aucune affectation, qu'il montrait ce qu'il était véritablement : un homme de foi, *Vir fidei*.

Il y en eut, jusques dans son voisinage le plus immédiat, pour qui la foi fut un symbole à défendre. Il les admirait comme controversistes ; mais, par goût, il aimait mieux pour lui-même le rôle de Rodriguez ou de saint François-de-Salles que celui de saint Thomas-d'Aquin.

Il aimait citer le texte dans lequel saint Paul

décrit et détermine les vocations apostoliques :
docteur, pasteur, « pourvu, disait-il, que ce soit
in ædificationem corporis Christi. »

Son Espérance

Nous n'écrivons pas une vie, nous traçons un
portrait. Notre désir, notre effort est de le faire
ressemblant, pour que ceux encore vivants qui
l'ont connu trouvent en ces traits *un souvenir* ;
pour que ceux avec lesquels il n'eut point de rapports — ce sont les plus nombreux — trouvent
encore en cette physionomie un idéal qui leur
plaise et qui les charme, surtout par ce qu'il a
d'imitable.

L'abbé Ruffat ne fut un merveilleux en aucun
genre. Tout ce qu'il fut, il le fut dans *l'ordinaire,*
mais dans un ordinaire distingué. Pas plus que sa
foi ne transporta les montagnes, son espérance
ne se traduisit par des élans spasmodiques et
des aspirations éthérées. Non. Mais il fut cet
homme que l'espérance maintînt toujours patient
et qu'elle rendit toujours fort. *Fortis est vir
bonæ spei.*

Toujours subordonnée à la volonté de Dieu,
son *espérance* venait entièrement de sa confiance
absolue en la divine bonté.

Du reste, il faut reconnaître que l'exercice de
cette vertu lui fut moins difficile qu'à d'autres ; car
il fut tout le temps l'enfant gâté de cette Providence
à laquelle dès l'enfance les exemples de ses parents
lui apprirent à se confier.

De bonne heure il apprit la modération des désirs. Et son âme ne fut point affligée par ces temporisations, ces retardements qui sont un obstacle dans la carrière où l'on est entré. C'est le *spès quæ differtur*. Pour lui tout arriva à point. Et il n'espéra jamais monter plus haut ni marcher plus vite ; car il ne le désira pas. Et le désir est, en général, le provocateur de l'espérance.

Son espérance-vertu avait surtout trait aux choses de son âme. La grâce de Dieu en ce monde, la vie éternelle dans l'autre, l'*acte* qu'il enseignait aux enfants de son catéchisme, c'était le sien. Et quand, sur la fin de sa vie, arrêté par ses infirmités, il entrevoyait l'avenir de plus en plus prochain de ce que saint Paul appelait *sa résolution*, il y gardait toute sa sérénité et tout son calme et répétait avec la ferveur la plus contenue, le cri du prophète : *in te Domine speravi, non confundar in æternum.*

Sa Charité

L'abbé Ruffat avait pour principe très sage de s'appliquer à lui-même les leçons qu'il donnait aux autres. Aussi était-il le premier auditeur de ses homélies et le premier bénéficiaire de ses catéchismes : « Nous sommes tous de grands enfants », disait-il avec un langage dont la familiarité lui plaisait. « Ce qui est bon à douze ans ne saurait être mauvais à quarante » et il ajoutait, en y joignant un geste de finesse : « *Medice, cura teipsum :* médecin, guéris-toi toi-même. »

Or, voici comment cet orateur des prônes matinaux, des catéchismes et des congrégations, comprenait et interprétait le premier commandement de Dieu :

« Ce n'est pas une simple permission qui nous est donnée, mais un commandement rigoureux qui nous est fait ; et cela, à peine de damnation. Cet amour doit être :

« 1º Un amour *d'excellence* : Qui donc est semblable à Dieu, en lui-même et dans ses rapports avec nous ? Personne.

« 2º Un amour *de reconnaissance* : Il nous a donné tout ce que nous avons et faits tout ce que nous sommes dans l'ordre de la nature, dans celui de la grâce et dans celui de la gloire : « Que rendrai-je au Seigneur pour tous les biens que j'ai reçus de lui ? »

Ne pas l'aimer ainsi serait être un *ingrat*. Et qui donc voudrait mériter cette flétrissure ? Il aimait beaucoup procéder par des questions.

« 3º Un amour *de tendresse* : Il nous a donné son Eucharistie et sa mère. C'est à une mère et à une nourrice qu'il emprunte les visibles évolutions de leur amour pour bien caractériser le sien envers nous. Il faut donc l'aimer de tout notre cœur, de toute notre âme, de toutes nos forces ; l'aimer et savoir le lui dire ; l'aimer et surtout savoir le lui prouver. C'est par une tendresse filiale qu'il faut répondre à une tendresse paternelle : *Pater noster !*

« 4º Enfin un amour *constant*, à l'image du sien : *in caritate perpetua dilexi te*. Voilà une charité prise sur le fait. C'est ainsi qu'on la comprend et qu'on en parle ; c'est ainsi qu'on la goûte quand on la pratique. Ajoutons : c'est ainsi qu'on la pratique quand on la goûte à ce point. »

Le second commandement est semblable au premier, ou plutôt les deux n'en font qu'un : « Le prochain, c'est tous les hommes », disait encore M. Ruffat avec toutes les théologies. Mais il avait des préférences, cet homme dont le cœur était d'une égalité si remarquable. Et ces préférences, très accusées dans sa conduite, nous aurons à les rechercher, à les signaler, à les expliquer ; elles constituent la masse de ses œuvres de zèle : les enfants, les pauvres, les malades, les pécheurs, tous les petits et les souffrants de l'humanité pour le relèvement et la guérison desquels le Messie, ce prêtre selon l'ordre le plus antique, ce *vicaire-général* de Dieu le père qui est aux cieux, a daigné en descendre pour sauver le monde déchu !

C'est ainsi qu'il expliquait cette parole, motif de la charité humaine : *Pour l'amour de Dieu !*

J'espère que voilà une bonne leçon de catéchisme pratique. C'est toujours si bon !

Écrire, même au chapitre des vertus théologales, un alinéa sur la charité de l'abbé Ruffat nous paraît presque une superfétation. Tout le livre en est plein. Du commencement à la fin, il n'y a ni un mouvement ni une œuvre en cet homme qui n'ait eu pour principe, pour moyen et pour fin : *la Charité.*

Dieu a fait de cette vertu son propre nom. Et c'est pourquoi elle est si haute et si grande. Ou plutôt, c'est parce qu'elle est si haute et si grande que Dieu ne fait qu'un avec elle : elle est le prénom de tout homme apostolique.

Comment il aimait les Enfants

Pour juger sainement la valeur morale d'un homme, il suffit de se rendre un compte exact de ce qu'il a aimé. Ceci est presque un axiome.

Le *prochain* renferme tout, mais ce *tout* a des nuances que la charité reconnaît, et les objets de son choix lui donnent son caractère et constituent sa distinction. Or, nous avons dit que, dans ses goûts d'élite, M. Ruffat avait placé *les enfants*, Prêtre évangélique avant tout, il avait, en quelque sorte, écrêmé l'évangile et recueilli, avec une prédilection singulière, tout ce qui, de la part du Messie établissait sa prédilection pour cet âge de la candeur, de l'innocence, de la naïveté, de la vérité. Il avait suivi ce Maître, appelant un enfant pour le placer au milieu de ses apôtres en discussion sur les prééminences et leur disant : « Voilà le type auquel il faut que vous ressembliez, sous peine de forfaire à votre vocation et de trouver fermée la porte du royaume des cieux ». Et le jeune vicaire, entrant dans la carrière pastorale, s'était dit : Voilà mon objectif et mon modèle divinement choisi. J'irai dans les écoles de frères et de sœurs ; je fréquenterai les salles d'asile du quartier populeux de mes chers Blanchers ; et partout où je trouverai ces collections de bambins ou de néo-étudiants, je les considèrerai comme un livre dans lequel je dois lire la somme et le détail de mes devoirs privés, la sincérité de mes démarches officielles et la pureté de toute ma vie. J'ai beau étudier, faire des expériences, voilà ce qu'il faut que je devienne !

Nous l'avons suivi dans cette longue rue des Blanchers où grouillait cette fourmilière d'enfants qui sont le plus bel apanage des ménages pauvres, mais quand son ministère l'appelait dans les quartiers luxueux de la Bourse ou de la Poste, il ne quittait jamais le salon de ces opulentes demeures sans qu'on lui eût présenté les enfants de la maison ; la *nounou* elle-même était appelée à profiter d'une double bénédiction : « Laissez venir à moi ces chers petits êtres », disait-il, et, à la grande satisfaction des mères, il les bénissait dans leurs bras. Nous voyons aujourd'hui d'honorables pères et mères de famille qui étaient alors des nourrissons à peine et qui perpétuent dans la société les vertus selon lesquelles ils furent élevés, quand l'abbé Ruffat était le conseiller et l'ami de leurs parents.

Le Lycée, même depuis qu'il ne s'appelait plus le *Collège Royal*, était, alors comme aujourd'hui, sur la paroisse de la Daurade. L'éminent abbé Martin, qui en était l'aumônier, était le familier de la cure et de la sacristie. Proviseur, économe, censeur et professeurs fraternisaient avec le clergé paroissial. Les vicaires, tels que l'abbé Ruffat et l'abbé Bareille, étaient, dans quelques occasions, les auxiliaires-nés de l'aumônier.

— Celui qui trace ces souvenirs, quoique plus jeune de dix années, a prêché retraite et carèmes dans la maison universitaire. Il y avait alors un proviseur qui s'appelait M. Seignette, dont le frère était vicaire et dont le fils fut élevé à Saint-Sulpice de Paris, un brave économe qui s'appelait M. Coste.

La fondation du petit Lycée, réalisée sous M. l'inspecteur général Laferrière, fut confiée à un ecclésiastique, après avoir été opiniâtrement offerte au vicaire de la Daurade, successeur de M. Ruffat. Les fêtes religieuses du Lycée étaient à demi paroissiales ; et le personnel de la scientifique maison portait souvent un flambeau aux processions de la paroisse !...

Que les temps sont changés !...

De quel esprit, de quel pouvoir occulte pourrait-on dire

> Que l'orgueil d'une secte « arrêtant ce concours
> En des jours ténébreux a changé ces beaux jours ! »

Oui, ténébreux. Car les enfants, les jeunes gens, les maîtres de l'enseignement universitaire ne perdirent jamais rien à leurs relations confiantes, amicales avec des prêtres comme l'abbé Ruffat.

Et la lignée des prêtres comme l'abbé Ruffat et le curé Ferradou ne s'est éteinte ni à la Daurade, ni à Saint-Sernin, ni en aucune paroisse de Toulouse. Le clergé paroissial aime toujours l'enfance qu'il baptise, qu'il instruit et à laquelle il fait faire la première communion. Il aime toujours les familles que ces vieux services continués rendent honorées et heureuses. Mais l'homme *ennemi* a passé par là. La révolution a perverti les anciennes relations entre l'enfance et le clergé paroissial. Il faudra bien des efforts de zèle et des prodiges de patience pour refaire les vieux liens. Mais le peuple toulousain est essentiellement paroissial, et par *peuple* j'entends la masse, l'aristocratie ou la bourgeoisie, aussi bien que le prolétariat. Ça peut revenir, et, grâce à l'incurable dévouement du clergé, ça reviendra.

Ces enfants sont les enfants du siècle. Les prêtres *séculiers* sont à eux et ils sont au clergé séculier.

Ajoutons, et cette observation n'est pas sans une grave importance, que sa manière d'aimer les enfants était empreinte d'une très grande dignité pour lui-même et pour eux. Sa bienveillance les grandissait, sa bonté les honorait et les tenait à une distance respectueuse, même quand il les embrassait. Il christianisait cet adage de la sagesse antique :

Maxima debetur puero reverentia. Point de mièvreries, point de familiarité avec les plus petits. Il savait, dès leur plus bas âge, faire dans ses tendresses la différence des sexes. Et les mères les plus scrupuleuses le trouvaient plutôt réservé qu'abondant dans ses caresses les plus paternelles.

A l'Ecole Gratuite

Il y a surtout deux ordres religieux que le clergé paroissial de tout temps a dû s'appliquer à honorer et même à servir : 1° Parce que ces deux ordres religieux sont eux-mêmes les serviteurs des pauvres ; 2° Parce qu'il sont, vis-à-vis de ceux-ci, les auxiliaires-nés, assidus, désintéressés du clergé paroissial. Ce sont *les Frères* des écoles chrétiennes et *les Sœurs* de charité.

Assurément l'abbé Ruffat avait des protégés dans les écoles secondaires et dans les pension-

nats payants. Il faut un tel dévouement et il y a un
tel mérite, à des hommes et à des femmes du
monde, qui sont eux-mêmes des pères et des
mères de famille, d'élever les enfants des autres
pour donner du pain et une position sociale aux
siens! L'enseignement honorablement exercé est
par lui-même un sacerdoce, comme le sacerdoce
est une paternité, une maternité; mais..... se donner, s'immoler, se sacrifier soi-même, à vingt ans
et pour toute la vie! dans le but d'instruire, de
moraliser, d'élever des enfants qui ne sont ni vos
fils, ni vos neveux, auxquels aucun lien du sang
ou de la nature ne vous rattache; les servir et les
aimer comme s'ils étaient votre fin dernière *en ce
monde* au moins... voilà le prodige de la charité,
le miracle de l'amour.

Et, si vous ajoutez que, pour mieux remplir ce
devoir spontanément contracté, les frères et les
sœurs de charité ont adopté un institut, se sont
condamnés à un règlement qui leur impose une
mortification continuelle par la privation des biens
même permis de ce monde, si vous ajoutez que
leurs vœux de sanctification personnelle sont subordonnés à leurs obligations d'instituteurs ou
d'institutrices des enfants d'autrui, alors vous
comprendrez qu'un prêtre pieux et zélé comme
M. Ruffat leur dise : *Mon frère, ma sœur, ce n'est
pas moi qui vous ai faits ce que vous êtes.* Je ne
suis ni Vincent de Paul ,ni Jean de Lassalle, mais
je vous adopte, je suis à vous! « Vous êtes tellement entrés dans mes vues, que mon œuvre est la
vôtre, puisque à un tel degré votre œuvre est la
mienne! »

Suivons-le, à la maison d'école, à l'asile, partout

où il va porter ses avis, son cœur et souvent ses consolations.

De la couronne qui orne son front de vicaire ou de curé, de prêtre paroissial et séculier, le plus beau fleuron, je peux dire le diamant le plus précieux, le voilà ! Ce sont les écoles gratuites et ces existences, déjà vénérables dans leur jeunesse, qui sont préposées à ce labeur pénible et angélique (1).

Comme il aimait les Pauvres

Les petits, venant après les enfants, ce sont les pauvres. Il faut entendre par pauvres ceux qui manquent des choses nécessaires à la vie. Il y a donc des degrés dans la pauvreté, comme il y a des pauvres de plusieurs sortes.

Ceux auxquels on pense le plus naturellement ce sont les mendiants ; mais ils ne sont pas les plus intéressants, même au point de vue de la charité.

---

(1) Un de mes vénérés confrères de cette époque me rappelle un incident qui a son cachet. L'abbé Ruffat allait jusqu'à participer aux jeux des gamins de l'école gratuite. Sur la porte latérale du quai de la Daurade se tenait tous les jours, un peu avant l'heure réglementaire de l'école, une brave femme qui étalait à leurs yeux quelques friandises au sucre, berlingots, pastilles, etc. Elle produisait un pondereau, dont le chiffre indiquait la quantité gagnée par celui qui l'avait mis en mouvement. Le brave et complaisant vicaire, en allant à son travail d'église, préparait une coïncidence, afin de s'égayer avec ces petits joueurs; et quand ils manquaient du sou nécessaire, c'est-à-dire habituellement, il faisait de bon cœur pour eux cette mise de fonds. La titulaire de ce modeste établissement avait un mari, bedeau, très camard, qu'on appelait *le Poul*. Et naturellement tous les gamins appelaient sa femme : *La Poulo*. Souvenirs de faubourgs et d'écoliers !

Les choses nécessaires dont l'absence consti-
tue la pauvreté sont : la nourriture, le vêtement
et le logement. Saint Paul disait : « quand nous
avons cela, nous sommes contents. » C'est avec
ces nécessités principales que le clergé paroissial
est en contact permanent. Il les voit dans des
conditions telles, que ceux qui les subissent, s'ils
sont honnêtes, ne peuvent guère le tromper.

M. Ruffat était partisan de l'aumône directe,
personnelle ; et en y mettant toute la discrétion et
même tout le respect dont il était capable, il avait
raison. Il avait ce qu'il appelait ses habitués et
ses pensionnaires. Les uns étaient chez lui au mois,
les autres à la semaine ; mais, au jour voulu, ils
étaient sûrs de n'être pas plus renvoyés qu'un
fournisseur portant une facture acquittée.

La plupart de ces aumônes étaient faites par lui
à domicile ; et celles-ci variaient selon les accidents, le chômage ou la maladie ; quatre fois par
an elles comprenaient un secours pour le loyer.
Les besogneux honnêtes avaient coutume de compter le loyer comme un enfant. « Nous sommes
cinq, disaient-ils, et le loyer fait six ! »

M. Ruffat eut pour premier curé M. Gounon,
ou tout au moins il vint très tôt après lui, sur lequel lui-même me faisait un jour le pittoresque
raisonnement suivant : « M. Gounon, en arrivant
au ciel, a dû trouver ses chers Blanchers ; car il les
avait *achetés et payés*, plusieurs fois même. »

Le vénéré pasteur était, sans s'être vanté de
ses générosités, le garant de plusieurs propriétaires
qui savaient bien ne pouvoir être payés par certains locataires, si la charité de M. le curé ou de
M. le vicaire ne s'en mêlait. Mais le débiteur voilé

arrivait toujours à l'échéance, et tout le monde était contènt.

M. Ruffat, à vrai dire, n'avait pas un patrimoine suffisant à toutes ses charges ; mais le curé de la Daurade, M. Gounon d'abord, M. Ferradou après, donnaient à leurs vicaires des mensualités fixes pour leurs malades et leurs pauvres personnels.

Ce fut nécessaire dans les commencements; mais, comme ces ressources étaient créées par les générosités des paroissiens fortunés, elles passèrent bientôt directement, en partie au moins, des mains des donateurs à celles du vicaire, devenu le trésorier de tout ce pauvre monde. Avant d'aller chez ceux-ci, M. Ruffat passait par chez ceux-là. Et s'il arrivait chez les uns pour y vider ses mains, il était au préalable passé chez les autres pour les remplir. Ainsi firent de tout temps les grands aumôniers de la France. C'est quand Vincent de Paul emportait dans les plis de sa soutane tout usée l'or et les diamants que la reine-mère y avait versés qu'il se retirait en disant à ses amis, sous forme de consolation : « La Salpêtrière montera d'un étage d'ici au prochain hiver. » L'abbé Ruffat, qui n'était rien moins qu'un charitable mondain et un flatteur pieux de l'opulence, avait compris, par l'exemple des saints, qu'un prêtre de paroisse fréquente toujours les riches dans l'intérêt des pauvres. C'était l'habileté de la charité.

C'est également dans ce but que l'abbé Ruffat se faisait l'auxiliaire des êtres charitables de la cité avec la certitude de recevoir d'eux pour ses pauvres tout le concours qu'il était heureux de leur fournir.

A cette époque, en 1837, fut fondée en nos murs cette admirable Société qui adopta le nom, le patronage et la bannière de Saint-Vincent-de-Paul.

L'élite de la société toulousaine en fit bientôt partie, sous la présidence de cet homme intègre et bon qui s'appela *Firmin Boutan*. La paroisse de la Daurade fournit à la fondation un contingent des plus respectables : Les Alexandre Dufour, les Prosper Douladoure, les Alfred Ducassé, les deux Moulas, les Ferradou, les Doat, les Auguste Souyeux, tous clients et amis de l'abbé Ruffat, entrèrent dans cette armée d'élite de *la charité par la jeunesse et par les hommes du monde*. C'était aussi une *Société séculière*. Les œuvres les plus attendrissantes se formèrent à l'atelier et dans la caserne. L'abbé Ruffat fut cette fois le meilleur conseil et le plus solide appui de ses amis. Par son intermédiaire, toutes autorisations ecclésiastiques furent faciles. Et quand, en 1854, fut inaugurée une retraite spéciale pour les pauvres, c'est dans l'église des Pénitents-Gris qu'elle eut tout son succès. Les Lafeuillade et les Souyeux furent les vrais confrères du prédicateur, un vicaire de la Daurade encore, qui prenait ses bonnes notes chez l'abbé Ruffat en continuant, sous son égide, les œuvres de son zèle.

O temps, ô hommes, que vous êtes déjà loin de nous ! Mais quels souvenirs de vertu et quels parfums de charité vous nous avez laissés ! Les survivants de plus en plus rares de ces inaugurateurs angéliques demandent à Dieu que l'avenir de cette phalange soit digne de son passé ! Qu'il y ait des Boutan et des Dufour parmi les laïques, qu'il y ait des Ruffat parmi les prêtres ; qu'il soit prouvé une fois de plus que, dans la cité des lettres et des arts, la charité n'est pas moins immortelle qu'ailleurs ! *Charitas non excidit.*

Pas plus loin qu'hier, j'ai éprouvé une douce émotion en apprenant qu'une vraie Société de Saint-Vincent-de-Paul, sur le type complet de la Société-mère, était établie et fonctionnait très régulièrement parmi les élèves de notre Esquile. La visite du pauvre à domicile est faite par ces pieux adolescents qu'un de leurs maîtres accompagne, et très prochainement sera tirée, dans la salle même des conférences de la maison, une loterie au succès de laquelle les jeunes sociétaires ont su intéresser leurs familles et leurs amis.

Bravo ! mes chers amis ; voilà des initiatives séculières auxquelles le charitable abbé, qui vous aime et vous protège jusqu'après sa mort, applaudit depuis le Ciel. Courage dans cette voie ! Vous serez un jour la graine de la charité versée dans le siècle. Je suis à la fois heureux et honoré de vous faire sous de beaux auspices cette petite réclame.

Sa Vertu de Prédilection

J'ai demandé à un confrère des plus versés dans les questions de mysticisme et le plus intimement lié avec l'abbé Ruffat, si ce digne prêtre avait une vertu qui fût, en quelque sorte, le pivot de sa vie sacerdotale et quelle était cette vertu ? La réponse n'a été ni hésitante, ni longue à venir, ni ambiguë.

— L'abbé Ruffat avait adopté, depuis sa jeunesse, une vertu qui le dominait, qui l'absorbait tout entier. Il la portait jusqu'à la passion, lui, si froid en apparence. Il n'en vivait pas ; ou plutôt il ne vivait pas, en dehors d'elle; et il avait, certes, bien choisi. C'était l'*Imitation de Jésus-Christ*.

Non pas une imitation théorique qui ne pouvait être sujette à aucune discussion ou qui, plutôt, les aurait provoquées toutes, mais une *imitation* absolument *pratique*, résidant dans l'effort soutenu, continu, perpétuel et s'appliquant, dans la carrière sacerdotale, à tous les mouvements de la vie privée et à toutes les évolutions de la vie officielle, active, publique.

« Les yeux fixés sur l'auteur de notre foi et sur le consommateur Jésus,

« Regardez et faites selon le modèle qui vous est proposé. »

Nulle doctrine n'est plus irréfragable que celle renfermée en cette courte invocation : « *Jésus, exemplaire de toutes les vertus !! Ayez pitié de nous.* »

Elle est dans tous les livres de piété, dans tous les traités de perfection chrétienne, dans tous les commentaires doctoraux de l'Evangile, dans tous les catéchismes expliqués de l'enfance chrétienne.

L'abbé Ruffat la prêcha toute sa vie, à l'exemple du vieil apôtre saint Jean qui, sans varier ses exhortations, répétait toujours la même, parce qu'il n'en avait qu'une. Et il en donnait cet indiscutable motif : *Ça suffit.*

L'abbé Ruffat était donc l'homme de l'*Idée fixe*, qui va, non pas à la folie, mais à la sagesse. Quiconque l'a suivi, étudié, discuté, a trouvé dans ses sentences, dans ses discours et dans toute sa conduite la même fixité, la même invariabilité. Enfant intelligent et docile, fils chéri de parents éminemment religieux, il passait les jours de son enfance *à leur être soumis.* Elève d'une institution recherchée entre toutes par sa probité éducatrice, « il croissait en sagesse et en grâce en même temps qu'en âge » et, depuis son allaitement au sein de sa vertueuse mère jusqu'à son entrée dans un séminaire, il n'avait qu'un type : l'*Enfant-Jésus, Jésus adolescent.*

Quand surtout il eut fait sa première communion et que Jésus, son modèle et lui, ne firent qu'*un,* par des communions eucharistiques renouvelées..., quand il fut consacré à Marie, protectrice d'une jeunesse qui a toujours besoin d'être surveillée; quand il fut admis dans cette légion de choix qu'on appelle la *congrégation* ; quand les études, développant son esprit et son cœur, il fut admis d'office à fouiller de plus près les arcanes de la raison et de la philosophie en attendant les plus vastes enseignements de la foi, le jeune théologien suivait par la pensée son Jésus au milieu des docteurs ; il s'*asseyait* modestement sur les bancs de l'école ; il *écoutait* les leçons du sanhédrin ortodoxe, préposé à l'introduction de la jeunesse lévitique dans les comices préparateurs aux fonctions et aux vertus sacerdotales. Et puis, il suivait Jésus au désert pour se préparer comme lui dans la retraite, le recueillement et la prière, au grave ministère de sa vie de plus en plus prochainement publique. Tonsuré, minoré, sous-diacre, diacre, il s'avançait, d'étape en étape, jusqu'à ce sommet où il devait consommer le sacrifice de son existence sur l'autel de sa première messe ! Il fut fait prêtre. Et c'est surtout du jour sacré de son ordination que son habitude déja ancienne de vivre avec Jésus par Jésus et en Jésus, eut sa consommation définitive.

C'est du haut de ce Thabor que nous devons considérer celui à qui la voix éternelle a fait cette révélation : « Voilà mon fils aimé en qui je me suis complu, écoutez-le ! » C'est surtout désormais que le nouveau prêtre va renchérir sur le séminariste et trouver dans cette union indéfectible de sa vie sacerdotale, apostolique, de sa vie ne faisant qu'un avec celle de Jésus, l'élément, l'achèvement, le complément de sa vocation.

Les petits enfants peuvent venir, portés sur les bras de leur mère, il les bénira. Les malades, couchés sur leur grabat n'ont qu'à se présenter, il les consolera et leur inspirera la résignation, qui est la vigueur de l'âme, s'il ne peut obtenir la guérison de leurs infirmités corporelles. S'il rencontre des pécheurs, il les pardonnera par le sacrement de sa miséricorde ; s'il trouve sur son chemin une maison hospitalière de Béthanie, il s'assiera à côté de Lazare, de Marthe et de Marie, en souvenir du foyer de *Villeneuve !*

Enfin, si on l'appelle pour des mourants, il les assistera de ses prières liturgiques, de ses onctions sacramentelles ; et s'il ne peut pas dire, comme Jésus l'affirma de Lazare : « *Cette maladie ne va pas jusqu'à la mort* », il leur donnera au moins le viatique qui leur ouvre les portes de la bienheureuse éternité.

« Jésus dans le prêtre, le prêtre dans Jésus », c'est le grand sujet de ses retraites annuelles ; et quand, à l'une d'elles, il a rencontré un prédicateur qui a fait de cette thèse tout le fond, toute la trame de ses exercices, il n'acclame pas l'éloquent apôtre, parce qu'il aime mieux les admirations recueillies que les enthousiasmes acclamateurs, mais il est ému, il trémousse en dedans, et quand il parle du prédicateur, dont beaucoup de confrères ont loué l'éloquence et le beau langage, ce qui l'émerveille, lui, c'est la thèse si ancienne et si nouvelle depuis que saint Chrysostome la prêchait à son clergé de Constantinople il y a quinze siècles, et depuis que M. Ducray et M. Izac l'ont prêchée à leurs séminaristes, il y a cinquante ans (1).

« Merci, mon cher confrère, de m'avoir ouvert cette page scellée du livre qu'était l'âme de l'abbé Ruffat. Je vois bien mieux maintenant la vertu puissamment secourable qui était au principe, au milieu et à la fin de ses actions. Vous n'avez pas voulu garder égoïstement ce que vous saviez de cette noble vie. Merci de nous l'avoir révélé quand j'avais le devoir de n'être pas discret.

Son Esprit paroissial

L'abbé Ruffat possédait à un éminent degré pour lui-même et il inspirait, il propageait autour de lui ce qu'on appelait, ce qu'on appelle encore de nos jours *l'esprit paroissial*, c'est-à-dire le goût

----

(1) Allusion à la retraite ecclésiastique, prêchée par M. l'abbé Planus, vicaire-général d'Autun.

de l'église paroissiale et l'habitude de la fréquenter, de préférence à toutes les autres.

La fréquentation des chapelles n'avait pas encore pris l'essor qu'elle prit plus tard. D'ailleurs, il n'y en avait pas sur le territoire de la Daurade. La plus voisine et la plus suivie était celle des Pénitents-Gris, dont nous parlerons en autre lieu, qui n'a jamais eu l'attrait mystique d'un sanctuaire monacal, mais qui eut de tout temps l'aspect et l'utilité d'une petite église paroissiale et devint, avant la fin, la propriété de M. Ruffat lui-même, ainsi que nous le verrons plus tard. C'est vrai, l'abbé Ruffat, vicaire, « prêchait pour sa paroisse », et il avait bien raison, car en plus de tout ce qu'elle avait de similaire avec toutes les autres, la Daurade se distinguait par un ensemble d'organisation et par une série de détails pratiques, qui la rendaient chère à son clergé et à ses fidèles.

Aussi les recommandations les plus réitérées du vicaire portaient-elles sur l'assiduité aux offices et sur le zèle pour les œuvres de la paroisse. Il y revenait sans cesse et se rendait à lui-même un compte assidu de tous les moyens moralisateurs et sanctificateurs qu'elle contenait en son sein.

Il avait constamment présent à sa pensée un aperçu grave et charmant de sa *Semaine paroissiale*.

Le lundi était consacré aux âmes du purgatoire ;

Le mardi à l'ange gardien ;

Le mercredi à saint Joseph ;

Le jeudi au saint sacrement ;

Le vendredi à la sainte croix et à la passion du Sauveur ;

Le samedi surtout à la très sainte Vierge, honorée de toute antiquité et, avant toute définition dogmatique, dans le privilège de son *Immaculée Conception* (1).

Il y avait donc en cette antique basilique tout ce qui peut attacher un chrétien de bonne volonté à la religion la mieux entendue ; et quand, le jour de la Dédicace, M. Ferradou chantait, de sa voix haute et éclatante, cette belle préface de nos anciennes liturgies qui nous représente l'Eglise comme « la colonne et l'appui de la vérité, comme le sanctuaire de l'éternelle charité » ; quand le même officiant chantait d'entraînement cette apothéose : « C'est là cette épouse aimée et unique que le Christ a acquise par son sang et qu'il vivifie par son esprit ; c'est cette mère sur le sein de laquelle nous avons trouvé, par la grâce de Dieu, une seconde naissance, où nous sommes nourris du lait de la parole, fortifiés par le pain de la vie, entourés de tous les secours de la miséricorde » ; quand les anciens de notre clergé lisaient ou chantaient, méditaient et commentaient cette ode dithyrambique, quand ils allaient du berceau baptismal au drap mortuaire, à travers les premières communions, les mariages et les naissances renouvelées... la question de l'*esprit paroissial*, qui fait qu'on aime et qu'on fait aimer ses églises, était tranchée. En écrivant ces notes, je me rappelle un des souvenirs les plus assidus et les plus chers de l'abbé Ruffat. Le voici : il y a quelque trente ans on écrivit sur la tombe d'un illustre

---

(1) Faisons-nous un devoir et un bonheur de reconnaître que ces éléments pratiques sont tels à Toulouse, que l'*esprit paroissial* y doit être une vertu générale de la cité.

évêque, pour tout panégyrique cette parole : *Mûltuum dilexit ecclesiam !* Elle est digne d'orner le tombeau de l'abbé Ruffat. Il a beaucoup aimé *l'église paroissiale*, la Daurade! (1)

Encore la Paroisse

L'abbé Ruffat avait un tempérament porté à la dévotion. C'était une nature pieuse ; l'éducation qu'il avait reçue, les principes et les pratiques dans lesquels il avait été élevé dès sa plus tendre enfance, avaient développé, dans son cœur et dans sa conduite, ces dispositions natives. Il avait du cœur et c'était surtout dans sa vie de religion qu'il le dépensait, sans s'apauvrir jamais.

La dévotion, à cette époque, avait peut-être des allures plus mâles que plus tard. On voyait bien qu'un peu de jansénisme avait passé par là, laissant une traînée de froideur et de crainte, mais les notions principales étaient sauvegardées et l'intégrité du culte, comme celle de la doctrine, était surtout vivante dans les traditions paroissiales.

On y comptait peut-être moins de *dévotions* qu'aujourd'hui, mais non pas moins de *dévotion*. Pour lui et pour les fidèles clients de son ministère, la paroisse de la Daurade fut le foyer de ses

---

(1) Je me permets de recommander à mes lecteurs et même à mes vénérés confrères cette ancienne *préface* du Missel toulousain.

C'est une merveille de style théologique, d'opulente littérature, d'éloquence sacrée. Tout cela en quinze ou vingt lignes.

dévotions et particulièrement de sa dévotion pour les morts.

« Nous passons notre vie avec eux, disait-il, et nous n'avons garde de les oublier, ni même de les négliger. »

La course du cimetière, quand elle entrait dans ses obligations, ne lui parut jamais une charge :

« J'y connais tant de monde et j'y ai tant d'amis que je vais là comme chez moi ! »

Le cimetière est en effet le *chez soi* de tout le monde.

La Providence, d'ailleurs, avait marqué de la plus forte empreinte le goût religieux qu'il avait pour les trépassés. Il avait perdu, en un même jour, son père et sa mère ; et leur tombe, creusée dans son cœur, était un pieux monument qu'il portait partout avec lui. Triste à jamais, toutes les fois que ces chers absents lui réapparaissaient ! En cela, il suffisait qu'il fut doué comme tout le monde et nous savons qu'il n'avait rien de vulgaire.

Après cela, son deuil était modeste comme ses vertus. Sa douleur était silencieuse. Il n'a jamais pleuré en public. C'est sur son propre cœur que ses larmes retombaient.

Aussi est-ce par une induction toute naturelle que nous le jugeons ici.

Le meilleur lieu où sa dévotion envers les morts apparaissait manifeste, était dans ses consolations aux familles en deuil. Il parlait peu, mais il avait toujours le mot qui relève l'espérance.

L'abbé Ruffat n'était pas le prédicateur des foules, mais le directeur de l'intimité.

Ainsi en était-il de toutes les manifestations de

sa piété, condensée en ces deux mots qu'il aimait : *Plus de fruit que de bruit.*

Nous avons signalé d'un mot ses *dévotions*, en expliquant qu'elles étaient *paroissiales*.

Les Malades

Une des attributions les plus délicates, un des devoirs les plus sacrés du clergé paroissial, c'est le soin des malades, la visite des infirmes. Dans les grandes villes, c'est un vrai travail, imposant par la fréquence et la régularité qu'il demande. Son importance et son efficacité ne sont pas plus à démontrer que ne le seraient les conséquences de la négligence ou de la simple froideur en ce point. Ceci est la notice *d'un fidèle ;* il n'y a pas à s'occuper de ceux qui ne le seraient pas. Le portrait d'un vertueux suffit à tous ceux qui ont à cœur de le devenir.

Quand l'abbé Ruffat était appelé auprès d'un malade qu'il n'avait pas encore vu, sa première visite n'était pas remise à un des jours suivants ; il la faisait le jour même ; à moins que, pour des motifs de prudence plausible, la famille elle-même ne le priât de différer. Ces motifs se présentaient parfois, mais il fallait que l'abbé Ruffat connût bien son terrain pour y adhérer. « Les personnes qui viennent nous chercher, disait-il, font souvent comme celles qui vont chez le dentiste pour leur propre compte. La main sur le bouton de la sonnette, elles saisissent tous les prétextes pour retourner en arrière et renvoyer à demain. *Demain,* pour une dent à extraire ou à plomber, ce peut n'avoir d'autre conséquence que de nous faire geindre, au lieu de dormir pendant une nuit de plus. Mais *demain*, pour une fièvre ou une fluxion de poitrine, encore insuffisamment déclarée, ce peut être le départ d'un chrétien pour l'autre vie, sans sacrements reçus ; aléa que nul ne veut courir ou faire courir à ceux qu'il aime. »

Relativement à cette première apparition, l'abbé Ruffat était très ingénieux pour en expliquer l'inattendu. Il avait toujours une affaire à traiter dans le quartier, une réponse à rendre dans la maison même. Le hasard, ou plutôt la Providence, l'avait conduit à point nommé ? « Mais je reviendrai le plus tôt possible ; demain, peut-être ce soir ». Le malade ne comprenait pas toujours cette finesse apostolique ; ou bien, s'il la comprenait, il se laissait faire et tout était gagné.

Mais, quand il s'agissait d'un malade en danger et non encore mis en règle, c'est-à dire *non administré*, il n'y avait pas d'affaire, il n'y avait pas d'office, pas de mauvais temps ou de nuit obscure, qui pût le faire différer. Il revenait à la charge jusqu'à ce qu'il eut pu aboutir, non pas à une simple visite, mais au moins à *l'absolution*, à *l'extrême onction* ?

Je l'ai vu un jour, sur la fin de sa vie, dans des inquiétudes poignantes, parce qu'une famille, très chrétienne d'ailleurs et de ses amis, voulut attendre, soutenue par l'opinion des médecins, que l'état de la malade ne lui permît plus de comprendre qu'elle trépassait. Le confesseur allait, venait dans les pièces voisines de la pauvre agonisante, livré à des anxiétés qui dépassaient celles de sa famille. Il voulait renouveler une absolution *in extremis.* Ce n'était certes pas de sa faute, mais il n'était plus temps. Dans ces cas désespérés, l'abbé Ruffat se faisait de la maison, et il ne comptait plus, ni avec la fatigue, ni avec le temps, à moins qu'il ne fût appelé par quelque cas plus impérieux encore.

Quand la maladie était de durée, mais suivie de guérison, il donnait à ses visites la régularité ordinaire, en rapport avec les progrès du pauvre patient. Dans ces cas, il venait conseiller, consoler et prier, conformant aux êtres et aux circonstances, les évolutions de sa religieuse sollicitude, toujours affable, affectueux, *bon*, enfin chaque jour, tenant en réserve sa bonté du lendemain.

Que d'histoires édifiantes, que de drames émouvants dont le secret est demeuré dans ces chambres de la douleur, sur ces lits plus ou moins confortables et élégants de l'agonie ! Du reste, si l'abbé Ruffat apporta en ce ministère toutes les richesses de son zèle, de sa prudence et de son cœur, nous reconnaissons qu'il ne fut, parmi ses confrères les prêtres catholiques, qu'un émule et un égal. En chaire, il y a des différences et des privautés créées par le talent et les diverses aptitudes à l'éloquence ; au chevet des malades et des mourants, il n'y a que *des prêtres* préparant leurs frères et leurs sœurs au moment le plus décisif de la vie, quelle *qu'elle ait été : le passage à l'Eternité !*

Le Consolateur

Quand tout est fini par la mort d'un des siens dans une famille qui pleure, le rôle du prêtre continue sous une autre forme, celle de la consolation. L'abbé Ruffat, pas plus que tous les autres prêtres qui firent alliance avec les douleurs de l'humanité, ne put renouveler outre mesure ses visites dans les foyers où sa compatissance avait été éveillée, mais nous en connaissons plus d'un où des relations de sincère amitié eurent pour date un événement fatal.

Les âmes vulgaires fuient devant le malheur d'autrui. Rarement il devient un lien entre ceux sur lesquels il s'est abattu et ceux qui en ont été les simples témoins. Mais quand quelqu'un de ceux-ci entend les choses à la façon de saint Paul, qui veut qu'on mêle ses larmes à celles qu'on voit couler, ces larmes des deux parts provoquent souvent une fusion dont le nom est sacré, une identité de sentiment dans l'affliction partagée. Après qu'il a passé un nombre d'années dans une paroisse, le cœur du prêtre ressemble à un cimetière, dans les massifs duquel les lys et les cyprès s'entrecroisent, et la main qui, à chacune des douloureuses échéances, a béni tantôt la tombe des aïeux, tantôt celle des petits-fils, est une main qu'on serre avec plaisir comme celle d'un père et d'un ami, d'un ami de son père et de sa mère.

Je ne peux que m'en tenir à ces idées générales, après que deux ou trois générations sont déjà passées sur ces souvenirs sacerdotaux. Mais il fut bien établi, de par ceux qui le connurent, que l'abbé Ruffat avait une âme « riche en consolations. »

Il possédait, en effet, à un éminent degré, toutes les qualités qui pouvaient rendre ces consolations efficaces.

Il était profondément croyant et noblement généreux. Et quand il relevait vers le ciel les courages abattus ou près de s'abattre, son regard et son espérance précédaient les meurtris qu'il voulait guérir : « Je vous dis ces choses, non point pour vous conseiller de ne point vous attrister, ce qui serait de ma part une prétention ridicule et cruelle, mais de ne point vous attrister à la façon *des autres* qui n'ont pas d'espérance ! »

Je n'ai trouvé ces avis dans aucun des cartons de l'abbé Ruffat, qui, au reste, vivait beaucoup plus de sentiments que de paroles et d'écrits ; mais tout ceci était le fond de sa pensée, lés allures modestes et vivantes de son esprit, la piété de son cœur.

A tous ceux qui furent ses parents ou ses amis, il fut, aux jours de leur tristesse : un consolateur.

C'est avec des faits qu'un pareil alinéa devrait être rempli. Ils ont été nombreux, multipliés, constants, dans la vie de cet homme miséricordieux ; mais ces incidents ne sont pas du domaine ordinaire de la publicité. Avoir été consolé est une des conditions dont on se vante le moins, parce qu'il faudrait revenir sur ces états intimes qui s'appellent la tristesse, le chagrin, la douleur, tout ce qui est les maladies de l'âme. Mais ce ministère est

trop essentiellement sacerdotal pour n'avoir pas
été goûté par ce prêtre que ses intimes ont connu si
attentif imitateur du Messie disant à la veuve de
Naïm : « Femme, ne pleure pas. » M. Ruffat ne
rendait pas aux familles et aux amis les êtres que
la mort leur avait ravis, mais il avait des réflexions,
des assiduités, des regards qui relevaient l'espérance. Il connaissait, de par ses propres expériences, la théorie de la tristesse sanctifiée. Il l'inocu-
lait aux âmes clientes de la sienne sans larmes
extérieures, et savait « pleurer avec ceux qui pleu-
rent. » La dévotion au crucifix, à Jésus couvert de
plaies et couronné d'épines, était dans ses habitudes les plus familières. La consolation est un
art de la charité. Les habiles en cette science ont
des formules, des silences même qui équivalent à
des discours. Le bonheur avec lequel les attristés
le voyaient venir était la meilleure preuve du bien
qu'il leur faisait.

Cette qualité s'énonce et ne se prouve pas; sa
démonstration demeure dans le cœur qu'elle a
relevé. Du reste, la satisfaction qu'elle donne à
celui qui la pratique est la meilleure preuve de son
existence. M. Ruffat fut un *consolateur consolé*.

J'ai lu dans un ancien auteur que le soin sacerdotal des malades était un *art*, un *métier* qu'il
fallait apprendre, étudier, par conséquent, au
moins autant que l'art de la médecine. Il y a tout
une série de prescriptions délicates de la part de
celui qui soigne une maladie corporelle. Non
moins importantes sont les études, les réflexions,
les expériences qui ont pour objet la santé des
âmes. L'habileté doit être ici la compagne du

zèle. L'abbé Ruffat la possédait à un haut degré.

Il devait avoir étudié le bouquin à tranche rouge ayant pour titre : *la Douce et Sainte Mort*, du Père Jean Grasset, S. J. Il en savait mieux que la théorie.

A la Congrégation

L'abbé Ruffat fut pendant de longues années le directeur de la Congrégation. M. Ferradou, qui ne multipliait pas pour ses vicaires les occasions d'influence pastorale, avait délégué l'abbé Ruffat à l'importance de celle-ci. Et tout y marchait avec une édification parfaite. Le directeur de ce troupeau d'élite était un conseiller vigilant. Et pas un incident ne se produisit qui fût moins agréable pour lui ou moins honorable pour quelqu'une des brebis de ce bercail privilégié.

M. Ruffat était un de ces prêtres chez lesquels « le sens a blanchi avant la tête » et qui se recommandait au public des amis et à celui des ennemis, par une carrière de tout point immaculée.

Il faudrait, pour compléter cette énumération des goûts et des utilités de M. Ruffat, signaler au moins la spécialité de ses conseils et de sa direction « pour les mères de famille. » Nous aurons l'occasion de revenir sur ce point essentiel. Mais on voit jusqu'ici comment il a touché à tout dans l'ordre de son sacerdoce pastoral et par quelles voies il préludait à l'honneur d'avoir été, de devenir, dans une cité qui a tant de motifs de se glorifier de ses prêtres, un de ceux qui l'auront le plus honorée par l'utilité de ses services.

Son Cabinet

Il fut, de tout temps, moins caractérisé par les travaux du maître que par les consultations des clients. L'abbé Ruffat ne fut jamais ni un jurisconsulte consommé ni un philosophe ou un littérateur qui a dévoré les questions soit anciennes, soit modernes et qui a pâli sur les livres dont les murs de ce *retiro* scientifique étaient pourtant tapissés ; non. Il savait ce qu'il fallait savoir (de la science ecclésiastique) pour la fidélité intellectuelle à ses devoirs privés ou professionnels, pour l'utilisation de ce bagage modeste au bénéfice de ceux qui le consultaient. Et c'était suffisant.

Ces derniers peuvent être divisés en deux catégories : les laïques, pères ou mères de famille, surtout ; les prêtres, vicaires ou curés, aumôniers ou professeurs, toute la lyre sociale et ecclésiastique. Il était en cela semblable à ses confrères, ayant eu longtemps charge d'âmes, et ne s'en étant dégagé ni par obligation ni par goût.

Signalons, en ce sens général, les qualités qu'on était sûr de trouver en lui : accueil bienveillant et exquise politesse, attention délicate et formelle, jugement réfléchi, mais qui ne se fait pas attendre, réponse nette et décisive, même quand elle concluait à des temporisations, ce qui devait souvent se produire. Savoir faire attendre est le moyen de conseiller sagement.

Ainsi, il n'était jamais pressé, même quand il avait beaucoup à faire. Il s'asseyait, il causait volontiers et prenait des nouvelles de la famille, des événements récents. Surtout il évitait ces airs précipités qui glacent un consultant et l'intimident parfois, au point de faire mourir sur ses lèvres l'incident plus important de sa communication Avec les petits et les simples, l'abbé Ruffat était d'une longanimité plus qu'ordinaire. Après avoir trouvé quelquefois longue l'attente dans l'antichambre, une grande dame voyait sortir du cabinet un ouvrier à moitié endimanché ou une femme du peuple.

J'ai dit, en un autre lieu, que les questions les plus graves étaient pour chacun l'objet de ces consultations. M. Ruffat n'était pas ce qu'on appelle un affairé, encore moins un marieur ; mais que de mères de famille sont sorties de là, édifiées sur les qualités de leur futur gendre... ou de leur future belle-fille ! ! !

Avec les ecclésiastiques, c'était des allures tellement modestes, que si les rôles n'étaient pas intervertis — aucun de nous ne s'y serait prêté — c'était, au moins de sa part, des traitements de familiarité confraternelle, presque obséquieuse.

Et cependant, comme la rectitude du jugement ne faisait pas défaut, comme la sincérité était complète, comme d'ailleurs la responsabilité de la décision demeurait à celui qui avait été consulté, le vicaire général n'amoncelait pas les nuages autour de sa réponse ; le *oui* et le *non* étaient tranchés et on savait bien à quoi s'en tenir, ce qui était l'important.

M. Ruffat, auquel son esprit bénin était loin

d'enlever toute causticité, aimait beaucoup l'histoire, évidemment faite à plaisir, de certain haut personnage dont un plus humble prenait l'avis et qui se dialoguait ainsi : « Sera-ce oui ? — Non. Sera-ce non ? — Oui. En tout cas, ce sera oui ou non... à moins cependant que ce ne soit ni *oui* ni *non!* Quant à moi, je ne sais qu'en dire. Tel est mon sentiment bien arrêté. »

La charge était bonne. Mais M. Ruffat et ses amis la tenions d'un personnage qui excellait dans la peinture des caractères et qui, ce jour-là, avait lu dans un comité académique, un portrait intitulé : *Un Avocat convaincu.*

Au Confessionnal

Nous avons presque trop insisté sur ce point que M. l'abbé Ruffat n'était ni un philosophe, ni un poète, ni un orateur, ni, à proprement parler, un littérateur, qui cependant apportait, dans chacune de ces spécialités scientifiques, cette finesse, cette distinction inséparables de sa nature et de son action, et dans quelques circonstances de relations plus personnelles, tirait de ses cartons une, deux ou trois allocutions de mariage, dont il variait la finale dite des *compliments.*

Mais la spécialité de ses capacités et de son zèle dans sa vie paroissiale d'abord, et dans tout le restant de sa vie après, était *dans le confessionnal.* C'est là qu'il se dédommageait et prenait sa revanche. Tous ceux envers lesquels il a accompli ce ministère, l'ont apprécié, goûté, vanté au besoin

comme « un directeur de conscience remarqua-
blement doué. »

Il en avait les qualités voulues : il était clair et
précis dans son langage. Il était patient et dévoué ;
c'est là surtout qu'il était *bon*.

Rien de trop exigeant et qui sentit son jansénisme ; mais rien de relaché et qui pactisât avec
de certaines modes contemporaines, dans lesquelles le monde envahit l'église et la piété pratique s'accommode à des demi-dissolutions de
mœurs. Du reste, la clientèle qui le recherchait et
le goûtait savait à quoi s'en tenir. Il était estimé
pour ce sens remarquable et cet esprit pratique
qui n'a jamais confondu les dévotions avec la religion. Il était d'une école où les inventions modernes n'ont pas, grâce à Dieu, envahi la piété.
Homme de bon conseil et de consolation, facile à
une commisération qui n'avait rien d'amolli ni
d'amollissant ; capable de se réjouir avec les heureux, mais de mêler ses larmes à celles des malheureux, indulgent et ferme, énergique et tendre,
guidé par la raison et par le sentiment, il fut certainement un des prêtres qui, depuis cinquante
ans, ont tenu à un niveau plus élevé ce ministère
délicat et difficile.

Il était le directeur que les mères étaient heureuses de donner à leurs filles, et — pourquoi ne
pas le dire ? — le confesseur que les maris donnaient volontiers à leurs femmes, quitte à se laisser conduire jusqu'à lui par elles. Ce qui arriva
souvent.

C'était un vrai *confesseur des familles*. La veille
des grandes fêtes, il était virtuellement présent
en leurs foyers, où on le bénissait absent, comme

lui-même portait dans son cœur ceux et celles qu'une heure auparavant il avait bénis !

Dans une ville de cent mille âmes et au delà, on recourait à ses avis, à ses pardons, à sa paternité, comme il faut bien qu'on le fasse dans un village où quelques centaines d'âmes n'ont qu'un seul directeur : le Curé.

Celui-ci était le *bon*.

Or, il avait parfaitement conscience de cet état et il l'aimait, à cause du bien qu'il y faisait. Nonobstant la fatigue corporelle et un certain énervement inévitable, aucun prédicateur descendant de chaire et laissant un auditoire ému et charmé, n'était plus heureux que ce bon prêtre, demeurant au confessionnal jusqu'à minuit la veille de Noël, après y avoir passé à peu près toute la journée.

En rapprochant dans ses appréciations le ministère de la prédication de celui du confessionnal, il trouvait à celui-ci une efficacité plus immédiate, plus palpable. Et, en homme pratique, il avait raison : « C'est beaucoup, disait-il, de sentir et de voir le bien que l'on fait. En chaire, on le produit dans une mesure souvent abondante, mais sans pouvoir s'en rendre compte. Au confessionnal, on le voit, on le sent, on s'en rend compte ; on le retouche même et on le corrige quelquefois. Et cette matérialité de la consolation est d'un grand encouragement à y persévérer et à s'y perfectionner. »

Comme c'est vrai !

Une de ses belles spécialités

L'abbé Ruffat avait des spécialités précieuses de ministère sacerdotal :

Il était recherché par les familles dans lesquelles il y avait quelque malade difficile à aborder; soit comme un long retardataire, soit comme ayant des affaires embrouillées, soit, en un mot, comme ayant des répugnances au seul parti qui sauve, à cette détermination indispensable : *la Confession.*

Souvent, les temporisations viennent du malade, à qui il s'agit de persuader que « les sacrements ne font pas mourir », souvent elles ont pour auteurs les parents, qui redoutent certaines régularisations avant la fin ; des amis qui se prêtent trop facilement à favoriser des frayeurs que la foi réprouve ; des médecins eux-mêmes, qui n'ont pas une conscience suffisante du rôle sacerdotal qui leur est dévolu par leur profession, qui, peut-être, manquent totalement d'instruction ou de croyance aux vérités éternelles. C'est un être bien préjudiciable qu'un médecin sectaire !

Dans toutes ces circonstances, la réputation de prudence et de bonté, de largeur de vues et d'orthodoxie du prêtre à appeler ou à proposer, a une grande importance : elle est tout.

Or, depuis les jours de son vicariat, c'est-à-dire depuis cinquante ans, M. Ruffat était le directeur *in extremis* de la bourgeoisie toulousaine. Les Jésuites avaient bien leur clientèle de la rue des

Fleurs, du Caousou et du Sacré-Cœur, le clergé des paroisses répondait aux accidents nocturnes et aux imprévus, mais M. Ruffat était le *recherché* des cas difficiles ci-dessus énoncés, de tous les cas difficiles.

« Il faut prier M. Ruffat de venir », disait-on, comme on faisait appeler tel praticien en renom pour une jambe cassée ou un bras démis. Et lui, avec sa bonne volonté et son zèle, avec sa douceur persuasive et sa finesse de réflexions, il entrait dans la place et il n'en sortait plus que victorieux.

Et, quand il était parti, le malade demeurait tout rasséréné, un peu guéri, au moral au moins ?

Et les familles chrétiennes lui savaient un gré infini de la consolation religieuse qu'il leur laissait avec cette parole : *c'est fait.*

Quelquefois, il s'agissait de réparations pécuniaires, de redressement d'intérêts matériels, de testament laissant aux survivants la tranquillité au lieu d'un procès dont ils se sentaient menacés. Le ministère de l'abbé Ruffat n'était pas seulement la sécurité et l'espérance pour l'âme réconciliée de celui qui s'en allait, c'était l'union et la paix des esprits de ceux qui demeuraient.

L'abbé Ruffat voyait vite, même ce qu'on ne lui avait pas dit. Il inspirait à la fois la confiance due au prêtre et celle due à l'homme, la reconnaissance due à un ministère religieux et le souvenir d'un bon office d'ami.

De tels hommes sont rares, au moins à ce degré, même parmi les ecclésiastiques. Il y a là une nature d'élite, des convictions profondes, des expériences de plus en plus consommées.

De tels hommes ne devraient jamais mourir, tant ils sont utiles à la vie de leurs frères.

Du reste, le goût que ces qualités savaient inspirer même aux malades, ne se manifestait pas exclusivement chez les personnes de la Société. Un jour, un pauvre membre de la Cité ouvrière, frappé par un mal qui l'emportait, fit demander l'abbé Ruffat. Il y eut, indépendants de la volonté de celui-ci, quelques retards dans sa venue. Cependant, l'état du malade empirait et autour de lui on insistait pour requérir un autre prêtre. Il s'y refusa obstinément, jusqu'à se montrer très déraisonnable : « Celui-là ou aucun », dit-il. Et, au risque de le déranger outre mesure, il fallut le trouver ; mais lui, qui connaissait son homme, s'empressa de venir et tout se passa au mieux. Le moribond s'en alla avec toutes les consolations désirées. Exigence excessive, mais probante.

Un autre jour, on vint le relancer pour un de ses pénitents les plus modestes, victime d'un accident.

Le brave homme était décrotteur sur la place du Capitole.

Le vicaire-général était en ce moment occupé avec une grande dame, qu'une grave affaire avait amenée chez lui.

Dès qu'il apprit l'objet de la requête et la qualité du sujet, il se leva, interrompit toute conversation, s'excusa et sans coup férir, alla joindre l'infortuné.

Assurément, tout prêtre aurait dû en faire autant, mais nous signalons *qu'il le fit*.

Le devoir rempli vaut d'être noté.

La Littérature de l'abbé Ruffat

Elle était grave, sobre, modérée et mesurée, très classique et très pratique, disant, la plume à la main, ce qu'il fallait dire et rien au delà ; son style écrit était plus réservé encore que ses discours, ce qui est très naturel aux hommes pondérés. Ajoutons que sa littérature ne sortait pas de la prose.

Nous avons intitulé un de nos premiers chapitres : *Tel père, tel fils* ; c'est parfaitement exact, pour les vertus morales et religieuses, pour tout ce qui tient à l'honnêteté et à la foi. L'empreinte paternelle est restée vivante jusqu'à la fin.

Eh bien, voici une différence ou, si on l'aime mieux, *une dissemblance* formelle, sur un terrain d'ailleurs parfaitement libre : M. Ruffat père, ce grave professeur de droit qu'on se figure toujours entre Justinien et Confucius, avait son Egérie, et son Egérie était la Muse, partout et toujours. Le rythme et la rime étaient inséparables de ses habitudes, par conséquent de sa nature. Semblable à ce poète romain qui a dit de lui-même : *Tout propos que j'écris est bien un hexamètre*, et qui, demandant grâce à son père pour lui avoir désobéi, lui disait : « *Père, pardonnez-moi, je ne fais plus de vers...* » M. Ruffat versifiait partout et toujours. Un jour, il aperçoit un de ses auditeurs qui baillait à se démonter la mâchoire, il le fixe et l'apostrophe ainsi :

Que le bailleur qui baille aille bailler ailleurs !

C'est imitatif, au point de faire bailler tout un auditoire. C'est, d'ailleurs, très spirituel.

J'ai en main une liasse de compositions. Des vers partout.

— On passe les vacances sur les bords du Touch. Le domaine d'*Ardisas* est le sujet d'un long poème où tout est chanté, depuis la grille d'entrée jusqu'aux arbres du parc et au gazon de la prairie.

— On va passer les vacances à Barèges : toutes les péripéties du voyage, du séjour et du retour, sont décrites *ad unguem*...

Je me souviens d'avoir lu jadis l'histoire d'un poète maniaque qui, à chaque trait qu'on lui citait, vous interrompait par cette phrase : « Tiens, justement j'ai fait une chanson là-dessus ! » — Ce n'était pas Déroulède. — Et puisque je parle de chansons, j'en trouve aussi une qui n'a pas moins de seize couplets, portant chacun son *air* particulier et d'une gaîté charmante, sans être folle : *La faridondaine, la faridondon !*

L'expression de *manie* est irrévérencieuse pour un homme de cette valeur, mais ça va quelquefois bien loin. Un grand poète aimé de M. Ruffat a écrit ce quatrain :

Toute aile vers son but incessamment retombe :
L'abeille sur la fleur s'en va cueillir son miel,
L'aigle monte au soleil, le vautour à la tombe,
L'hirondelle au printemps et la prière au Ciel !

C'est charmant ; mais les assoiffés de versification voient un peu partout des *fleurs*, du *miel*, des *hirondelles* et des *printemps* à leur portée. Ce que je n'ai pas voulu appeler une *manie* est un peu une *maladie*, heureuse et agréable même, pour ceux qui en sont atteints, moins goûtée de ceux qu'elle n'égaie pas. Qui aurait pu s'imaginer, il y a cinquante ans, qu'un des propres condisciples de l'abbé Ruffat se passionnerait pour la rime au point de mettre en vers tout le Télémaque, de Fénelon ? « Tristes temps pour la littérature, disait un malin, que celui où les vers se sont mis à la prose de Télémaque ! »

L'abondance de versification du père a peut-être moins encouragé le fils et ni les leçons ni les exemples du père n'ont fait de lui un poète.

L'homme n'enseigne pas ce qu'inspire le Ciel ! On est poète de naissance.

M. Ruffat père, membre de l'Académie des Jeux-Floraux, ne fut ni un Lamartine ni un Victor Hugo. Ils ne foisonnent pas. Mais dans le monde érudit et le plus grave où il vivait, il apportait toujours une amabilité intelligente, un charme séducteur, une contagion littéraire qui faisait rechercher sa société et redoublait ses bonnes influences. Il faisait des vers et les disait à ses amis, comme il commentait le Code à ses élèves, comme il apprenait la vie morale à ses enfants (1).

Nous allons citer ici le premier prône de l'abbé à la Daurade. Littérature positive comme le catéchisme et la théologie. Prose mesurée dont la correction, dans ces débuts apostoliques, révèle

---

(1) Une poignée de titres de ces productions fantaisistes : Le Voleur honnête homme, le Domaine d'Ardisas, les Vacances à Barèges, la Légion d'honneur, le Gâteau des Rois, l'Exercice du Tir (7 sept. 27), le Curé et ses deux Clercs, les Mœurs du Village, Distribution des Prix (1806).

encore l'influence d'un père qui était au moins aussi juriste que poète. Toutes les saines productions de l'esprit et du cœur, soit en prose, soit en vers, fraternisent par leur origine. Les prônes à la messe de paroisse ont leur atavisme comme les poèmes les plus académiques.

L'abbé Ruffat prédicateur

On ne peut pas dire que ce fût sa spécialité. Il ne prêchait guère en dehors de chez lui dès sermons qu'on appelle d'apparat ou seulement de circonstance. Mais il prêchait le prône toutes les fois que son devoir l'y appelait. Et il le faisait, comme toutes ses autres œuvres, de son mieux.

Il n'improvisait pas. J'ai sous la main la collection de ses discours écrits, soignés, copiés, avec des titres et des dates surajoutées chaque fois qu'ils sortaient de ses cartons. Cela remonte à soixante ans au moins, mais ça n'a pas vieilli, parce que c'est de la doctrine et de la morale dans les meilleurs termes.

Les sujets sont, en général, tirés de l'évangile du jour. Les divisions et même les *sous-divisions*, indiquées en marge. C'est grave, c'est correct de pensée et de style, comme toute sa personne. Nulle part n'est plus juste le mot de Buffon : *Le style, c'est l'homme.*

Le principal de ses discours sur le culte de la sainte Vierge est ainsi distribué : 1° Dieu l'a voulu ; 2° l'Eglise l'a pratiqué.

Toute la théologie se rapportant à Marie est ramenée en ces deux points, brièvement, sommairement. Ces prônes ne devaient pas durer au delà de vingt minutes, à des époques où nos prédécesseurs parlaient volontiers une heure. Mais on peut leur appliquer la qualité que Bérenger vante dans ses vers :

Et si mes vers sont bons, c'est qu'ils sont courts.

Un sujet qui m'a paru plus original est celui-ci : *Les Passions.*

Très nuisibles et mauvaises quand nous les suivons,
Très utiles et bonnes quand nous leur résistons.

Rien de saillant, il est vrai, au point de vue de la conception et de l'éloquence ; mais rien de choquant, d'anormal au point de vue du goût et de toutes les convenances.

On sent d'ailleurs que l'esprit sacerdotal y domine toujours. La piété apostolique s'y manifeste jusque dans les détails selon lesquels ils ont été copiés, calligraphiés. Cette bonne et forte écriture est un indice de la fermeté du caractère. Ces lettres, à jambages réguliers et lancés comme les *s* ou les *f* redoublés, sont le signe d'un esprit militant et affirmatif. Et puis enfin, ces dédicaces initiales, tantôt *A. M. D. G.,* tantôt à *J. M. J.,* sont la révélation des ferveurs primitives, menées jusque dans l'âge mûr. Il semble peu glorieux de constater chez des vétérans des ardeurs de séminariste. Et pourtant, les commencements ont des perfections que les expériences ne réalisent pas toujours ! *initia fervent.* L'abbé Ruffat catéchiste, prôniste, prêtre en un mot, n'a dû avoir besoin que de demeurer *lui*; ce qui est ordinairement plus facile que de se ressaisir.

Il n'a jamais dû donner à ses auditeurs le frisson de l'enthousiasme ou l'émotion d'un sentiment troublé ; mais il a dû motiver habituellement cette paix que donnent les convictions sereines et le désir du bien. Toutes ses instructions sont terminées par l'*Amen* officiel ; et cet *Amen* est écrit en gros caractère, de la main même de l'apôtre, sur le papier roussi qui, cinquante ans après, garde ses conclusions.

Nos anciens avaient bon goût.

Nous pouvons donner ici un spécimen de sa parole parlée dans l'exorde et dans la péroraison de son prône de début à la Daurade. Il n'avait pas 24 ans. Le sujet était l'*Annonce de la Présentation de Notre-Seigneur*.

Le premier Prône

« Mais avant de commencer, qu'il me soit permis, mes frères, d'épancher dans vos âmes les sentiments qui, dans ce moment, se pressent en foule dans la mienne : si mon inexpérience et ma faiblesse me commandent une juste défiance, si je sens mes forces presque défaillir dès mon entrée dans la carrière, quels puissants motifs d'encouragement ne trouvai-je point dans tout ce qui m'environne ! Que j'aime à reposer mes regards attendris sur ce pasteur si chéri de son troupeau et si digne de l'être ! Bien au-dessus de mes faibles éloges, les seules actions le peuvent louer, sa pieuse sollicitude, son indulgente charité m'assurent dans son cœur les sentiments d'un tendre père, ses vertus m'offrent le modèle le plus accompli, puisse-t-il trouver en moi pour prix de ses bienfaits et le zèle d'un disciple et la docilité d'un enfant !

« Que ne dois-je pas me promettre et de l'affection et de l'exemple de ceux dont je suis si peu digne de partager les travaux ; leurs talents, leurs services, l'édification de leur conduite, les recommandent à votre estime et à votre gratitude ; ils seront donc ma lumière et mes guides dans la voie que l'obéissance vient de me tracer.

« Ils encourageront encore ma jeunesse de toute leur bienveillance ces dignes administrateurs, hommes éminents en piété, à qui un choix éclairé a confié de nobles et saintes fonctions ; la considération des gens de bien est la première récompense de leur généreux dévouement, le Dieu qui est jaloux de la gloire de sa maison couronnera leur zèle pour l'ornement du temple et la pompe de nos solennités.

« Et vous qui partagez la sollicitude du Bon Pasteur pour l'instruction de l'enfance, cette portion si intéressante du troupeau, anges consolateurs de ceux qui souffrent, Providence visible de l'indigent, dignes filles de l'immortel Vincent de Paul ; et vous aussi, maîtres habiles et modestes qui passez en faisant du bien comme celui qui évangélisait les pauvres, qui n'ambitionnez d'autre faveur que de travailler sans salaire, qui vous réjouissez avec l'apôtre au milieu des tribulations que vous suscite une impiété ignorante et perfide, vous attirerez les bénédictions du ciel sur mon ministère, car il est écrit que la prière du juste est toute puissante sur le cœur de Dieu.

« Vous tous enfin, mes très chers frères, que je vois se presser autour de cette tribune sainte, vous m'aiderez à porter le fardeau du Sacerdoce que les saints appellent redoutable pour les anges eux-mêmes, et grâce à la charité qui vous anime, toujours fidèle à la vocation d'en haut, je ne vous montrerai jamais d'autres sentiers que ceux qui mènent à la vertu et au bonheur.

« Pour entreprendre avec plus de confiance et soutenir avec plus de succès cette lutte qui ne doit finir qu'avec la vie, recourons, mes frères, à celle que l'église invoque comme le secours des chrétiens et qu'on n'invoque jamais en vain. Elle est formidable aux puissances de l'enfer, nous dit l'Esprit saint, comme une armée rangée en bataille, *Terribilis ut castrorum acies ordinata ;* son crédit est sans bornes, dit saint Bernard, *Maria omnipotentia supplex,* accourez dans son temple, venez la prier, chrétiens de toutes les conditions, de tous les âges ; dispensatrice des dons célestes, elle a des remèdes contre tous les maux et des consolations pour toutes les infortunes ; venez, parents vertueux, présenter au Seigneur en union avec l'offrande de Marie, ces tendres enfants que menacent tant d'ennemis acharnés et qu'environnent de si pressants dangers. Venez, vous surtout, enfants privilégiés de son cœur, dont elle est la patrone et le modèle ; venez dans la solennité prochaine renouveler avec de saints transports votre consécration et vos promesses ; volez dans ses bras pour échapper aux poursuites du monde et confier à

l'ombre de son sanctuaire le dépôt de votre innocence. Me sera-t-il permis de venir après tous les
autres, ô Vierge incomparable, refuge assuré des
pêcheurs ! Prêtez-moi vos sentiments et vos pensées ; donnez-moi surtout votre amour, cet amour
fort et courageux qui vous fit écouter sans trouble
la déchirante prophétie de Siméon, cet amour
constant et héroïque qui vous fit tourner vers le
ciel des yeux inondés de larmes pour y lire les
desseins du Très-Haut et y conformer tous les
mouvements de votre cœur : ô Marie ! ô ma Mère !
Conduisez-moi à votre divin fils, présentez-moi au
père céleste, offert par des mains si pures et si
chères, il m'ouvrira le sein de sa charité, et em-
brassant vos autels qui seront toujours ma sau-
vegarde et mon asile, je commencerai ici-bas le
cantique de la reconnaissance pour le continuer
éternellement dans les cieux. Amen. »

Sa Mortification

Toutes les fois qu'on prononce le mot de *mortification* dans la vie d'un chrétien, on se représente
un anachorète, un chartreux ou une carmélite. Il
y a cependant aussi la mortification à l'usage des
gens du monde. Car la mortification est une pénitence et la loi de la pénitence est universelle.

Il y a, pour les séculiers comme pour les réguliers, la *mortification intérieure* qui ne se voit pas,
parce que les souffrances et les mérites de l'âme
échappent à la vue du curieux le plus dévoué, le
plus avide d'exemples édifiants. C'est l'humilité,

ne voulant rendre témoin de ses sacrifices que Dieu, pour l'amour duquel ils sont entrepris et supportés, et dont la seule approbation lui suffit. Toutes les vertus qui s'appellent patience, résignation, pardon des injures, tous les sacrifices intérieurs, en un mot, sont l'élément de cette mortification qui fut bien aussi celle de notre grand modèle. L'abbé Ruffat, comme tous les résignés de ce monde, l'avait vu au Jardin des Oliviers, à l'heure où il suppliait, par trois fois, ses apôtres de « veiller et de prier avec lui » ; à l'heure où il disait : « Mon âme est triste jusqu'à la mort » ; à l'heure où il criait à son père : « Mon père, faites que ce calice s'éloigne de moi ! que votre volonté s'accomplisse et non pas la mienne ! »

Et cependant...

Douleurs de l'âme, souffrances du cœur qui sont bien la *mortification de Jésus,* comme l'appelle saint Paul.

Mais il y a une mortification extérieure, une souffrance des membres, recherchée ou tolérée patiemment, souvent même avec joie, c'est la même mortification de Jésus transportée en nos corps ; quand on a faim ou soif, quand la tête étant languissante ou la poitrine oppressée, on supporte ces étreintes du mal avec un caractère égal ou même avec un cœur réjoui.

Et il y a une mortification plus méritoire encore, parce qu'elle est absolument volontaire, c'est celle qui consiste à se priver, à se punir, à se faire souffrir soi-même. De celles-ci, les habitués de la mortification ne se vantent pas plus que de l'autre ; mais elle les trahit parfois ; et ce n'est pas pour avoir fait son propre éloge qu'un prêtre qui n'est ni un trapiste, ni un jésuite, a cependant la réputation d'un homme mortifié. On le sait.

L'abbé Ruffat l'avait cette réputation auprès de ses familiers; et c'est par des traits d'une simplicité extrême qu'elle avait dû lui venir. En voici un, entre beaucoup d'autres :

En carême, sa collation consistait quotidiennement et invariablement en deux pommes de terre cuites à la braise ou bouillies, sans autre condiment qu'un grain de sel pilé. Il aimait le sel partout! Cette fois il en ajouta un peu à celui de la cuisinière. Et voici comment elle le provoqua : elle lui servit, en plus de ces modestes féculents, un peu de beurre qu'une personne attentionnée lui avait envoyé dans la journée. Il voulut avoir raison de cette variante qui chargeait sa table d'un mets superflu; et, prenant ce petit air goguenard qui allait si bien à sa figure sérieuse : « Ah! ça, dit-il, est-ce que c'est carnaval, aujourd'hui ? » La vieille comprit ce qu'avait d'excessif le luxe qu'elle venait de développer sans ordre. Elle remporta son beurre; et son maître savoura sa pomme de terre sèche.

Gaieté presque enfantine d'une sobriété extrême, mais il ne faudrait pas beaucoup de traits semblables pour établir que le soupeur de céans n'était pas un sectateur de la bonne chère. Et cette abondance renouvelée tous les jours était une preuve parlante que c'était là un Lucullus mortifié.

Il ne s'en portait pas plus mal et n'en dormait que mieux, d'après ce précepte qui remonte, je crois, à l'école de Salerne :

Si dormire velis, sit tibi cœna brevis !

Les hygiénistes ont souvent dit que la sobriété monacale était une recette de bonne santé, et que le carême lui-même avait été, dans son origine, une prescription salutaire.

L'abbé Ruffat ajoutait à sa sobriété le *sursùm corda* dont il faisait une *vraie muscade*. Et c'est cela qui était surtout son *grain de sel spirituel*.

Le *spirituel* allait toujours à ses habitudes.

La mortification corporelle n'est pas seulement dans le manger et dans le boire. Elle fait partie de toute la tenue. Un homme mortifié a des manières de s'asseoir, de s'appuyer, de travailler et même de se reposer qui ne sont pas celles de la nonchalance, de la paresse, de la mollesse.

La mortification corporelle faisait partie de son éducation.

Sa Maison de Campagne

M. l'abbé Ruffat était propriétaire d'une maison de campagne à laquelle il devait attacher de profonds souvenirs à cause de tout ce qu'elle avait offert d'agrément à son vénéré père, à sa mère, à ses sœurs et, aux jours lointains, à lui-même avec la famille, pendant cette période estivale des vacances si chères aux élèves et non moins chères aux maîtres. Ce n'était pas un domaine considérable, mais suffisant au repos de la tête après les travaux souvent absorbants de l'année.

Le savant et laborieux professeur de Droit romain avait imité ce désir du vieil Horace dont il ne partageait certes pas les mœurs licencieuses :

Hoc erat in votis : modus agri non ita magnus !

C'était la maisonnette que beaucoup de philosophes ont rêvée depuis Rousseau : « *Jaune avec des
contrevents verts* ». C'est vers ce coin de terre,
hospitalier et bien à lui, que parmi les fatigues de
fin d'année le vaillant romaniste poussait ce cri :
O rus, quando te aspiciam! O champs, quand
vous retrouverai-je ? On s'y reposait, on s'y délec-
tait dans des loisirs pacifiants, parmi les fleurs
qu'on soignait avec un zèle religieux, pour qu'elles
fussent le dimanche plus dignes de parer l'autel
de la Sainte-Vierge ; parmi des causeries et des
distractions que les occupations domestiques rendaient toujours fructueuses dans une douce gaieté,
au contact de laquelle ses enfants avaient pris
l'habitude concomitante de vaincre toute tristesse,
dans le bonheur enfin que donne la sagesse rési-
dante et la conscience sans reproche, l'habitude
de répandre le bien autour de soi et de rendre participants du bien-être auquel ils concourent par
leurs services, les serviteurs eux-mêmes : car la
maison était réglée sur le pied de la charité parfaite.

Elle était ouverte à quelques amis de choix pru-
demment attirés et retenus dans l'intérêt religieux
et moral de cette maisonnée grandissante.

Le curé de la paroisse surtout y était chez lui. Et
pendant soixante ans le dernier titulaire vécut
dans cette intimité propice que sa distinction et sa
bonté procurent au pasteur, dans une famille
patriarcale, où le sacerdoce est lui-même repré-
senté. M. l'abbé Gasc était aussi un type à sa
manière, et durant toutes ses vielles relations
avec l'abbé Ruffat les habitués de la maison
avaient coutume de dire dans un langage aussi

vrai que familier : *Les deux font bien la paire.*

Tels étaient les attraits, tels les souvenirs qui depuis son berceau attachaient en cette maison l'abbé Ruffat, déjà prêtre et vicaire de la Daurade, quand un coup de foudre fit pour lui de cette maison de délice un, tombeau !... C'est dans ces merveilles modestes que vint s'éteindre cette carrière scientifique qui en avait formé tant d'autres.

Evidemment, depuis cet événement douloureux, la vieille résidence perdit de son charme, ou plutôt les motifs en furent changés. On y vint comme on va le jour de la Toussaint au cimetière, avec des fleurs de deuil et des prières d'espérance.

Le tombeau de famille est là !!!

L'abbé Ruffat a survécu à cet événement juste soixante ans, durant lesquels il a été engrainé à des charges administratives qui ne lui ont guère laissé le loisir des villégiatures régulières ; au cours desquels, lui, le plus jeune des cinq, il a été précédé dans la mort comme il l'a été dans la vie par tous les siens. Humiliante condition de notre humanité! les murailles sont debout, les arbres continuent à fleurir et à porter des fruits, tandis que ceux qui ont bâti ou planté dorment leur sommeil éternel... Eternel ? Non ! Car lorsque aucun arbre ne germera plus, les vieux maîtres d'autrefois germeront, eux, de leur poussière. Les deux générations des Ruffat l'ont su, cru, enseigné. Elles attendent ; et, pour être différée leur attente ne sera pas frustrée.

L'Abbé Ruffat à Saint-Martin-du-Touch

Pendant que le légiste-propriétaire trouvait à *Ardizas* toutes les satisfactions d'une villégiature somptueuse, son fils avait trouvé au presbytère de Saint-Martin tous les encouragements moraux, tous les exemples de perfection qui pouvaient l'instruire et le fortifier dans la voie où il était entré.

En 1824, c'est-à-dire l'année même de sa première communion, le jeune Elzéar devint aux vacances le clerc assidu et à coup sûr affectionné d'un curé très remarquable par son zèle et par toutes ses vertus pastorales. Il avait vu de près la persécution et tout ce dont elle menaçait les hommes qui, comme lui, portaient dans un cœur vaillant des convictions profondes. Il s'appelait l'abbé *Escouboué* et n'avait dû qu'à son courage et à son habileté devant les policiers révolutionnaires d'échapper à la tourmente qui en avait englouti tant d'autres. Une de ses cachettes provisoires fut à Montjoire, où son frère était notaire et où les survivants de sa famille résident encore dans une traditionnelle honorabilité, toujours fidèles aux sentiments et à la conduite que leur nom seul suffit à rappeler (1).

Quand l'abbé Escouboué fut installé à Saint-

---

(1) Je ne me doutais pas il y a deux ans, dans un séjour de quelques mois à Montjoire, que je rencontrerais, dans mes études sur l'abbé Ruffat, la famille Escouboué. Je suis heureux de lui rendre, en passant, cet hommage.

Martin-du-Touch il y trouva M. Pech et les Ruffat
et ce dut être à ceux-ci une notoire consolation
que de retrouver, pour leur Eglise et pour tout le
culte, un homme qui avait souffert. M. Ruffat
savait se distraire gaiement, même des souvenirs
de la prison des Carmélites. Mais celui que ces
relations durent surtout intéresser fut cet enfant,
ce jeune homme en train d'apprendre l'histoire de
la Révolution au contact de ceux qu'elle avait
meurtris.

L'abbé Escouboué fit aux Ruffat cette société
choisie pendant neuf années, jusqu'en 1833, à deux
années près de l'ordination sacerdotale d'Elzéar.
Ce dut être pour celui-ci une période de grande
utilité, en vue des graves devoirs auxquels il se
préparait.

En 1833 fut nommé à Saint-Martin-du-Touch un
apôtre qui s'appela l'abbé de Sède. Il faudrait
tout un livre pour esquisser la légende de cet
homme qui commença par Polytechnique et continua par la vicairerie du Taur.

La famille de l'abbé Ruffat n'était plus en
possession du domaine d'Ardisas, mais en 1835
l'abbé fut ordonné prêtre et en 1849 il fut nommé
secrétaire de Mᵍʳ Mioland.

Or, une des premières cérémonies auxquelles il
assista le prélat, fut la consécration de la belle
église que M. de Sède avait bâtie à Saint-Martin-
du-Touch. L'abbé Elzéar se trouva là, avec les
principaux amis du noble curé, qui étaient ses
amis propres, et notamment avec le pieux abbé
Figarède qui, à quelque temps de là, prit sa
retraite dans un confessionnal de l'église de la

Daurade, où l'on peut dire qu'entre ses oraisons jaculatoires et sa tabatière il termina et même *abrégea* sa vie, car il fut un heureux forçat de ce *cabanon volontaire.*

Nous ne croyons pas qu'après la mort de ses vertueux parents M. Ruffat ait traduit par des regrets extérieurs ses souvenirs d'Ardisas.

La maisonnette de Villeneuve et les quelques arpents y rattachés faisaient bien mieux l'affaire de son cœur.

A Barèges

Vous plaît-il, mesdames? partons.
On a meublé votre équipage
De malles, coffres et cartons ;
Et tout est prêt pour le voyage.

Voilà une invitation dont le ton empressé ne réflète guère l'humeur sédentaire de notre vicaire de la Daurade. Eh non. Ce n'est pas lui, le chef de la smalah. Il obéit. Le capitaine, c'est son père. Où vont-ils ? à Barèges. Deux fois au moins, pour la durée, le voyage actuel de Toulouse à Paris !...

— Et combien sont-ils ? Sept en tout : le père et la mère, l'abbé, les quatre sœurs. Heureusement, pour la circonstance, qu'il n'y a ni gendres ni petits-enfants.

Première étape à Noé, deuxième à Martres-Tolosane, troisième à Saint-Gaudens, quatrième à Lannemezan, cinquième à Tarbes, et puis Pierrefite, Luz, Barèges. Que ça! quatre jours de voyage et deux mois à passer ! Tout en est calculé d'avance.

Eh bien, mais voilà qui s'appelle jouir des vacances, en jouir surtout en famille. C'était leur mode préféré. Ils avaient raison.

Barèges, à cette époque-là, n'avait de séduisant que les beautés de la nature et des voisinages : Saint-Sauveur, Gavarnie, au-dessus de tout.

Sauf de belles et bonnes courses dans les montagnes, ils ont vécu là comme à Saint-Martin-du-Touch ou à Villeneuve, avec ce vers d'antique facture :

Où peut-on être mieux qu'au sein de sa famille ?

La famille, ils l'emportent avec eux ; ils la composent, ils sont *elle*. Il y a bien là quelque tentation d'égoïsme de s'enfermer dans ce milieu comme un insecte dans une belle rose ou comme un rat dans un fromage... et de Hollande encore ! Ce n'est pas toujours ainsi que les jeunes filles se marient et que le précepte fait à Adam et Eve trouve des préludes. Mais la Providence est le seul auteur des difficultés de la vie. Il faut s'en tirer du mieux qu'on peut avec ses lois et ses préceptes. Quatre filles à marier ! même avec une honnête aisance ?... c'est quelquefois une difficulté pour en marier une ou deux, mais quatre ! Nous avons connu, presque contemporain de M. Ruffat, un universitaire non moins distingué, qui avait cinq filles et aucun fils, il y eut bien du tirage. Le père, homme de très fin esprit et grand amateur du calembour, leur disait : « Mes filles, quand on ne trouve pas un parti, il faut prendre le *sien*. »

Chez M. Ruffat, il y avait un fils, et c'était sur lui que tout le bonheur moral de la famille s'étayait, parce que la religion y était mêlée ; elle en était l'âme et... point de filles à marier.

On vécut donc aux Pyrénées comme à Toulouse, avec le règlement d'une gaie et fervente communauté : messe et visite au Saint-Sacrement quotidiennes, fréquentation du presbytère et du curé, auquel M. Ruffat a donné sa place ; non seulement à lui, mais à son sacristain. Chacun a son métier : le père rimait au départ :

> Digne pasteur, en cette occasion,
> Si toutefois ton cœur encore a souvenance
> De tes enfants d'adoption,
> Permets-leur de t'offrir la vive expression
> De leur tendre reconnaissance !
>
> . . . .
>
> Mais puis-je passer sous silence
> De notre cher curé l'ardent coadjuteur ?
> Menjole est partout nécessaire.
> Il sonne, encense, allume, éteint ;
> Par son zèle partout il atteint.
> Et, sans blesser sa modestie,
> C'est un trésor de sacristie !
> Adieu, Betpouy ; reçois nos vœux
> Terre pour nous hospitalière,
> Nous te devons l'exemple généreux
> De la ferveur dans la prière.
> Adieu, nous partons convaincus
> Que sous le Capulet on trouve des vertus.

Voilà bien un type que ce grave professeur de Droit romain qui, en quittant les glaciers, les lacs et tout ce que la nature eut d'émouvant pour les siens et pour lui, fait des adieux à l'église, au bon curé et même au sacristain !

Et voilà l'homme qui a élevé le futur vicaire général et, *s'il le voulait un jour*, le futur évêque de ce pays même où ils sont venus prendre leurs vacances ; car Barèges est du diocèse de Tarbes.

Je regarde comme très essentiel à la connaissance plus complète de mon vénéré sujet ce chapitre de distraction presque buissonnière. Les vrais caractères se montrent dans les plus petites habitudes. Henry IV faisait la procession avec ses enfants !

M. Ruffat accompagnait les siens à la messe et leur récitait, le soir, quelques vers faits dans la journée... Topique !

Comment il parlait ?

Nous ne pouvons pas savoir comment il pensait, ni comment il aimait? Quelque autorisés que nous ayons été habitués à juger en lui ce qu'on appelle *le for intérieur*. Mais l'expression de sa pensée, de son sentiment, nous l'avons tous connue ; et elle était si claire, si simple, quoique souvent pittoresque et gaie, que jamais elle ne sortait de la plus exacte correction et de la plus parfaite convenance. Cet homme, fragile comme *tous* — *omnis homo* — avait évidemment fait sa règle de cette sentence du sage : *celui qui n'offense dans sa parole*, ni Dieu, ni les hommes, ni la vérité, ni la justice, ni la patience, ni aucune vertu, *est un homme parfait*. Ce fut là un de ses traits les plus saisissants.

Quand l'a-t-on vu, dans ses relations amicales, confraternelles ou sociales, se livrer à un propos de colère, d'impatience ou de vivacité? Il devait en avoir quelques saillies, mais c'était toujours *en dedans*, par conséquent, avec une répression toujours complète, quand la parole arrivait à ses lèvres : Toujours « *la lime avant la langue* ». Ceci était le constant exercice de la charité et de la possession de soi. C'était aussi le fait d'une éducation très distinguée et très modelée, comme nous l'avons dit, sur l'éducation même du Messie : « Il ne criera pas ; il ne se fâchera pas ; et le reste. »

Mais ce qu'il y eut de plus frappant, étant donnée la jovialité de son caractère et la constance de sa bonne humeur, était qu'on ne l'a jamais surpris raconter une anecdote ou *un mot dépassant l'autre*, ni répondre à une expression libre, autrement que par la plus rigoureuse orthodoxie de langage et de politesse. Il se faisait, au besoin, un vocabulaire à lui, en tronquant une syllabe.

Tout le Toulouse, d'il y a soixante ans, a répété la facétie improvisée par laquelle, sur le quai même de la Daurade, il ferma la bouche à un piéton trop pressé, qui, devant une flaque d'eau occasionnée par des briques à demi usées, trouvant que l'abbé n'enjambait pas assez vite la mare un peu boueuse, lui dit après quelques hésitations peu courtoises : « Eh ! passez, f...tre ! » Habitué dès la jeunesse aux bonnes *rimes* et à l'urbanité de son docte père, l'abbé Ruffat répondit sans sourciller : « Eh ! Monsieur, *passez outre !* » Il passa, en effet, instruit et non éclaboussé !

En résumé, l'abbé Ruffat avait la conception et la pratique de toutes les formules auxquelles l'apôtre a appliqué cette recommandation : *nec nominetur !* Il parlait toujours, même gaiement, comme à ces pieuses congréganistes ou à ses enfants du catéchisme ; même quand il ne dédaignait pas de les faire un peu rire.

En compagnie de ses confrères, c'était le *jocando*

verum... Toujours sa modestie était marquée au
cachet du bon sens ; à preuve : depuis un demi-
siècle environ, le clergé des hautes sphères s'est
laissé envahir par un goût que nos pères ne connaissaient pas : les décorations. Le goût en a
gagné nos honorables. Et il faut dire, à l'honneur
du haut clergé toulousain, que les petites pourpres
qui suffirent aux Berger, aux Roger, aux du Bourg
et aux de Pous, ont paru assez honorables à leurs
successeurs. M. l'abbé Ruffat se contenta de son
camail ordinaire. Il aurait bien pu avoir d'autres
décorations qui autrefois étaient encore plus
faciles qu'aujourd'hui.

Mais il y a encore de la *bonté* à ne pas vouloir
briller dans les conseils de ses frères... Et l'abbé
Ruffat était *bon*.

Sa popularité

Il faut mettre en fait qu'il a eu tout le temps une
popularité universelle. Je ne parle pas de sa réputation qui fut toujours inattaquée et rigoureusement inattaquable. C'était le fruit de sa vertu, de
sa prudence, mais particulièrement de sa bonté.
Elle lui concilia ses supérieurs qui jamais ne conçurent de sa vogue le moindre ombrage, parce
qu'il savait leur rapporter tout ce qu'il pouvait faire
de louable ; les maintenir, dans son opinion et
dans la leur même, à leur place, en demeurant à la
sienne.

« Monsieur le Curé » quand il était vicaire ;
« Mgr l'Archevêque » quand il était secrétaire ou
vicaire général....; c'était toujours à eux qu'il fallait

tout rapporter, sans basse flatterie, mais en équitable dignité.

De même avec ses collègues, ses confrères ; il
n'empiétait jamais sur leur droit, souriait affable-
ment à leurs petits travers et terminait par un bon
mot ou une plaisanterie de bon aloi, tout ce qui
avait pu paraître un commencement de discussion.
Il commença par être le troisième, parce que l'ancienneté donnait seule le rang, et ce fut tout pareil,
quand par le même principe, il devenait le premier, également sympathique à tous.

On pourrait dire, on a peut-être dit, que c'était
« de la finesse et du savoir faire ?.» Et oui, la
finesse de la modestie et le savoir-faire de la bonté ;
car il y avait de la bonté en tout cela. Pourquoi ne
pas faire plaisir à son chef et à ses égaux, quand
c'était si facile ? Il disait, lui : *si naturel*. Et surtout : « à quoi bon leur faire la moindre peine ? »
Sa popularité était le fruit de sa bonté.

Il avait des formules d'une réserve, d'une modestie, d'un respect extrême pour ses interlocuteurs.
Il n'affirmait guère que sous une forme consulta-
tive, même quand il était consulté.

Le *il me semble* jouait un grand rôle jusques dans
ses délibérations. Et cela, non point par un sys-
tême de *pruderie* calculée, mais par modestie sur
son propre jugement.

Je crois, il me semble, qu'en pensez-vous ?...
Quand il n'avait aucun doute.

. . . .

Il faut laisser à cette popularité son véritable
caractère et la différencier de cette vogue que le
poète appelle *popularis aura* et que l'on a coutume
d'appeler *l'engouement* : un souffle plus ou moins

chaud, plus ou moins violent qui produit une vraie
boursouflure sur les visages qu'il caresse.

Ce n'est pas de lui que le facétieux abbé Ferradou a pu dire : « En voici un qui va nous enfoncer
tous... » Il le disait, il est vrai, de quelqu'un qui
eut la chance et le bon sens de n'enfoncer personne.

Donc, la popularité de l'abbé Ruffat eut ce double caractère : 1º De ne reposer que sur des qualités sérieuses ; 2º de n'être ni pour lui-même un
sujet d'amour propre, ni pour ses collègues un
sujet d'émulation, si voisine d'un autre sentiment,
trop humain pour trouver sa place dans le cœur
d'un prêtre ?

Aussi, quand l'abbé Ruffat fut choisi pour être
le secrétaire particulier de Mgr Mioland, sa popularité se traduisit-elle par une satisfaction générale :
« Tant mieux, nous ne le perdrons pas », disaient
de tous côtés ceux qui, à un titre ou à un autre,
avaient le bonheur de le posséder ou qui étaient
des siens.

Petites Choses, Petites Gens

Bossuet, a dit : « Il n'y a pas de petites choses
pour un chrétien dont la moindre action peut avoir
pour conséquence une vie éternelle ». C'était bien
la maxime et la pratique de l'abbé Ruffat, dont la
vie régulière, était comparable à un courant lim-
pide.

Dans sa maison et dans sa tenue personnelle, à
la sacristie et au confessionnal, dans ses relations
avec le monde et dans ses prières qui constituaient
ses relations avec Dieu, tout était prévu, réglé,

mariages et aux sépultures. A vrai dire, cette petite compagnie n'est pas toujours la fine fleur de l'édification dans la paroisse. L'abbé Ruffat les traitait toujours avec bonté jusqu'à s'en faire aimer. Et plus d'une fois il trouva, dans ces rangs de pétulants et de petits blasés, des recrues pour l'externat du séminaire. Ce n'était pas une de ses moindres victoires sacerdotales sur cet *âge sans pitié* !

Le premier vicaire de la Daurade traitait aussi, avec une déférence relative, la petite gent des employés. Sans familiarité aucune, il louait le suisse sur sa tenue martiale et sur ses riches mollets. Il y avait çà et là quelques moments de détente dans un coin de la sacristie quand, au lendemain d'une procession de la Fête-Dieu, qui avait fait station au *collège*, le bedeau, personnage historique connu sous le sobriquet de *Poul*, racontait « qu'on avait fait *estacion* au *coulage* » et qu'au départ le proviseur et tous les professeurs avaient fait au Saint-Sacrement « un très beau *courtage.* »

Provocateur de cette narration exotique, l'abbé Ruffat en pouvait rire sous cape, mais il se serait gardé d'un mot ou d'un geste qui aurait humilié un inférieur.

Sa Gaieté inoffensive

L'abbé Ruffat avait hérité non seulement des vertus austères de son noble père, mais aussi de cet esprit enjoué qui, chez certains hommes haut placés dans les lettres ou dans les sciences, est la

preuve très agréable à constater d'une notoire sérénité de conscience. J'ai entendu un jour commenter en ce sens ce texte de David : *Dicite justo
quoniam benè.*

On a souvent parlé, il y a cinquante ou soixante
ans, de son habileté et de son *savoir faire.* En ce
temps, il y avait, comme il y en eut depuis, des
divergences dans le haut clergé. Entre le grand et
le petit séminaire, par exemple, entre l'Esquile et
Polignan ? il y eut des rivalités, des petites cote-
ries, dans lesquelles les amis les plus intimes de
l'abbé Ruffat avaient pris position. Les hauts,
comme M. Ducray et M. Izac, se tinrent toujours
au-dessus des cancans et les dominèrent...

Mais les assesseurs, même de premier ordre,
prirent quelquefois la mouche et, soit en vers, soit
en prose, se livrèrent à certains écarts d'esprit —
escarmouches de gaîté.

M. l'abbé Bélaval, qui n'était encore ni grand
vicaire, ni évèque, mais qui, dans l'opinion publique, avait toutes qualités pour le devenir, n'effaça
pas tellement sa personnalité que son titre d'ancien professeur de rhétorique à Polignan, n'appa-
rut quelquefois derrière certaines coulisses... La
gaîté s'en mêlait. La physionomie de l'incomparable abbé Molinier, originaire de Caylus, fut tra-
duite sous le type de l' « ours de Castropolis ».
L'abbé Ratier fut dépeint en *furet* qui, cherchant
l'origine de certains *coups fourrés*, s'était *cassé le
nez* ».

Au jour le plus solennel de l'année, à la distribution des prix de l'Esquille, présidée par le très
bon et très solennel Mᵍʳ Dastros, le Père Corail,
professeur de rhétorique, avait pris pour sujet de

son exercice, deux rhétoriciens, dont l'un voulait aller au grand séminaire, l'autre pas; et ce dernier disait dans sa réplique : Qu'irai-je faire en cette boutique ?

> Ecouter les leçons de ce vieux ergoteur
> Que par autonomase on appelle l'auteur ??

M. Vieuse était présent en personne, et c'était lui *l'auteur*; en même temps que le *professeur* de la théologie de Toulouse. Or, quand l'élève interrogé s'écartait un peu du texte, le maître l'y ramenait, avec cette phrase connue dans tout le diocèse : « Bah ! mon cher..., l'auteur, l'auteur ! » Et il fallait conclure au *mot à mot*. C'était bien innocent, que ces petites attaques et ces petites défenses entre les Pères conscrits du Sénat toulousain !

Les plus graves eurent leur quart d'heure de cible ; eh bien, jamais l'abbé Ruffat ne se trouva dans cette mêlée, pas plus pour porter aucun coup que pour en recevoir.

C'était toujours le même homme de la Modération, de la Prudence et de la Bonté.

A quarante ou cinquante ans de distance, ces petites fusillades ont eu quelques répercussions.

Le seul rôle qu'il y ait joué, a été celui de la générosité à tous égards.

Et, s'il n'y a eu dans les deux camps ni vaincus ni vainqueurs, c'est à son influence invariablement bienveillante que les maîtres ont obéi..., sans se le dire, et presque sans s'en douter.

Ce qu'il y a de sûr, c'est que sa popularité n'a pas été atteinte.

Il aimait les calembours et, sans en abuser, ni s'en prévaloir, parfois il en faisait de bons. Ils étaient surtout naturels.

A une époque, un jésuite prêchait à Toulouse, avec un succès d'engoûment extraordinaire. Il prêcha deux ou trois fois la retraite des Dames au Refuge.

On s'extasiait devant la vogue, toujours croissante. Et un jour, un auditeur, émerveillé, traduisait ainsi l'état des esprits : c'est de l'engoûment, c'est du délire, c'est de l'*ivresse*.

« — Et je le crois bien, dit gravement l'abbé Ruffat, l'ivresse, c'est le fruit de la vigne. »

Le prédicateur était le *Père Lavigne*.

Séculier en Famille

Ce n'est pas sans un motif particulier ou même sans une idée très réfléchie que nous avons ajouté à ce titre principal, fait avec le seul nom de l'*abbé Ruffat*, ce sous titre significatif : *du clergé séculier*. Il y a dans cette spécialité si nombreuse tout une thèse, une double thèse de droits et de devoirs : la connaissance de ce qu'un prêtre peut espérer et recevoir ; la notion de ce qu'il doit donner. Bornons-nous pour l'instant à cette partie intéressante du *siècle* dans laquelle le prêtre vit : La *famille*, qu'il n'a point quittée pour se vouer à des *missions étrangères*, comme quelques-uns ; pour se faire moine, comme quelques autres.

La famille, c'est-à-dire le père et la mère et, quand il y en a, les frères et les sœurs. L'abbé

deste travail, le vicaire et le curé peuvent encore trouver des directions sereines et des repos de cœur que ne leur donneraient pas toujours la fréquentation des cercles littéraires et des familles opulentes. La vie morale par excellence, la *vie du cœur* est dans ces milieux laborieux et modestes. Heureux les ecclésiastiques qui trouvent dans leur fréquentation un élément de joie, pour ainsi dire périodique, et de paix renouvelée. Ce sont là des séjours de *conservation*... des meilleurs trésors dont le sacerdoce les ait enrichis.

D'ailleurs, il y a au moins aussi bien à faire qu'à recevoir et venir chercher : c'est donner et apporter.

Le prêtre, bienfaiteur du siècle, qu'il fréquente, doit l'être surtout de ce petit monde où il aime et où il est aimé. C'est par des influences d'instruction, de bon exemple et de consolation qu'il paiera sans s'apauvrir jamais, mais, au contraire, en s'enrichissant toujours, la dette qu'il a contractée en vagissant et qui s'est accrue à mesure qu'il devenait un adolescent et un homme. La reconnaissance qui est le souvenir du cœur est un devoir envers les étrangers qui nous ont fait du bien, mais elle est bien autrement impérieuse envers les êtres que saint Paul appelle *Domesticos*, les êtres de la maison.

L'abbé Ruffat est à cet égard un type achevé. Il a beaucoup reçu, on ne peut s'empêcher et on est heureux de le reconnaître ; mais il a donné à l'avenant. Il a été pour son père, sa mère et ses sœurs, ce que son père, sa mère et ses sœurs avaient été pour lui. Il a été le *prêtre de la famille*.

Et quelle famille ! On se souvient de l'horoscope

que Mgr Savy, le saint évêque d'Aire, en écrivait à Mme Ruffat elle-même, non point pour flatter son orgueil maternel, mais pour l'encourager dans ses devoirs envers ses enfants.

Evidemment, l'abbé Ruffat a beaucoup donné à sa famille.

On voit ce qu'il avait reçu. Il y a de la sagesse dans cette mesure.

Ses Correspondances avec ses Sœurs

Les correspondances de l'abbé Ruffat avec ses sœurs donneraient lieu à une bien intéressante étude de caractère. C'est surtout le sien qui y serait dévoilé. C'est de Paris et de Lyon, en général, que ces lettres sont datées. Elles sont, à très peu d'exceptions près, quotidiennes. Elles sont, à cette distance, la continuation de relations quotidiennes aussi.

Si l'abbé va passer une journée à Versailles — qu'il ne connaissait pas — il s'impose à lui-même l'obligation, une fois rentré à Paris, de ne pas se coucher, malgré une fatigue bien gagnée, qu'il n'ait consigné sur le papier, pour les mettre à la poste le lendemain, ses impressions très admiratives de la journée. Il en fait autant à Lyon, au Havre, à Rouen, à Troyes, partout où il accompagne son archevêque. Il me paraît qu'il écrivait bien de trois à quatre lettres pour une qu'il en recevait.

On dirait que, même étant donné les travaux courants de son secrétariat particulier de l'archevêque et des distractions inhérentes à ses courses, on dirait qu'il avait le *mal du pays*, en se tournant sans cesse du côté de Toulouse. Ni le Rhône, ni la Saône, ni la Seine ne lui firent oublier la Garonne !

En lisant ces pleines pages, on pense d'instinct aux montagnards bagnérais, rêvant aux bords de l'Adour et lui chantant : *Tes riantes campagnes valent tout l'or que l'on montre à Paris !*

L'habitude des voyages n'était pas incarnée dans l'esprit du voyageur, il y a cinquante ans, comme elle l'est aujourd'hui. On devait encore alors, ce que nous avons oublié depuis, penser à son clocher, rêver à son modeste gîte et retourner, par la correspondance, aux êtres aimés qu'on y avait laissés ! Aujourd'hui les seuls rêveurs en ont le temps !

Voici en quels termes affectueux l'abbé Ruffat avait, lui, le temps de se plaindre de la brièveté des lettres qu'il recevait :

« Et cependant, disait-il, vous faites un *quatuor*, tandis que moi je ne peux faire qu'un *solo*, mais je chante toujours le même refrain : *Aimons-nous !* ». Est-ce bon ?

Ou encore : « Vos lettres me font tant de plaisir ! mais je n'ai pas le courage de vous imiter. Elles sont courtes, très courtes, trop courtes. Et cependant que de détails vous pourriez me donner que je lirais avec bonheur. Enfin, envoyez-les moi tout de même. *Vaut mieux vert que d'aucune couleur.* Je sais le plaisir qu'elles me font. Je ne sais pas le plaisir qu'elles me feraient si elles étaient plus longues ! Je le soupçonne cependant, je m'en doute. Et je gagerais, avec la certitude de ne pas perdre, que le plaisir plus durable serait aussi plus grand. Je les désire, je les demande. Concluez que je suis gourmand, mais ne soyez pas avares. Ne trouvez-vous pas que moi je suis prodigue ? Je vous ai écrit hier, j'y reviens aujourd'hui. »

Il y a tout un caractère dans ces quelques lignes. Et, certes, un prêtre qui, à cinquante ans, écrit avec cet entrain de tendresse à ses quatre sœurs, qui sont toute sa famille, est un homme dont le cœur et la vertu sont jugés. On n'est pas même tenté de trop aimer ailleurs quand on aime ainsi chez soi.

Aurea mediocritas

L'abbé Ruffat était né dans cette classe moyenne de la bourgeoisie, que le poète a ainsi qualifiée : *Aurea mediocritas*. Dorée parce qu'elle est laborieuse et qu'elle trouve dans le travail assidu ce qui la fait vivre et l'honore. A l'époque où il entra dans les ordres, l'empreinte essentiellement aristocratique était à peu près effacée dans le clergé de France. La Révolution les avait dispersés et appauvris. C'était encore un témoignage de profonde religion que les familles de la classe moyenne donnassent à l'Église des sujets que l'aristocratie du rang et de la fortune ne pouvait plus, ne voulait plus lui donner. Mais cette bourgeoisie tenait encore la tête par le côté des mœurs et de l'éducation. Elle avait une primauté au moins relative.

C'est donc dans le milieu même où il était né que, avant même de recourir à l'enseignement public, le jeune Elzéar trouva les prémices de cette distinction dont il porta le caractère toute sa vie. C'était une *qualité native*.

Au point de vue de la fortune et des avantages qu'elle procure, cette condition moyenne a toujours été regardée comme providentielle par les sages qui ont demandé à Dieu, comme Salomon, de ne leur donner ni la pauvreté ni l'opulence; la première étant une source de tristesses, de privations et souvent de douleurs; la seconde, une cause d'amollissement et d'orgueil.

L'abbé Ruffat n'a donc jamais subi les étreintes de cette messagère qui apporte avec elle des nécessités et des privations. Que de prêtres, ses contemporains, ont été élevés *ad titulum paupertatis*. Combien il en a lui-même favorisé pécuniairement, plus tard quand il fera des *vocations ecclésiastiques*, le constant objectif de son pieux dévouement et de ses paternelles générosités? Ce sera un des beaux chapitres de sa vie. D'autres auront été portés à cette œuvre par le souvenir reconnaissant de ce que la charité avait fait pour eux. Et cette reconnaissance rencontra, à côté de Dieu, des hommes, de bons prêtres surtout, qui furent les mandataires de la Providence. Lui, dût envoyer la sienne directement au Dieu des saints autels.

Il put être nourri et largement entretenu par ses propres auteurs. Le froid ne fut jamais aigu, ni le pain rare au foyer de son enfance et de sa jeunesse.

Ne fut-il pas riche, surtout aux dernières époques de sa vie? et comment le fut-il? Ses œuvres l'ont raconté et le raconteront encore.

Il fallait être riche pour faire tout ce qu'il a fait.

En tout cas, il demeura constant avec lui-même dans toute sa manière d'être et dans tout ce qui était à son service — dans son appartement, dans ses ornements sacerdotaux. Convenablement, avec une ampleur de bon goût, mais avec une modération et une modestie des plus prouvées.

Pas de luxe, mais pas de vétusté, de taches ou de déchirures.

Dans l'inventaire de *son appartement*, les vieux meubles de famille dominent : et il y tient. C'était en tout et toujours la *correction* faite *homme*.

Le milieu familial dans lequel il fut élevé a été perpétué pour lui.

Jusqu'à la fin, ses souvenirs étaient comme ses vieux meubles.

Il tenait à ce double héritage.

Et il avait raison.

Son goût pour les Religieux

Ses goûts paroissiaux n'inspirèrent jamais à l'abbé Ruffat des sentiments injustes ou simplement refroidis à l'égard du clergé régulier. Il les aimait et il en était aimé. Mgr Mioland, par lequel il avait bien raison de jurer, avait été lui-même un religieux et il ne perdit pas une occasion de montrer aux pères de toutes observances, ses sympathies et sa protection. C'est lui qui fit venir à Toulouse les Capucins et les Dominicains. L'abbé Ruffat assista à toutes les négociations qui précédèrent nécessairement ces deux grandioses installations. Il tint souvent la plume, après avoir suivi les délibérations. Il regarda un peu comme siennes, par le dévouement et par l'action, les maisons de prière et de pénitence. Inféodé à l'esprit de son archevêque, nul doute qu'il n'eût une paternelle affection pour les Lazaristes que Mgr Mioland avait tant protégés à Amiens. « De tout temps, écrivait-il, les missionnaires de Saint-Lazare sont les apôtres de mon diocèse ; j'ai toujours été très satisfait des services de cette maison : modestie, zèle, simplicité, docilité, désintéressement. absence de toute prétention et intrigue » :

Et quand les Jésuites de Saint-Acheul, persécutés par le Pouvoir, furent obligés de se retirer à Brugelette, en Belgique, *sur une terre plus amie de la liberté*, comme le disait Mgr Mioland, l'évêque d'Amiens prit leur défense, mais ne put gagner leur cause. Il le regretta vivement, car il avait vu leur dévouement de près : « J'ai en course, disait-il, cinq ou six jésuites qui me préparent la voie ; mais il me faudrait en avoir trente. Les bons pères mangent peu, s'accomodent de tout, ne demandent rien, sont pieux, zélés, charitables, ont une théologie de saints et laissent partout une grande édification. Je suis fort heureux de leur secours (1) ».

Et les Dominicains donc ?... « La présence de Saint-Dominique à Toulouse. La possession de la tête de Saint-Thomas, l'éclat qu'ils ont répandu sur la ville pendant tant de siècles, l'espérance du bien qu'ils peuvent faire ne me donne lieu à

____

(1) M. l'abbé Cayre, *Histoire des Archevêques de Toulouse*.

aucune hésitation. Ils donneront des exemples de pauvreté, d'amour de retraite et d'étude, de bonne et solide prédication. »

Voilà les manuscrits que M. Ruffat a mis en ordre et peut-être rédigés. Nous savons la part que les secrétaires d'hommes éminents et même d'orateurs distingués prennent aux écrits et même aux discours de leurs vénérés patrons. Ceux qui parlent le moins sont souvent ceux qui travaillent le plus. En tout cas, voilà les pensées, les sentiments, le cœur dans lesquels M. Ruffat a été nourri, dont il a vécu! Voila ce qu'il aimait et comment il apprit à l'aimer.

Son goût pour les Jésuites

Il y a, dans les habitudes auxquelles un prêtre est le plus régulièrement fidèle, un devoir qu'il ne peut remplir qu'avec l'aide d'un confrère, de son libre choix : *c'est sa confession.*

Le prêtre résidant à la campagne ne peut pas toujours choisir absolument. Il y a des difficultés créées par les distances. Il y en a même d'autres, qui ne sont pas toujours de nature à alléger cette volontaire corvée ? A la ville, le choix est plus facile. Il y a les communautés religieuses. Or, un ami de M. Ruffat, auquel je viens de signaler le titre du précédent chapitre, « son goût pour les religieux », lui donne ce commentaire : « Et je le crois bien qu'il aimait les religieux : *il se confessait aux Jésuites !* » La raison est péremptoire : Il faut avoir pour un prêtre, quel qu'il soit, une estime non douteuse, une sympathie au moins rationnelle — disons plus : une confiance absolue, pour se jeter à ses genoux et lui dire à une première fois : *Confessez-moi ;* et les fois suivantes : *Dirigez-moi ;* car la confession suivie est une *direction*. Choix libre, démarche indépendante, confiante sympathie : tout cela existait envers les Jésuites dans l'esprit et dans le cœur de l'abbé Ruffat : il les connaissait, les estimait et les aimait. C'est prouvé.

Braves Jésuites ! C'est la quatrième tempête que les hommes de notre génération leur voient subir : 1828, 1860, 1880, 1902 !

La seconde, il est vrai, n'aboutit pas, ou plutôt elle fut écrasée dans l'œuf. Mais elle n'est pas inutile à rappeler et elle peut l'être avec honneur, dans des mémoires toulousains ; je raconte :

C'était en plein Empire. La guerre était engagée au Sénat, où les cardinaux avaient leur fauteuil. Mais l'ennemi s'appelait Rouland. Il s'appelait, comme aujourd'hui : *La Secte.*

Dans la haute Assemblée, le dernier mot demeura à l'archevêque de Paris, Mgr Darboy, qui se contenta de faire au ministre et à ses adhérents, cette fière réponse : *Je m'en charge.* Il n'était pas suspect au Pouvoir existant.

Mais, au conseil suivant, la question fut portée devant l'empereur qui voulut prendre l'avis de tous et de chacun de ses ministres : — « Et vous, maréchal Niel, quel est votre avis ? — Sire, répondit celui-ci, je ne sais qu'une chose et je peux l'affirmer à votre majesté : c'est que tous les meilleurs officiers de notre armée sont sortis et sortent de là. »

L'empereur pinça sa moustache, en souriant, ce

qui était un signe de satisfaction : « En ce cas, dit-il, la question est épuisée et qu'on ne m'en parle jamais plus ! » Et ainsi fut-il fait.

Je n'assistais pas à ce débat ; mais il me fut rapporté tout chaud par quelqu'un qui en était. La place que je lui donne ici n'a rien d'usurpé. Le maréchal Niel était un riverain de la Garonne. Et ce jour là il sauvait les Jésuites. Qui sait s'il ne se confessait pas à eux ? En tous cas, son opinion sur leurs élèves valait bien celle du ministre André.

Collaborateur de Saintes Œuvres

Aussi, était-il, à Toulouse, l'ami et le patron de toutes les congrégations. Il se mettait, en toute occasion, à leur service, assistait avec bonheur à leurs fêtes, les traitait toujours et partout avec sympathie et déférence. Les supérieurs et supérieures de communautés connaissaient ses sentiments et ne se dissimulèrent pas la perte qu'ils faisaient par sa retraite. Les décrets liberticides de 1880 lui firent horreur. Et certes, ce n'est pas lui qui approuverait aujourd'hui les lois d'ostracisme, dont quelques-uns des nôtres se consolent trop facilement. Il savait, d'après tous les souvenirs de son enfance, édifiée par son vertueux père, que dans l'armée de l'Eglise les communautés sont l'avant-garde et que la révolution anti-religieuse avant tout, ne s'arrête pas dans sa pente spoliatrice. Après le couvent, l'évêché et la cure ; parce que c'est à la religion et à Dieu que l'esprit du mal a déclaré la guerre. Les conséquences sont fatales, dans les projets des hommes méchants. Et si la miséricorde de Dieu n'enraye pas le char révolutionnaire, 89 est le chemin de 93. Mais Dieu est grand et bon !

La Liturgie toulousaine

Comme tous les prêtres séculiers du diocèse de Toulouse, l'abbé Ruffat avait jadis usé du bréviaire et du missel gallicans. Il les aimait comme de vieux amis de sa prime jeunesse. Son père, aussi érudit que vertueux, lui avait appris par l'usage tout ce qu'un esprit cultivé et un cœur pieux pouvait goûter d'émotion littéraire et de religion classique dans le paroissien de la première communion, dans le bréviaire du sous-diaconat, dans le missel de la première messe. C'était des meubles-reliques comme le *crucifix de Lamartine*, comme le « livre d'heures d'une grand'mère ! »

C'était beau autant que bon. En ce temps, on parlait, dans le monde ecclésiastique, d'un projet qu'aurait eu Benoît XIV de donner à l'Eglise universelle une liturgie unique, romaine avant tout, mais dans la composition de laquelle nos belles proses et nos hymnes poétiques auraient trouvé une place que l'orthodoxie la plus rigoureuse leur aurait assignée. Le vieux clergé toulousain y tenait comme à un souvenir de famille. Les plus irréprochables et les plus fervents étaient ceux qui y tenaient le plus. Disposition essentiellement pure d'un traditionalisme sacré.

Sous l'épiscopat du cardinal d'Astros, qui n'avait rien de gallican, dans ses allures et dans son administration publique, qu'un grand amour de l'Eglise et un zèle jaloux pour ses libertés, la question fut soulevée çà et là dans les conciliabules jusque dans les conférences ecclésiastiques.

L'abbé Ruffat n'était pas indifférent à des considérations si voisines de la foi et ce ne fut jamais lui qui se livra à des improbations même mitigées ou à des regrets trop explicites. Il fut à cet égard d'une correction, d'une modération qui rappelait le *perindè ac cadaver*, et tandis qu'autour de lui et même au-dessus, dans des intimités où la plus passagère contradiction n'avait jamais trouvé une place, on se livrait à des gémissements qui n'avaient rien d'irrévérencieux, mais qui impliquaient au moins l'idée du sacrifice, il prenait, lui, les choses avec une gaîté très patiente et saisissait par le ridicule cette queue de la soutane, objet de tant de regrets: « Je ne place pas, disait-il, mon ultramontanisme au niveau de mes talons. » C'était spirituel et modeste à la fois.

Mais, en fait de dévouement à l'Eglise romaine et au pape, aucun de nos aînés ni des plus jeunes ne porta plus loin que lui le sentiment sacerdotal. Il était sincère et soumis. Voilà tout.

Du reste, il n'y avait entre Mgr Mioland et son vicaire général aucune divergence sur cette question : ni l'un ni l'autre n'étaient des précipités, même en démonstrations d'orthodoxie. Ils agissaient tous les deux avec le calme qui convient aux esprits parfaitement maîtres d'eux-mêmes ; la question d'opportunité jouait un rôle très considérable dans les actions graves de leur vie.

Or, voici ce qu'a écrit le biographe le plus autorisé de Mgr Mioland :

« L'archevêque de Toulouse préparait le retour de son diocèse à la liturgie romaine, mais il ne put voir achevée l'œuvre qu'il venait de commencer. Plein de force et de santé, il allait disparaître subitement, avant même que les fidèles pussent se douter du malheur qui les menaçait. »

L'abbé Ruffat est peint tout entier dans les dispositions et les travaux de son archevêque.

Et quorum pars magna fuit.

Les Dîners de M. Ferradou

Ils étaient réguliers, deux fois par an. — Et plantureux, selon la nature du maître. Il n'avait pas l'habitude de retenir les familiers dans un sans-façon amical qui a tant de charme, par l'honneur qu'il leur fait, pour les inférieurs d'âge ou de position. Il y a des personnages haut placés chez lesquels on est si facilement retenu qu'on y semble toujours attendu. C'est un cachet très aristocratique de bienveillance. Mais le jour où il recevait, l'abondance était la reine de sa maison. A cette époque, on était à la mode classique des trois services de cinq plats chacun : le milieu et les quatre coins. On mettait même la soupière sur la table, et l'amphitryon prenait en main la grande louche. Les pâtes du potage variaient, si bien qu'à un moment où elles étaient découpées en forme de lettres d'alphabet, le *Figaro*, qui se mit à les patronner officiellement, disait qu'en mangeant son potage on pouvait avaler sans effort plusieurs pages d'un volume de M. de Rémusat! « Le difficile, ajoutait le calomniateur, c'est la digestion. »

Donc, on dînait bien dans cet entresol du presbytère de la Daurade. La table contenait vingt couverts, et, ces deux jours de gala, il n'y avait point de vacant.

C'était surtout très gai, et la gaieté allait d'un bout à l'autre, à peu près sans *a parte*. Cela venait de ce que le maître de céans était un fin et joyeux conteur, qui tenait toujours prête quelque histoire de ce qu'il appelait *le bon vieux temps!* Il y mettait assez de piquant pour que ses rééditions n'engendrassent pas de fatigue. C'était en général des histoires de vieux curés. Il aimait particulièrement celle de ce confrère du temps de la Restauration qui, du potage au dessert et même jusqu'au *pousse-café*, adressait à ses convives cette consultation dont il variait la formule : « Eh bien ! Messieurs, comment trouvez-vous ce fricandeau ? — Exquis, Monsieur le Curé. — Eh bien, tant mieux, à tant faire que de vous le donner, je suis bien aise que vous le trouviez bon. » Et de même pour le *gigot cuit à point* ou le *macaroni filant*. Chaque mets avait son *peroptimè*, que la satisfaction du généreux amphitryon suivait toujours.

— C'est pas bête, disait un malin, de conter jusqu'au bout cette histoire. Et il disait à M. Ferradou : « Monsieur le Curé, nous vous faisons tous la même réponse, sans que vous nous ayez renouvelé la question. » Cette fois le curé répondait : « J'en suis fort aise, Messieurs ; mais vos compliments vont droit à ma vieille cuisinière. » Pour un peu il aurait fait comparaître sa Marie à la cueillette des suffrages. C'était un peu bourgeois ; mais il était si bon !

Dans la gaieté des racontars, il avait un maître à sa propre table, et celui-ci dépassait le *peroptimè.*

Prédicateur, littérateur, académicien, mais surtout très jovial et très bon-vivant en sa phraséologie la plus correcte, l'abbé Salvan était hors pair pour la gaudriole la plus inoffensive, même quand elle était un peu épicée. Son anecdote, qu'il plaçait le plus couramment parce qu'elle avait toujours un succès non douteux, était l'histoire de ce prédicateur toulousain d'avant la Révolution qu'on appelait le *Petit Carme.* Elle avait pour sujet la vêture d'une noble abbesse qui n'avait eu aucun besoin d'être postulante ni même novice, tant le métier était facile. Et voici le sermon du prédicateur un peu nasillard :

« Ma chère sœur, vous allez faire les trois grands vœux. Vous allez faire le vœu d'obéissance et vous commanderez à tout le monde ; le vœu de pauvreté et vous aurez nonante mille livres de rente. Nonante mille, entendez-vous ? »

Ici l'orateur devenait méditatif et anxieux pour son auditoire ; et l'attention redoublait : « Vous allez faire le vœu de chasteté, ma sœur, de chasteté !! Et vous vous en tirerez... comme une vierge sage que vous devez être !! »

Irréprochable ! irréprochable !! Mais quand, à ce moment de son récit, le narrateur mettait son menton abondant dans ses mains potelées, les buveurs, de cet instant critique, devaient se tenir à quatre pour ne point inonder la nappe dans l'excès d'un rire imprévu et très orthodoxe.

Voilà ce qu'étaient ces réunions, pour recommencer l'année suivante.

En maître chez lui qu'il était, M. Ferradou avait établi qu'on ne ferait à sa table ni politique ni théologie. Et, à une époque où la polémique entre prêtres avait acquis des proportions et pris des tournures d'où la charité était parfois bannie, il avait raison.

Le respect de l'autorité n'y trouvait pas de meilleurs adeptes. Il nous est venu, il y a quelque trente ans, un prédicateur très éloquent de retraite ecclésiastique, qui nous accusait de ne plus savoir rire. « On ne sait plus rire, disait-il, qu'à la Trappe et au Carmel. » On savait rire aux dîners ecclésiastiques de M. Ferradou; et quand M. Ruffat y arriva, dix ans avant nous, il put appeler cela : *Le rire vertueux*.

Les Processions à la Daurade

L'abbé Ruffat mérite bien, dans ce chapitre, la part qui revient à tous ses confrères, car la Daurade tient toujours une honorable place parmi les paroisses de Toulouse. Les vicaires avaient en général, dans ces grandes cérémonies publiques, une action essentielle. D'accord avec son Conseil de fabrique, le curé indiquait les solutions principales, telles que le parcours, les stations, l'heure de la sortie, etc., mais aux vicaires incombait tout le travail préparateur et — bien qu'ils eussent des aides dévoués — ce travail n'était pas mince.

Depuis le rétablissement du culte, les processions eurent à Toulouse une importance très considérable. On eût dit — et c'était bien un peu vrai — que la religion prenait, en lumière et en liberté, sa revanche sur les obscurités des cachots et les prohibitions de la tyrannie. Il en est toujours ainsi. Et, quoique nous ne soyons pas rétrogrades en politique, nous espérons bien que les *impedimenta* de l'heure actuelle auront, à Toulouse, leur réaction, quand un *Premier Consul* quelconque se sera levé dans la modération de l'autorité et l'indépendance dans la conscience publique !

Voici une page de beaux souvenirs remontant plus loin que ce que nous avons pu voir, écrite qu'elle fut, il y a trente ans, par un témoin oculaire de 1802, l'année même du rétablissement du culte :

« La première procession de la Fête-Dieu, à Toulouse, se fit avec un concours extraordinaire, avec des démonstrations de bonheur, de calme, de piété et une sorte d'enthousiasme dont l'impression ne s'effacera jamais de ma mémoire.

« Ce fut comme une explosion de cette foi naïve, simple, ardente comme un courant, entraînant même les indifférents et les hommes que la Révolution avait le plus éloignés de la religion.

« Dès qu'eût paru l'ordonnance épiscopale fixant le jour et l'heure de la procession ainsi que les rues qu'elle devait parcourir, on vit, deux jours à l'avance, les habitants de chaque maison préparer les tentures qui devaient abriter et couvrir le

Saint-Sacrement, les prêtres et les nombreux fidèles qui suivaient... Dès la veille, tout était prêt, les
reposoirs nombreux, chaque quartier tenant à honneur d'offrir un lieu de repos à Notre-Seigneur et
de recueillir les fruits de la bénédiction solennelle
qui se renouvelait à chaque station. Les monu-
ments publics comme les maisons particulières,
grâce aux soins de l'autorité, étaient ornés de
tapisseries...

En 1802! neuf ans après 93! On croirait que
cette description remonte à peine à 1815 ou à
1870! La religion peut assurément espérer des
jours de meilleure liberté à Toulouse. Plaise au
ciel qu'ils ne soient par trop chèrement achetés!
Ces sentiments étaient trop profonds et trop
sincères pour ne pas se maintenir, avec toutes leurs
manifestations. Mais, hélas! ces temps de liberté
et de justice sont loin de nous, aussi est-il doublement bon de les rappeler et même de les décrire,
avant que tombent dans l'oubli les mille incidents
qui en firent des temps heureux pour la liberté de
la religion... en attendant que soit mieux comprise
la religion de la liberté. C'est au moins une page
d'histoire et de mœurs, qui vaut en intérêt, celle
des institutions littéraires ou des fastes maçonni-
ques de notre cité ; écrivons-la :

Il y avait à Toulouse, comme du reste dans l'ensemble de la catholicité où les mesures d'ordre le
permettent, plusieurs catégories de processions,
qu'il n'est pas inutile de rappeler : Les processions dites des *rogations,* précédant la fête de
l'Ascension. Elles ont de tout temps joui d'une
popularité universelle, à cause de leur objet : *la*

conservation des fruits de la terre. Sur ce point de la doctrine, il n'y a guère d'incrédule, ni même de trop négligent parmi les gens de la campagne, que les sinistres atmosphériques émeuvent davantage. Ils voient, ils ont vu de plus près les grêles et les sécheresses. Si leur culte n'est pas toujours d'un parfait désintéressement, il est au moins fondé sur la foi et la confiance en Dieu. Ce n'est pas à dédaigner.

La procession printanière de Saint-Marc se rapporte au même objet. La Daurade est assez une paroisse de propriétaires, pour que l'on ait sagement fait de tout temps, en rappelant à ses habitants que c'est par la prière publique qu'on conjure les fléaux, que les violations publiques aussi ont provoqués.

Il faut faire mention des processions en l'honneur de la Sainte-Vierge, l'une le jour de l'Assomption, l'autre le dimanche du Rosaire. Elles ont dû être très en honneur, dans une paroisse consacrée, de date immémoriale, à la Sainte-Vierge.

Mais les processions, généralement parlant, avaient surtout leur raison, leur développement et leur beauté religieuse, esthétique et même artistique, durant toute la semaine de la Fête-Dieu.

Ce jour-là — le Dimanche — la procession générale, composée d'un contingent de toutes les paroisses de la ville, sortait de la cathédrale à une heure après-midi et, par un cours assez long, allait faire station soit à Saint-Sernin, soit à la Daurade ou à la Dalbade.

Ce qui était vraiment beau, c'était, en avant du T.-S.-Sacrement, tout le clergé de la ville, depuis

les plus jeunes séminaristes, jusqu'aux plus vénérables doyens, aux curés revêtus de l'étole et
portant en main la croix pastorale ; deux insignes
auxquels ils tenaient essentiellement et que le
rituel le plus ancien leur avait conservés. Quand
cette partie du cortège s'avançait, précédant
immédiatement le Chapitre cathédral, comme
celui-ci précédait le Très-Saint-Sacrement sous
le dais, l'empressement et la sympathie de la
foule augmentaient, chacun voulait voir de plus
près celui qu'on appelait : *le nôtre!*

— Nous sommes loin de la Daurade et de l'abbé
Ruffat, me dira-t-on. La généralisation du sujet
vous a entraîné en dehors de cet orbite personnel.

— Pas autant qu'il y paraît; nous y revenons
d'ailleurs, avec une satisfaction non dissimulée.

Indépendamment de la procession générale,
chaque paroisse avait la *sienne*, un jour de la
semaine ; le dimanche de l'Octave était réservé
aux doyennés : Saint-Etienne, Saint-Sernin, la
Daurade, Saint-Nicolas. C'est donc huit jours
après, que M. Ferradou, M. Ruffat et ses confrères pouvaient montrer à la cité ce que leur zèle
avait su préparer pour l'édification publique.

La procession sortait seulement après les vêpres,
par la porte majestueuse qui ouvre sur le quai,
juste en face l'hôpital Saint-Jacques. Elle tournait
ordinairement à gauche, suivant le quai jusqu'à
la place du Pont ; et là entrait dans les belles
rues des Marchands et de la Trinité, si elle devait
aller stationner à la Cathédrale, ou bien elle
entrait dans la rue des Couteliers, si elle devait se

diriger vers sa sœur la Dalbade. Dans l'un et l'autre cas, ou bien elle se repliait sur Saint-Jérôme, ou bien elle allait par les boulevards, dans la direction de Saint-Sernin.

Elle suivait souvent la rue Lafayette, longeait la façade du Capitole, entrait dans la rue des Balances et ne manquait pas de stationner au Lycée, où tout le personnel académique était convoqué et où elle était reçue avec un véritable enthousiasme, tel que nous l'avons déjà dépeint.

Toutes les processions avaient à peu près une composition d'éléments identiques : la différence consistait dans la richesse et l'élégance des ornements d'église, des costumes particuliers, des bannières et pavillons, du dais surtout. En 1855, on inaugura, à la Daurade, un dais qui ne coûta pas moins de 14.000 francs. Celui de Saint-Etienne provenait, je crois, du sacre de Charles X, et était estimé 25.000 francs. C'est du luxe, un grand luxe, mais par trop grand, vu sa destination. Aucun Iscariote n'a jamais trouvé que ce fut trop cher. Les pauvres d'ailleurs n'ont nullement été frustrés par ces dépenses.

Le personnel consistait en un porte-croix et en un beau suisse tout chamarré d'or. Un jour, les gamins de la sacristie s'avisèrent de lui piquer les mollets avec une épingle, pour s'assurer qu'ils étaient bien à lui, sans addition d'étoupes? Oh! les clercs. Tout en avant, une collection d'enfants de cinq à six ans, habillés en petits curés, voire même en petits moines ou en petits évêques, quelques-uns en saint Jean-Baptiste, vêtus d'une peau d'agneau ; et les mamans suivaient, leur fournissant des gâteaux pour la route. Çà, c'est le peuple des Blanchers qui préparait de loin des vocations. C'est d'une naïveté charmante. Il y en avait parfois quelques-uns portant rouge *la robe sans couture,* le front couronné d'épines et traînant une croix qui devait bien peser au moins un kilo ! Cette partie du convoi intéresse vivement les enfants qui la regardent défiler.

Les jeunes filles en robe blanche et ceinture bleue, couronnées de fleurs d'oranger et tenant en main une branche de lys, élèves de l'école gratuite, suivies de celles des pensions ; et puis la Congrégation de la sainte Vierge, troupe élégante et même distinguée, témoignant, par sa mise irréprochable, qu'il y a de l'ordre et même un certain confortable dans la maison. Elles sont en général jeunes et sveltes, mais quelques-unes ont persévéré au point de ressembler à des tantes. Ce sont là les piliers de la Congrégation. Tout cela bariolé de bannières, de pavillons fleuris et frais...

Et, à la fin de cette portion du convoi eucharistique, le chœur des chanteuses où percent quelques voix remarquables, mais dont l'ensemble est ravissant, malgré le peu de temps qu'on a pu consacrer aux répétitions, car la plupart sont des ouvrières et ont appris à chanter en travaillant.

Mais les mères sont aussi représentées ; celles qui sont l'élite de la paroisse par la position sociale, ont eu le temps de venir, les autres sont au ménage, à la boutique ou à l'atelier.

Regardez maintenant le long bataillon de l'école des Frères ; leur chœur est autrement vibrant que celui des jeunes filles. Ils chantent aussi du latin et ne se trompent pas. Et puis, les jeunes gens et les hommes. Les Sociétés de l'Ange gardien, du

Purgatoire et du Saint-Sacrement; autour du dais, l'élite des commerçants de la paroisse finement gantés et un cierge à la main. Je résiste ici à mettre des noms propres, mais la plume, cinquante ans après, brûle mes doigts; les petits-fils d'aujourd'hui reconnaîtraient leur grand-père.

On s'arrête deux fois, trois fois à des reposoirs d'où doit être béni tout un quartier, et après quatre heures de marche à un pas indescriptible, quand la nuit tombe déjà, on remonte les quais et on rentre, au milieu d'un bruit qui n'est pas de la confusion. Les voix et les tambours, le grand orgue, magistralement tenu par l'habile Ponsan, retentissent parmi les embaumements de l'encens et des fleurs; on rentre, et, après un dernier *Tantum ergo* auquel toute la foule s'est mêlée, les clairons prennent la place de l'ancien *Benedicat vos Deus!* Beau silence que celui-là!

C'est fini. Voilà une journée qui portera bonheur aux parents et aux enfants, aux maîtres et aux élèves, au clergé et aux fidèles, à la paroisse et à la cité, à la cité et à la patrie!

Et voilà de quelles émotions les sectaires nous ont privés. Voilà le mal qu'ils nous ont fait!

A la Procession générale

Eh bien, le cortège en avant n'était pas ce qu'il y avait de plus saisissant pour la curiosité publique et l'enthousiasme universel.

Mais le cortège, après, avait un caractère plus inattendu et au moins aussi majestueux. L'armée, la magistrature, les corps enseignants, l'administration dans ses diverses branches, toutes ces robes et toutes ces hermines, composant ce qu'un ambassadeur étranger aurait pu appeler, avec un mot de respect historique, *un Sénat de rois*...; ça vous saisissait d'une façon telle que, quand le dais était déjà passé, on était tenté de demeurer encore à genoux !

Une réflexion de très exacte vérité est celle-ci :

Les processions n'ont été interdites que par des fonctionnaires auxquels le droit d'y assister pouvait, un jour ou l'autre, être enlevé : un préfet, un maire surtout, un homme que la politique variable et subversive rend essentiellement amovible. Ni un général de division, ni un premier président de Cour, ni même un recteur de Faculté ne supprimeraient cette occasion de se présenter, une fois par an, aux yeux de leur famille ravie et de leurs concitoyens de race, dans une condition et un apparât où toutes les somptuosités morales et intellectuelles redoublent de valeur !

Un maire manufacturier ou même avocat n'est pas assez sûr de son avenir représentatif, et c'est pourquoi il fait meilleur marché de ses honneurs présents. Et puis, soit dit sans flatterie aucune, la religion est la conservatrice-née de toutes les aristocraties! Et les processions en sont une exhibition la plus honorable.

Concluez.

Le grand Racine, en une pièce plus immortelle que les autres, a fait dire à un de ses héros cette phrase que nous avons déjà citée :

> Tout l'orgueil d'une femme arrêtant ce concours,
> En des jours ténébreux a changé ces beaux jours !

L'application est exacte. Or, cette femme, cette Athalie moderne, quelle est-elle ?

Ce n'est pas une comtesse de notre faubourg Saint-Germain ;

Ce n'est pas une bourgeoise de la rue Sainte-Ursule ou de la Bourse ;

Ce n'est pas une boutiquière du faubourg Saint-Cyprien ou une revendeuse de la rue des Lois ;

Ce n'est pas une *dame de la halle* de Tounis.

Non. Sous toutes ces conditions, on peut trouver, on trouve, l'honnêteté, la justice, le respect des droits d'autrui, les vertus sociales.

C'est encore moins une Toulousaine et une Française :

C'est la *divinité des Clubs*
Et la *mégère de l'athéisme.*
Ne prononcez pas son nom !

Méfiance. — Vertu.

Nous trouvons, sur des notes intimes et remontant à une époque lointaine, cette observation qui, à première vue, ne nous a pas peu étonné : *Il était, par nature, d'une méfiance extrême.* Ce trait semble peu en rapport avec la grâce de sa physionomie ouverte et avec sa bonté, sa charité. En y réfléchissant, cette disposition, très accentuée en effet et très voulue, est en parfaite harmonie avec ses vertus privées et avec toute l'innocuité de ses relations amicales, sociales, extérieures enfin. En effet :

1. Le premier objet de cette méfiance, c'était

lui-même. *La peur de soi*, quand elle ne dégénère pas en pusillanimité, est une grande préservatrice d'erreurs, de fautes, d'ennuis et de conséquences tristes. Il se défiait de son jugement d'abord et, en société, des formules par lesquelles on a coutume de l'exprimer. Volontiers et avec grâce, il adhérait à une manière de voir et la fortifiait par sa propre opinion ; rarement il en prenait l'initiative. En y pensant après, on était étonné du peu de choses qui avaient été dites même dans une conversation qui avait duré. Les plaisanteries aimables et toujours de la plus pure correction y avaient eu leur part, mais les inutilités n'en étaient pas systématiquement bannies. Le silence est une prudente vertu, mais *savoir parler pour ne rien dire* lui paraissait au moins aussi bon et quelquefois plus facile. Cette méfiance de soi-même lui paraissait comme cause efficiente à l'origine d'une foule de vertus. C'est cette disposition qui donnait à sa conversation des formes consultatives, même auprès des gens qui venaient le consulter. Tout cela était humain et chrétien à la fois. C'était de la sagesse antique doublée de l'Evangile.

2. Il ne se méfiait pas moins d'autrui. Ces trois paroles, *omnis homo mendax*, étaient moins fréquentes sur ses lèvres que constantes dans ses convictions. « Dans tout homme qui m'aborde, disait-il, je commence par voir non pas tout à fait un ennemi, mais au moins *un intéressé*. Je me demande ce qu'il me veut, afin de mieux savoir ce que je peux lui donner. » C'était subtil et un peu alambiqué, mais bien prudent, moins encore avec les hommes qu'avec l'autre moitié de l'humanité. Et c'est ce qui explique comment, étant donné la

multiplicité des affaires auxquelles il a été mêlé, par devoir professionnel ou par charité, l'abbé Ruffat n'a rencontré aucun sectaire ou aucun jaloux qui lui ait suscité la moindre querelle.

Il savait que les plus difficultueux sont souvent ceux à qui l'on a fait le plus de bien. Et il s'attendait à tout.

Le clergé toulousain a été élevé par un homme qui appliquait au champ de la charité et de la bienfaisance cette observation d'un poète antique : *Hæc seges ingratos tulit et feret omnibus annis !* L'abbé Ruffat avait entendu, dans sa jeunesse, ce même homme dire : « Si quelqu'un m'a fait une misère anonyme en se dissimulant, j'ai un moyen infaillible de découvrir son nom ou du moins la catégorie à laquelle il appartient. Je n'ai qu'à-repasser la liste de ceux à qui j'ai pu et dû faire le plus de bien... » et il ajoutait : « *Récemment.* » « Cher monsieur Izac ! »

On deviendrait méfiant à moins. Mais ce qui plaît, ce qui console, ce qui honore, c'est que, loin d'atténuer la charité, cette disposition et les précautions qu'elle impose ne font que la rendre plus expansive et plus consciente d'elle-même. Saint François de-Sales disait à un emprunteur de dix écus, qui ne les lui aurait jamais rendus : « Tenez, mon ami, en voilà cinq que je vous donne ; vous en gagnez cinq et moi cinq autres. » Et il ne parlait jamais de ses ennemis sans leur donner cette épithète : *Mes chers ennemis.* Il y a une défiance prudente et même vertueuse.

Ses Mœurs sédentaires

Les chemins de fer ont révolutionné les mœurs publiques y compris les mœurs du clergé. Il y a seulement cinquante ans, voici quelles étaient les habitudes voyageuses de nos aînés :

Les membres du clergé paroissial prenaient une semaine, du dimanche soir au samedi matin, après le temps pascal. Ils allaient voir leur famille, s'ils n'étaient pas originaires de Toulouse, ou passer une demi-semaine chez un de leurs confrères de la campagne, pas bien loin par conséquent ; et c'était tout, jusqu'à ce qu'on appelait les *grandes vacances*, qui, pour les vicaires, duraient un mois. A la Daurade, du 15 juillet au 15 octobre, un des trois vicaires était absent. Il en restait toujours deux avec M. le Curé, pour le service de la paroisse. M. Ferradou allait, lui, du lundi au vendredi, quelquefois du matin au soir. Il rentrait toujours pour ses malades et pour son confessionnal du samedi.

Les plus promeneurs assez fortunés allaient passer deux ou trois semaines aux Pyrénées, le reste du temps chez des amis ou des parents. Ceux qui avaient déjà pris leur mois régulier et complet faisaient encore, en s'entendant toujours entr'eux, ce qu'on appelait quelques *vols de chapon*, du matin au soir. Et tout était fini.

Les vieilles diligences desservant les localités, même pour aller à Luchon où à Bigorre, étaient tous les engins de locomotion. Ceux qui étaient allés une fois à Bordeaux ou seulement à Narbonne, étaient des favorisés ; ceux qui avaient vu *Paris et ses merveilles*, étaient eux-mêmes des *phénomènes*.

Il y a juste quarante-huit ans, si ma mémoire est fidèle, que nous eûmes un chemin de fer sur la ligne de Bordeaux et dans la direction de Cette. Quelle transformation, et je reprends le mot : *quelle révolution* ! Je dis : surtout parmi le clergé.

M. Ruffat a assisté à cette transformation des mœurs ecclésiastiques, puisque elle ne remonte pas à plus de cinquante ans, mais il est demeuré constant avec ses habitudes de résidence. Il n'a voyagé qu'en accompagnateur de Mgr l'Archevêque. Je doute qu'il soit jamais allé à Lourdes.

Du reste, ces habitudes étaient celles de ses pairs. Je me souviens de tout ce qu'il fallait de considérations à M. Piéchaud pour le décider à faire sa saison de Cauterets, où il allait, sans arriver soit à Bayonne où même à Pau, sans passer par Bigorre ou par Luchon. C'eut été un luxe de touriste, et tout curé de cathédrale qu'il était, il n'admettait ni cette dépense d'argent, ni cette dépense de temps.

M. Ruffat avait ces mœurs là.

J'extrais de la vie de Mgr d'Astros cet incident :

« On vint informer le prélat que le chemin était tel, que la voiture ne pouvait aller plus loin. — Et bien, qu'on détèle, répondit Monseigneur, nous monterons à cheval. — Mais c'est impossible. — Et bien, nous irons à pied, pour ne pas trop fruster ces braves gens qui nous attendent. »

Et voilà dans quelles conditions on voyageait, même pour les graves utilités, dans le diocèse de

Toulouse. Qu'on juge des simples plaisirs. Tout allait bien, quand le point d'arrivée était sur une bonne route.

Dans ces conditions, on demeurait beaucoup chez soi, et on s'en tenait à la fraîcheur des bords de la Garonne, aux ombrages de la Grande-Allée, à la verdure du Jardin-des-Plantes. Ça avait son charme.

Heureux les mortels qui, comme le curé Ferradou, avaient une villa à Colomiers, ou, comme l'abbé Ruffat, une maison de campagne à Villeneuve. Mais c'était tout, même pour ces favoris de la fortune.

Donc, jusqu'au moment où il a dû remplir ses fonctions de secrétaire ou de vicaire-général, l'obligeant à suivre son très honoré maître, M. Ruffat, n'a pas été plus vagabond que cela. Et comme aux jours de sa retraite, ses habitudes de résidence étaient déjà bien prises, il s'y est montré aussi fidèle par raison de nature que par motif de conscience. D'ailleurs, comme il n'y a personne ayant plus d'occupations que les gens les plus libres quand ils sont par nature laborieux, serviables et bons, nul prêtre de Toulouse n'était plus pris que lui, par des travaux absolument sacerdotaux. Il fallait avoir son esprit d'ordre et de règle pour n'en omettre aucun. Nul n'a pratiqué plus que lui le *in labore requies*.

Quelle riche nature que la sienne!

Une Carrière sans encombre

Elle le fut, mais non pas sans épreuves. Les encombres ou obstacles viennent ordinairement des hommes, les épreuves viennent de Dieu qui les tire des obstacles, des encombres que les hommes ont posés, hélas! que nous avons posés nous-mêmes.

L'abbé Ruffat était réfléchi, sage, prudent dans toutes ses relations avec le monde. Jointes à sa piété sacerdotale, ces vertus de mœurs lui firent une carrière que nous appelons non seulement sans encombre, même quand elle ne fut plus sans épreuve. Nous le verrons plus tard.

Il y a, dans la vie des vertueux, des résultats, des succès qui sont le fruit spécial d'une disposition particulière, d'une vertu spéciale et en rapport direct avec ce résultat; par exemple, aimer les pauvres, les nécessiteux, les honteux surtout et savoir trouver les ressources pour les secourir efficacement, cela va de pair comme la cause avec l'effet. Mais il y a des effets — nous les avons appelés des *succès* — qui se rapportent à plusieurs qualités, à tout un ensemble de qualités. Etre un bon conseiller n'empêche pas d'avoir quelquefois des vivacités, des raideurs, des exubérances, des défectuosités enfin très conciliables avec ce que la nature a de bon d'autre part. Mais certaines manières d'être semblent affecter l'être humain tout entier. La vertu, chez eux, peut s'appeler *légion;* par ce motif que celui qui en possède bien une possède, par voie d'accession, toutes les autres ; ce qui a fait dire par un pieux docteur : « Qu'elles sont les anneaux d'une même chaîne et les rayons d'un même soleil. »

Je me pose, sur M. Ruffat, une première question sous une forme négative tout d'abord, afin d'aller du moins au plus et je me dis : « Combien y a-t-il eu dans sa longue carrière de ces désagréments qui ne sont pas sans un certain éclat dans le milieu où l'on vit et qui créent parfois, entre les gens les mieux intentionnés, des situations complexes, difficiles... où les ruptures pourraient être regardées comme un bienfait, parce qu'elles sont une nécessité ? En le prenant simplement à l'état d'homme fait, il a eu des chefs, des confrères, des subalternes et des employés. A quels ferraillements, à quelles discussions, à quelles critiques a-t-il été, je ne dis pas exposé, mais assujetti ? C'est en vain qu'on chercherait un grincement dans cette machine ; tous les rouages lui ont fait un mouvement uniforme, sans soubresaut et sans collision... Question de prudence et de savoir-vivre. Oui, c'est déjà beaucoup. Mais question de modestie, de charité, de patience, de vertu enfin et de cette sainteté que nous appelons relative, mais qui est bien la sainteté.

Les supérieurs ont coutume de faire à leurs subordonnés cette recommandation : *Surtout pas d'affaires.* Ça ne dépend pas toujours de soi, mais des affaires dans le sens de l'ennui qu'elles causent.

La fin d'une belle Carrière

Nous la connaissons, car nous l'avons suivie en détail depuis son départ. Rien n'a manqué à l'abbé Ruffat de ce qui pouvait l'honorer en son père, l'honorer publiquement et le rendre heureux dans l'intimité.

Dominique eut tous les honneurs qu'il pouvait désirer. Récapitulons-les :

1° Ses succès professionnels et sa chaire de Droit romain ;

2° Sa place au Conseil municipal de Toulouse ;

3° Son fauteuil à l'Académie des Jeux-floraux ;

4° Son titre de chevalier de la Légion d'honneur.

Ce dernier titre fut certainement celui auquel il attacha le plus grand prix, puisqu'il lui venait de l'autorité qu'il plaçait le plus haut après Dieu : *Le Roy*.

Eh bien ; ni le juriste, ni le citoyen, ni le littérateur, ni le patriote ne se fit illusion sur la vanité de la *Gloire* humaine.

Et, parmi les méditations de son frère aîné Lamartine, le jeune poète s'extasia surtout devant cette strophe :

> J'en atteste le monde et tout ce qui respire ;
> Mes lèvres n'ont jamais prononcé sans sourire
> Ce grand nom, inventé par le délire humain !
> Plus j'ai pressé ce mot, plus je l'ai trouvé vide ;
> Et je l'ai rejetté comme une écorce aride
> Que nos lèvres pressent en vain !

Aussi répondait-il par la franchise d'un chrétien désabusé et modeste aux félicitations sincères et motivées d'un noble ami qui le complimentait, en 1825, sur sa promotion à la Légion d'honneur. Il ne répudie pas la valeur du titre, mais il en dédaignait l'orgueil. Et il fit ainsi de tout le reste en philosophe et en chrétien :

> Mon cher ami, j'ai reçu votre Epître,
>   Et les aimables compliments
>   Que je dois à vos sentiments,
>   Tout autant qu'à mon nouveau titre
> . . . .
> Et, pour vous détromper, voici la vérité :
>   Je vous la dirai sans mystère,
> Et vous verrés, qu'en cette affaire,
> Mon cœur a dû jouir, plus que ma vanité.
>   Vous avés connu l'ancien Maire
>   De notre fidèle Cité.
>   Le Roi l'appelle au ministère...
>   Et malgré sa haute dignité,
>   Devenu tout-à-coup *Excellence*
>   Il se rappele qu'autrefois
> Je le guidai dans son enfance,
> Avec succès dans l'étude des lois :
> Nouveau Ministre, il m'écrit une lettre
> Dont son cœur seul fait tous les frais,
> En me nommant *Son ancien et cher maître.*
>   Tout transporté de son succès...
> « *Sa Majesté, dit-il, a signé l'ordonnance*
> *Qui vous fait chevalier !...* de ma reconnaissance
> Agréez cet hommage ; il comble tous mes vœux,
>   Et vous devinerés, je pense,
> De vous, de moi lequel est plus heureux. »
> Dirés-vous maintenant que c'est à ce mérite
>   Que vous parés de si belle couleur,
> Qu'on a dû décerner ce signe du mérite ?
>   Non, non ; mon cœur s'en félicite ;

> Et je ne jouirais franchement qu'à demi,
> Si je ne la devais à la galanterie
> D'un ministre, qui fut dans le cours de sa vie,
> Fort longtems mon élève, et toujours mon ami(1).

En transcrivant, après quatre-vingts ans, ce remerciement modeste et ces sentiments chrétiens, je leur donne je crois une portée supérieure.

L'éminent chevalier de 1825 apparaît aux studieux amis qui ont suivi avec nous son histoire jusqu'en 1842. A la dernière heure de son travail et de sa vertu à l'heure suprême où cet aimable poète, ce merveilleux époux, ce père remarquable fit chanter à sa muse sa simplicité et son héroïsme..., apparaît sur sa propre tombe et se résume en cette stance du même Lamartine.

> D'un peu de cendre, hélas, je ne suis pas jaloux
> Laissez-moi seulement à peine assez d'espace
> Pour que le voyageur qui sur ma tombe passe
> Puisse reposer ses deux genoux.

Une grande Douleur

Le vicaire de la Daurade était heureux dans l'accomplissement de ses devoirs professionnels et dans la sympathie qui faisait cortège à ses pieuses entreprises Sa famille jouissait de lui à distance; car, entre Villeneuve où elle résidait souvent et Toulouse, les courriers étaient quotidiens. Et c'était merveille que l'esprit de cordialité et de

---

(1) Allusion à M. de Montbel, ministre.

joie qui régnait dans toutes ces correspondances. A l'âge de 80 ans, M. Ruffat père avait autant d'esprit qu'il en avait dépensé pendant sa longue carrière ; mais l'âge y était. Mme Ruffat avait soixante-huit ans, l'abbé en avait trente. Quand arriva un double coup de foudre qui précipita, dans un même cercueil, les deux vénérables époux.

Les condoléances arrivèrent en multitude à l'abbé, comme on le pense bien. La première fut celle de M. Bélaval, ainsi conçue :

Lundi, 8 h. 1/2 du soir.

Mon cher, mon meilleur ami,

Quel terrible coup le Seigneur vient de frapper sur vous tous ! Oh ! que je le sens vivement ! Pauvre mère ! Vous ne l'aurez donc plus ce modèle si accompli de bonté, de douceur, de générosité, d'abnégation, de piété, de vertus de toute sorte ! Elle est allée recevoir la récompense de ses mérites. Dieu l'a appelée à lui, en lui épargnant les angoisses d'une séparation, qui eût brisé son âme. En cela, il s'est montré particulièrement bon. Vous avez d'ailleurs tant et tant de motifs d'espérer, de croire, qu'elle est heureuse !...

Sa famille aura une protectrice de plus au ciel. Elle l'aimait tant ! Elle en était tant aimée ! Ah ! je m'associais de tout cœur à votre affection pour elle, et c'est de tout cœur aussi que je partage votre si juste affliction.

Je venais, quand je suis rentré ce soir, de la recommander aux prières d'une communauté religieuse. J'étais si content des dernières nouvelles ! Je les avais transmises à plusieurs personnes qui s'intéressent à vous et aux vôtres. Mon Dieu ! quelle surprise ! quelle douleur quand j'ai lu votre lettre !

Bénissons la Providence, lors même qu'elle nous éprouve le plus sensiblement. Je remplirai exactement vos tristes

14

commissions et je vous verrai le plus tôt que je pourrai !

Adieu ! je vous embrasse bien tendrement, bien cordialement. Présentez à vos si excellentes sœurs l'expression de ma vive condoléance.

Adieu encore ! puissiez-vous ne pas éprouver un surcroit de chagrin ! Je le souhaite de toute l'ardeur de mes vœux les plus sincères.

Tout, tout à vous pour jamais.

BÉLAVAL.

L'affliction est encore adoucie, quand elle est à ce point partagée.

Mais, à dater de ce douloureux événement, ce fut surtout entre le frère et les sœurs une abondance d'affections que la meilleure volonté des amis ne pouvaient égaler : le sang a des puissances qui priment tout.

Nous croyons bien faire en transcrivant ici un spécimen de ces lettres. L'esprit et le cœur des sœurs font bien partie intégrante de l'histoire du frère.

Un Deuil public

A quelque temps dé là, M. Florentin Ducos, son ancien élève de l'Ecole de Droit et son émule en goûts poétiques, devenu son collègue à l'Académie des Jeux-Floraux, prononçait devant la docte compagnie son éloge funèbre ; et il saluait, avant de finir, *ces deux pierres blanches,* parmi les hautes herbes du cimetière de Villeneuve-les-Cugnaux, qui témoigneront à l'avenir que Dieu n'a pas voulu « séparer dans la mort ceux qui avaient été si unis pendant la vie ».

« M. Ruffat fut surtout remarquable dans ses dernières années par une admirable égalité de caractère. Il n'avait rien perdu de sa gaieté ni des grâces de son esprit. Il saisissait habilement le ridicule, avait la répartie prompte... mais la charité tempérait en lui les saillies d'une imagination vive et féconde. Il était d'un commerce plein de douceur, comme fonctionnaire public, comme homme privé. Il laissa dans nos rangs un vide qui ne se remplira pas. La vieillesse de M. Ruffat a été consolée par un fils, le seul que la Providence lui ait donné, qui faisait sa joie, comme il est aujourd'hui un ange tutélaire pour ses quatre sœurs qu'une double calamité plonge dans la plus amère des douleurs.

« Vicaire de la Daurade, M. l'abbé Ruffat fait revivre dans le sanctuaire les plus précieuses vertus de son père. Il en a la douceur et le caractère aimable. Il est en toutes choses et avec tous un digne fils dans un honorable prêtre. »

Mais tous les hommages ne se bornèrent pas à ces manifestations amicales. La grande voix de la publicité retentit sur ces modestes mémoires. La *Gazette du Languedoc*, organe des honnêtes gens, débuta ainsi dans une glorieuse étude nécrologique :

« C'est un de ces hommes des temps qui ne sont plus. Héritier de ces familles patriarcales de Toulouse auxquelles il était digne d'appartenir par ses vertus et ses traditions pieuses. En rapportant quelques traits de sa vie nous sommes sûrs de nous concilier les sympathies de tout le monde. L'honorable professeur de Droit romain a eu, en

effet, ce privilège de commander l'estime de tous
par ses vertus, comme il sut si bien gagner l'affection de ses nombreux amis par les aimables qualités de son esprit et de son cœur. »

Consolamini Invicem!

Quand la mort entre dans une maison, le
coup le plus douloureux qu'elle y frappe n'est
pas toujours le premier. Il y a, dans les premières heures du deuil le plus imprévu, des diver-
sions, des obligations même, qui retirent provisoirement d'eux mêmes ceux qui sont le plus
résolus à s'y renfermer désormais ; ceux pour qui
le monde a, en quelque sorte, cessé d'exister, et
qui se croient et se disent très sincèrement, *malheureux à jamais !*

Ce qu'il y a de terrible, c'est le *lendemain*; la
nuit et l'heure d'après; le retour du cimetière,
sans celui qu'on y a accompagné; la place laissée
vide à la table de famille, au fauteuil du bureau, à
l'établi de l'ouvrier, partout où on avait l'habitude de voir celui ou celle qui n'y sont plus. Oh !
ces vides, qui les comblera? — Personne, de longtemps au moins. Heureusement que la Providence,
qui connaît nos infirmités et nos exigences, ayant
permis que nous soyons meurtris et désolés, nous
crée des nécessités, des devoirs qui, sans nous
rendre oublieux ni même trop distraits, nous
ramènent à une vie positive, où les larmes coule-
ront moins abondantes et où, peu à peu, on se
sentira renaître plus vite peut-être qu'on ne le

chercherait, car on a reporté sur sa peine une partie de l'amour qu'on eut pour la personne qui en est cause. On aime sa douleur, on la caresse, on souhaite n'en être jamais plus séparé.

Les consolateurs vraiment intelligents savent choisir dans tout ce que la vie a de plus ordinaire, les distractions, le délassement, les repos transitoires qu'ils peuvent ménager à leurs parents ou amis affligés. Et ceux-ci doivent beaucoup se conseiller à eux-mêmes ce qu'ils conseilleraient à d'autres, si les rôles étaient changés. Hélas ! Ils le seront peut-être bientôt !

L'abbé Ruffat trouva dans son voisinage le plus immédiat ces affections consolatrices, et surtout dans sa foi et dans sa piété, cette puissance de réaction sur soi-même que la philosophie et les raisonnements humains ne donnent pas toujours. Il reprit le plus tôt possible le train de ses charitables occupations. C'était de la sagesse et de la vertu.

Certes, si un homme de cœur, si un prêtre surtout a trouvé dans sa famille les jouissances et les secours de piété qu'il a pu souhaiter, ce fut évidemment l'abbé Ruffat. Il trouva dans ses sœurs tout ce que la plus pure affection, jointe à l'intelligence la mieux cultivée, pouvait lui offrir de plus consolateur et de plus suave. Le malheur récent qui s'était abattu sur tous fut ce *dernier coup* de la Providence qui acheva de perfectionner leurs sentiments dans la douleur. Il y eut entre ces nobles êtres un renchérissement de tendresse réciproque. Du modeste manoir de Villeneuve, on écrivait à l'abbé tous les jours, à tour de rôle, tous les quatre jours pour chacune, par conséquent. Ce n'était pas un concours épistolaire, mais un congrès familial de distinction, de finesse, de simplicité. Ces pages, graves comme la douleur, alertes comme la jeunesse, ingénues comme l'enfance, nous rappellent un livre qui eut, il y a cinquante ans, une vogue méritée, *Les Récits d'une sœur*. On comprend l'émotion renouvelée qu'elles devaient apporter au frère à qui elles étaient adressées. Ces communications font penser à saint Benoît et à sa sœur Scholastique. Il dut, en les recevant, verser quelques pleurs « qui n'étaient pas sans joie » *fletus sine gaudio non est.*

Nous en donnons un spécimen dans un double but : 1° A cause du fait lui-même ; 2° A cause de la manière pure et consolante dont il a été exécuté. Tant il est vrai que la religion est un baume à toutes les plaies et la piété un spécifique à toutes les tristesses de la vie, puisque elle aide un frère et ses sœurs à pleurer saintement sur la tombe d'un père et d'une mère :

Pleurez mes sœurs, pleurez ; car vos larmes sont belles ;
Ce sont, sur nos parents, des larmes fraternelles !

C'est un utile appoint de plus à nos études sur l'abbé Ruffat.

Villeneuve, le 9 novembre 1842.

Nous avons reçu ta lettre, mon bien cher Elzéar, qui a produit sur nous toutes une sensation bien vive et bien douce ; nous la lisons, nous la relisons bien souvent, et c'est toujours avec une jouissance pleine d'amertume. Oh ! que tu sais bien exprimer ce que nous ressentons bien vivement ; nous aussi nous aimons à nous entretenir de nos chers parents ; c'est la seule consolation que nous ayons ; jusqu'au plus petit minutieux détail, tout nous intéresse, nous nous rappelons tout ce qu'ils faisaient, tout ce qu'ils disaient, avec le plus vif intérêt. Oh ! qu'il nous tarde de pouvoir aller pleurer ensemble ; nous avons besoin plus que jamais de nous resserrer, de nous aimer toujours davantage : s'il est possible que ce sentiment puisse augmenter en nous, c'est une bien douce consolation, après les grands malheurs dont le Seigneur vient de nous frapper, que cette union parfaite qui règnera toujours entre nous tous, j'en ai la douce confiance. Nous ne ferons tous qu'un cœur et qu'une âme, tout occupés à travailler sérieusement à notre salut pour nous réunir tous à nos bien-aimés parents qui jouissent déjà, je l'espère, de la bienheureuse éternité. Ils nous ont tracé la voie que nous avons à suivre. Que de bons conseils, que de saints avis, quelle piété constante et à toute épreuve ! Que toutes ces réflexions sont consolantes, mon Dieu ! Faisons tous nos efforts pour mettre à profit tant de salutaires exemples, afin de nous réunir tous dans le sein de Dieu pour ne plus nous séparer.

Il nous tarde bien de te rejoindre, mais ces jours derniers il faisait un froid extraordinaire. Couvre-toi bien, soigne-toi, je t'en conjure ; tu ne nous parles pas de ta santé, tu sais cependant combien cela nous intéresse. Ecris-nous, je t'en prie, toutes les fois que tu en auras l'occasion.

Nous avons remis ta lettre à M. le curé ; il va bien, il paraît remis de sa migraine. Il a dit aujourd'hui une messe pour notre chère mère, il a eu la bonté de nous faire prévenir.

Adieu, mon cher Elzéar, c'est une bien douce satisfaction que je viens de me donner ; j'espère la réitérer de temps en temps. Adieu.

Anastasie Ruffat.

Je te prie de présenter nos respects à M. Bélaval.

Le 15 novembre 1842.

Nous faisons par tour, mon cher Elzéar, pour t'écrire, et je suis contente d'être la seconde pour pouvoir t'exprimer plus tôt tout ce que mon cœur ressent de joie et de peine lorsque nous recevons tes lettres ; nous nous rappelons combien papa était jaloux de les ouvrir le premier et l'empressement de maman à les lire aussitôt qu'elle le pouvait ; c'était des cœurs comme on en voit bien peu ; et plus ils allaient, plus leur tendresse pour nous semblait augmenter ; s'il est des parents dignes de regret, ce sont bien ceux dont la perte nous cause tant de peine ; il me semble entendre maman nous dire lorsque le temps était mauvais que « rien ne la faisait sortir, que son salut et Elzéar » ; et la joie de papa lorsqu'il te rencontrait sans s'y attendre ; le souvenir de leurs vertus, de leurs bonnes qualités tempère notre douleur par l'espérance que nous avons de leur bonheur. Pour nous, mon cher ami, notre tendresse pour toi semble augmenter, si cela est possible ; et notre séjour ici sera aussi court que possible.

Adieu, mon cher ami, tout ce que je puis te dire de tendre et d'affectueux est au-dessous de ce que je ressens pour toi.

Eliza Ruffat.

M. le curé dira la messe pour nos parents pendant une quinzaine de jours.

Henriette me charge de te dire mille choses.

Nos respects à M. Belaval.

*
* *

Villeneuve, le 22 novembre 1842.

Enfin mon tour est arrivé, mon bien cher Elzéar. C'est la seule fois que j'ai trouvé qu'il était pénible d'être la quatrième, puisque cela me privait de pouvoir plus tôt t'exprimer tout ce que j'éprouve d'amitié pour toi. Je ne crois pas le sentir moins vivement que mes sœurs, mais savoir le dire aussi bien, c'est pour moi chose difficile.

Ta lettre nous a fait le plus grand bien ; nous la lisons et relisons bien souvent. Nous pleurons aussi. Et comment ne pas verser des larmes sur les pertes irréparables que nous avons faites ? Je voudrais pouvoir te dire tout ce que mon cœur ressent, mais consutle le tien et tu comprendras tout ce que je pourrais te dire.

Si le temps est beau, nous espérons aller te joindre bientôt. Nous avons bien besoin de pleurer ensemble.

Adieu.

P. RUFFAT.

La sœur de l'abbé Gasc va mieux.
Nos respects à M. Bélaval.

*
* *

Ce, 18 septembre 1843.

MON BIEN CHER AMI,

Tu es bien aimable de nous avoir donné de tes nouvelles. Nous en avons bien besoin, je t'assure, et tous les jours nous regardons l'omnibus pour voir s'il nous apporte ce que nous avons de plus cher dans ce monde. Oh oui ! ce que je dis, je le pense ; j'ai lu la lettre la première, je n'ai pas pu continuer de la lire tout haut. Nous l'avons lue, relue, chacune à notre tour, et je me promets bien de la relire encore. C'est que nous avons bien pensé et dit bien souvent entre nous ce que tu nous écris. Oh ! qu'on a besoin des pensées consolantes qu'offre la religion pour se soutenir dans de si grandes épreuves. Il me semble cependant que nous pouvons espérer qu'ils sont heureux, alors ne les regrettons que pour nous, ces bien bons parents ; mais le vide immense que nous cause leur séparation est quelque chose d'impossible à décrire. Mon Dieu ! que votre volonté soit faite.

Clarice est avec nous depuis samedi ; je t'assure qu'elle nous a donné une surprise bien agréable ; nous ne l'attendions pas de si tôt. Avec elle nous pouvons parler, pleurer de tout ce qui nous occupe, elle ressent bien vivement tout ce que nous ressentons.

Adieu, mon bien cher Elzéar ; viens nous voir le plus tôt possible. J'espère que le bon Dieu nous accordera cette si grande satisfaction. Adieu.

A. RUFFAT.

Je te prie de présenter nos respectueux hommages à M. Bélaval.

PROMOTIONS ET DÉCHÉANCES

Le 26 janvier 1849, c'est-à-dire environ trente ans après qu'il était allé enlever Mgr d'Astros à l'évêché de Bayonne, M. Berger, grand vicaire de Toulouse, vint porter à Mgr Mioland, évêque d'Amiens, une lettre dans laquelle Mgr d'Astros lui disait : « Vous approuverez sûrement la pensée que j'ai eue d'assurer à mon diocèse, sur la fin de ma carrière épiscopale, un premier pasteur selon le cœur de Dieu. Mais comment ai-je pu prétendre, Monseigneur, que vous, déjà évêque, consentiriez à quitter votre diocèse pour venir administrer en second celui de Toulouse ?... Le Seigneur bénira votre renoncement à ce que vous avez de plus cher, un diocèse où vous avez fait tant de bien et dont vous possédez l'affection. »

C'était très vrai ; mais, au point de vue de la simple prudence humaine entre des hommes de cette valeur, les choses n'allèrent pas toutes seules. Il y eût beaucoup à réfléchir, beaucoup à consulter et ce fut seulement le 4 mai suivant que Mgr Mioland écrivit à l'abbé Ruffat, encore vicaire de la Daurade, la lettre suivante :

Amiens, 4 mai 1849.

Monsieur l'Abbé,

Il vous a été fait une communication confidentielle, à laquelle vous avez pu penser que je n'étais pas étranger, et qui demande maintenant, de ma part, une explication directe. Je désire donc vous appeler auprès de moi comme secrétaire particulier ; vous dire quelles seraient vos occupations en cette qualité serait assez difficile ; mais la première serait de m'accompagner partout, de m'assister à l'autel, puis de m'aider en toutes choses, lettres, notes, écritures, recherches théologiques, canoniques, historiques : du reste, je voudrais pouvoir, au besoin, vous confier quelque ministère passager, confessions, prédications, exhortations. Pour cela, je désire trouver discrétion, prudence, bon ton, esprit ecclésiastique, et par dessus tout esprit de Dieu : tout ce que j'ai entendu dire de vous, Monsieur l'Abbé, me persuade que vous me conviendrez à merveille ; reste à savoir si cet emploi vous conviendra, ainsi que le Prélat auprès duquel vous aurez à l'exercer. Je ne suis point difficile, ayant vécu trente-deux ans en communauté ; mais enfin je suis un inconnu. Je crois n'avoir que des intentions très simples et très pures. Je désire me dévouer au bien des âmes et à la gloire de Dieu dans ce diocèse et consoler la vieillesse de l'illustre prélat qui le gouverne.

Je desire trouver les mêmes intentions dans tous ceux qui m'environneront, avec un éloignement prononcé pour toute intrigue, toute camaraderie, tout intérêt mondain.

Quant au temporel, je ne suis point encore fixé sur celui qui me sera assigné à moi-même ; mais Mgr l'Archevêque sait que mon secrétaire logera chez lui et mangera à sa table comme moi. De plus, j'espère pouvoir vous offrir mille francs chaque année.

Voyez donc, Monsieur, définitivement si tout cela peut convenir à vos goûts, et veuillez bien m'écrire à Amiens,

où je retourne mardi, ayant achevé de confirmer quatre
cantons qui m'attendaient depuis le carême. Je pense arriver à Toulouse dans la première quinzaine de juin : sur
votre lettre, je manderai à Mgr l'Archevêque, en temps op-
portun, mon intention de vous inviter à venir avec moi :
nous verrons ensuite s'il sera plus expédient de ne faire
connaître le choix qu'après mon arrivée, en attendant
gardez un absolu secret, excepté à l'égard de M. Ducray
et de ceux qui vous en ont fait la première ouverture.

Recevez, Monsieur l'Abbé, l'assurance de mes affectueux
sentiments, en N.-S.

A. JEAN,
Evêque d'Amiens.

Cette lettre se rapportant à une destination pré-
vue et désormais définie, M. Ruffat vit, du premier
coup, à quelle nature franche et bonne il avait
affaire et s'empressa de répondre par une acceptation.

8 Mai 1849.

Monseigneur,

Je ne veux ni ne dois différer ma réponse à la lettre que
Votre Grandeur a bien voulu m'adresser. Et d'abord, j'ai
hâte de lui offrir l'hommage de ma vive gratitude pour la
distinction dont Elle a daigné m'honorer ; moins j'en étais
digne et plus j'en suis touché. Justement pénétré de ma
faiblesse, j'ai éprouvé dans le principe un véritable décou-
ragement. Après les conseils d'une bienveillante amitié,
je ne trouve plus dans mon âme que le désir sincère de
bien remplir ma tâche et une entière confiance en votre
indulgente bonté.

Pour plusieurs choses, Monseigneur, Vous aurez à excu-
ser en moi beaucoup d'inexpérience et peu d'habileté.
J'espère du moins, avec l'aide de Dieu, ne vous laisser
aucun doute de mon zèle, et mon cœur me dit que je ne

serai jamais en défaut pour l'affection et le dévouement envers mon bienfaiteur.

Privé de bonne heure de vertueux parents, éloigné que je serai désormais, par ma nouvelle position, de la société aussi douce qu'utile d'un maître chéri ou plutôt d'un ami, je bénis le ciel mille fois de retrouver en Vous un père tendre, un guide des plus éclairés.

Je n'ai pas recherché, Monseigneur, les fonctions si délicates qui me sont offertes; je n'y songeais même pas; nouveau motif qui me rassure un peu contre mon insuffisance. En m'efforçant d'imiter les exemples que j'aurai devant mes yeux, je puis me promettre d'atteindre l'unique but auquel j'aspire, me sauver en faisant du bien.

Ainsi, Monseigneur, je vous devrai tout mon bonheur; et ma reconnaissance, dont je ne saurais vous redire trop souvent l'expression, sera aussi ardente, aussi durable que sont profonds les sentiments de respect, de soumission filiale avec lesquels j'ai l'honneur d'être, Monseigneur, de Votre Grandeur, le très humble serviteur.

P.-S. — Je crois devoir soumettre à Votre Grandeur, une circonstance particulière. Nous touchons à l'époque des premières communions solennelles pour les paroisses de Toulouse : dans la nôtre toutefois ne sont pas encore commencées les confessions générales des enfants. Je préfèrerais bien, sauf meilleur avis, n'avoir pas à entreprendre ce travail, vu d'ailleurs qu'à votre arrivée je devrais l'interrompre, au grand désappointement de bien des gens : si ma nouvelle destination cessait bientôt d'être un secret, tout inconvénient serait prévenu. Votre Grandeur voudra bien en décider.

*
* *

15 Mai 1849.

Monseigneur,

Dès la réception de votre lettre, je me suis rendu auprès de Mgr d'Astros. Sa Grandeur m'a laissé lui exposer mon affaire d'un bout à l'autre, sans me dire un seul mot, sans me donner aucun signe de satisfaction ou de mécontentement. Cependant, quand j'eus fini mon récit, prenant un air d'affabilité bien marquée, Monseigneur me témoigna, en termes non équivoques et trop bienveillants, que le choix que vous avez daigné faire ne lui causait aucun déplaisir. Il a dû vous en écrire par le même courrier qui vous apporte ma lettre : c'était au moins son intention.

Quant à la durée du secret et à l'époque de la cessation de mes fonctions à la Daurade, tout est subordonné à vos désirs ; et, s'il m'est permis, Monseigneur, de vous exprimer le mien, ce serait de ne pas entreprendre le travail de la première communion, qui me retiendrait à mon poste jusques vers la mi-juillet.

J'attendrai vos ordres, Monseigneur, vous priant de nouveau d'agréer l'expression des sentiments respectueux et reconnaissants avec lesquels j'ai l'honneur d'être, de Votre Grandeur, le très humble serviteur.

E. RUFFAT.

*
* *

5 Juin 1849.

Monseigneur,

J'augure de votre silence que les Bulles ne sont pas encore arrivées à Paris ou qu'elles manquent de quelque formalité. Ce retard a vivement contrarié Mgr d'Astros, qui a dû le témoigner à Votre Grandeur. La santé du Vénérable Prélat est toujours bien faible, encore qu'elle ne présente pour le moment aucun symptôme alarmant. Il a assisté à l'office du jour de la Pentecôte, mais le matin seulement, et il en est sorti très fatigué.

M. l'abbé Berger a été fort souffrant d'une humeur qui s'est portée au visage : il a interrompu une bonne partie de ses occupations ordinaires. Il est mieux aujourd'hui, mais l'entière guérison ne paraît pas devoir être prochaine.

Clergé et fidèles, tous ici sont dans l'attente de votre arrivée, à laquelle est réservée un accueil de satisfaction et de confiance non-équivoques, présage des plus heureux fruits. Puissè-je y concourir du moins pour une faible part? c'est le vœu le plus cher de mon cœur.

Conformément au conseil que Votre Grandeur m'avait insinué et après avoir pris celui de Mgr l'Archevêque, je ferai le travail de la première communion, et je disposerai toutes choses de manière que, votre venue étant même anticipée eu égard à vos dernières prévisions, je pourrais et me rendre auprès de vous immédiatement, et terminer ma besogne.

Je dois, Monseigneur, vous soumettre une idée qui a été vivement approuvée auprès de moi. Elle consiste à vous offrir d'aller à votre rencontre jusqu'à Bordeaux, afin que Votre Grandeur n'arrive point seule à Toulouse. Toutefois je me conformerai à vos désirs et j'attendrai de les connaître avant d'arrêter ma détermination avant même de la communiquer à qui de droit

Daignez agréer la nouvelle expression.....

De son côté, Mgr d'Astros écrivit aussi deux lettres : l'une pour adhérer au principe, l'autre agréant la personne. Et il fut de toute évidence que le nouveau secrétaire arrivait sous les auspices les plus vénérables et les plus affectueux.

Toulouse, le 7 mai 1849.

Monseigneur,

Plus j'y réfléchis, plus je suis persuadé que vous ne pouvez pas vous passer d'avoir ici avec vous un ecclésiastique de votre choix, qui vous serve d'aumônier, de secrétaire, et qui soit habituellement avec vous. Je ne vais jamais en ville sans être accompagné d'un ecclésiastique, soit que j'aille en voiture, soit à pied.

Si vous voulez attendre d'être à Toulouse pour le choisir, on vous cherchera un sujet qui vous convienne ; si vous avez déjà quelqu'un que vous aimerez avoir avec vous, amenez-le.

Je désire beaucoup que vous ne regrettiez pas d'avoir été transféré à Toulouse.

Je suis, avec respect et dévouement, Monseigneur, votre très humble et très obéissant serviteur,

† P. T. D., *archevêque de Toulouse.*

*
* *

Toulouse, le 15 mai 1849.

Monseigneur,

Vous ne pouviez guère faire un choix qui me fût plus agréable que celui de M. l'abbé Ruffat pour votre secrétaire intime. Je le recevrai donc bien volontiers au nombre de mes commensaux, puisque j'aurai été disposé à recevoir avec plaisir tout ecclésiastique de votre choix.

J'annoncerai ces jours-ci à mon chapitre officiellement votre préconisation.

Je me suis abstenu d'abord de publier le choix que vous avez fait de M. l'abbé Ruffat, cependant puisqu'il connaît lui-même sa nomination, vous ne verrez aucun inconvénient à ce que je la fasse connaître. J'attendrai cependant votre consentement, puisqu'il n'y a rien qui presse. Je regrette tous les retards mis à votre arrivée.

Respect et dévouement.

† P. T. D., *archevêque de Toulouse.*

Dès son arrivée, l'abbé Ruffat reçut de M. Roger, prévôt, la notification suivante :

Toulouse, le 31 juillet 1849.

Monsieur l'Abbé,

J'ai l'honneur de vous prévenir que Mgr l'Archevêque vous a nommé chanoine honoraire de sa métropole ; sans

15

doute vous n'aviez pas besoin de cette preuve, pour reconnaître l'estime et la confiance dont Sa Grandeur se plaît à vous honorer, mais elle est bien aise de vous en donner un nouveau gage.

Veuillez agréer, Monsieur l'Abbé, l'assurance de mon respectueux dévouement.

Roger,
Vicaire général.

N.-B. — Vous m'obligeriez de venir me parler incessamment, j'aurais un petit mot à vous dire.

Il est nommé Secrétaire de Mᵍʳ Mioland

Quand un évêque est nommé dans un diocèse, une des premières questions qu'il se pose consiste à décider s'il s'y rendra seul, ou s'il amènera avec lui un prêtre, soit au titre de vicaire général, soit au titre de simple secrétaire ou d'aumômier. L'un et l'autre parti sont fréquents et également conformes aux plus parfaites convenances et à la nature humaine, dont aucune promotion ne dépouille un homme si haut placé qu'il soit. On conçoit sans peine qu'un prélat qui, habituellement, n'est déjà plus jeune, veuille avoir auprès de lui dans une situation aussi neuve même pour les expérimentés, un frère ou un fils, un ami, un autre lui-même qui, à certaines heures plus délicates et même aux plus vulgaires comme le sont les repas et les distractions, le tire sans effort de sa solitude, laquelle peut être facilement convertie en isolement. On conçoit également qu'un évêque plus jeune arrive tout seul et dise à ses diocésains et à son clergé : « Je viens à vous avec une telle confiance que je n'ai besoin de personne en dehors de vous pour être plus libre et même pour être heureux. Je prendrai qui vous me donnerez. »

Mgr Mioland prit les deux moyens à la fois. Il n'amena personne ni de Lyon ni d'Amiens, mais il prit un Toulousain de son choix.

Un prédicateur, son ancien collègue de la Maison des Chartreux de Lyon, prêchait en ce moment le Carême à la Dalbade : c'était M. l'abbé David, qui fut plus tard promu à l'évêché de Saint-Brieuc; homme intelligent, aimable et bon, qu'ont jugé tel tous ceux qui l'ont connu. Mgr Mioland lui écrivit : « Choisissez-moi un secrétaire ». Et comme l'abbé David était l'hôte de M. Vignal, curé de la Dalbade, lequel ne faisait qu'un avec MM. Bélaval et Ruffat, le choix ne se fit pas longtemps attendre, et il fut vite revêtu de l'assentiment du cardinal d'Astros, si émerveillé d'avance et même si reconnaissant « qu'un prélat en possession d'un aussi beau siège que celui d'Amiens eut l'humilité de consentir à devenir coadjuteur d'un archevêque de Toulouse » (1). Les seules oppositions, très modérées d'ailleurs, vinrent de l'abbé Ruffat qui, soit par modestie, soit par prudence également extrême, n'abordait pas sans quelque appréhension un milieu aussi élevé et qu'il croyait parfaitement connaître. Et comme l'abbé Ruffat était aussi parfaitement déférent envers l'autorité qu'il était humble en lui-même, il accepta les honorables pro-

____

(1) Correspondance du cardinal d'Astros.

positions qui lui étaient transmises par M. Ducray, supérieur du grand séminaire et vicaire général. Dès que Mgr Mioland l'eut vu et jugé, il s'empressa de dire à l'abbé David : « Merci, vous avez eu la main heureuse. »

M. l'abbé Ruffat prit donc possession de sa nouvelle charge avec le naturel et la simplicité qui lui étaient habituels, mais avec des capacités et des aptitudes que son éminent patron eut bientôt goûtées. Ce fut, dans la ville et dans le diocèse, un applaudissement unanime à cette nomination. La multitude des familles avec lesquelles il était déjà lié furent heureuses non seulement de ne pas le perdre, mais de le voir encore monter en honneur.

A la Daurade surtout, le curé et les paroissiens disaient : « Nous sommes maintenant encore plus sûrs de le conserver que s'il fut demeuré notre vicaire ». C'était exactement vrai.

L'Abbé Ruffat était d'une taille moyenne, mais à côté de Mgr Mioland, qui était un colosse très proportionné, il n'avait aucun effort à faire pour se faire petit. Le peuple a des sujets d'admiration qu'il prend dans la nature des êtres qu'il fréquente ou des travaux auxquels il se livre. A la première visite que le coadjuteur fit dans le Lauraguais — c'était au moment où on faisait les gerbières après la moisson — un paysan, émerveillé de cette stature, disait à ses compagnons de travail : « *Chesus, quin bel homme ! Per bailla la garbo, aourio pas besoun d'une fourco pla loungo !* » (Jésus ! quel bel homme ! pour donner la gerbe, il n'aurait pas besoin d'une fourche bien longue !) Et pour le populaire, la taille et la vigueur matérielle sont un mérite.

M. Ruffat, hôte de l'Archevêché

Puisque ceci est un peu une histoire du clergé contemporain de l'abbé Ruffat, il nous paraît conforme à cette idée générale de tracer, avant son entrée à l'archevêché de Toulouse, la silhouette des personnages qu'il y devait rencontrer. L'existence de nos maîtres et de nos amis fait partie importante de la nôtre.

1. Mgr d'Astros est une des plus imposantes physionomies non seulement du clergé, mais encore de l'ordre social au dix-neuvième siècle. C'est un type de justice, d'honnêteté, de libéralisme vrai, de courageux dévouement à tout ce que la France extra-révolutionnaire a recherché.

Cette vie a quelque chose de majestueux comme l'antiquité, d'aimable et d'attachant comme les figures les plus modernes. Elle a été écrite en un volume de 650 pages par le P. Caussette, plus orateur encore qu'écrivain. Elle devrait être populaire dans nos séminaires, comme celle de sainte Germaine dans les écoles de filles de village; un vrai catéchisme d'apostolat et de sainteté sacerdotale, l'histoire d'un martyr du devoir, auquel il n'a manqué que le coup de fusil ou la guillotine. On peut s'attendre toujours à une glorification providentielle de cette mémoire, digne des Ambroise et des Thomas de Cantorbery. On peut ne pas désespérer de le voir un jour sur le Calendrier des Saints, comme il est parmi les grands hommes de notre époque. Originaire de la Provence et évêque de Bayonne avant de venir chez nous, il avait été emprisonné pendant trois ans au donjon de Vincennes, pour avoir fait son devoir vis-à-vis de Napoléon, après l'avoir fait vis-à-vis du Pape Pie VII. Le fait éclatant de sa vie près de s'éteindre dans la majesté des ans, c'est qu'après avoir été ignominieusement traité comme un rebelle par Napoléon Ier, en 1808, il fut fait cardinal, en 1851, par Napoléon III. Le neveu se fit le réparateur des folies et des cruautés de l'oncle. La Providence n'attend pas toujours l'autre vie pour dédommager ses serviteurs de ce qu'ils ont souffert en celle-ci.

Voici un portrait succinct, tracé en une séance publique de l'Esquile, à la fin de l'année 1845 :

> Pontife vénéré qui, de la tribu sainte,
> Aux jours où la *Terreur* faisait taire la plainte
> Vins partager le sort et les lauriers sanglants...
> Près des autels du Christ battus et chancelants,
> Implorer l'onction qui marquait une tête
> Destinée aux fureurs de la noire tempête ;
> Toi qui donnais au ciel une âme de martyr,
> Mais que Dieu réservait pour le siècle à venir,
> A ton aspect encor, pour notre âge j'espère ! (1)

L'abbé Ruffat reçut de Mgr d'Astros toutes les ordinations, et, comme tous les prêtres promus dans cette période, il s'en faisait une vraie gloire, comme si la vertu du Pontife était, en outre du

----

(1) Ces vers sont de l'abbé Pélegry, alors professeur de rhétorique à l'Esquile et mort supra-octogénaire, supérieur de la maison des Jésuites à Lyon.

sacrement, passée plus abondante dans l'être des ordinands (1).

2. A côté du grand archevêque, était à sa place le premier vicaire général, M. l'abbé Berger. C'était aussi une illustration dans son genre. C'est lui qui, pour le plus grand bien du diocèse de Toulouse, était allé chercher Mᵍʳ d'Astros à Bayonne et qui s'obstina à ne pas vouloir y prendre sa place, malgré toutes les sollicitations dont il fut l'objet. Ils étaient à peu près du même âge, d'une nature fort différente, mais, chacun dans son genre, également parfaits. M. Berger était un juriste émérite, un esprit de rocher, un cœur rompu aux expériences du monde, dont il avait usé avec entrain et avec succès, mais un vrai chartreux en soutane noire, dont l'austérité proverbiale paraissait excessive à Mᵍʳ d'Astros lui-même, qui alla quelquefois jusqu'à lui reprocher ses formules de tiédeur en amitiés. Livré aux œuvres diocésaines, M. Berger en prit deux avec une passion plus accentuée, l'Intérêt des prêtres, dont il était toujours le tuteur au Conseil épiscopal, et la maison du *Refuge,* où étaient recueillies en pénitence les créatures qui avaient failli.

Les élus du sacerdoce et les repenties, deux extrêmes de l'ordre social, entre lesquels pouvaient figurer toutes les situations moyennes. *De la fin à la fin,* pour bien prouver que la charité embrasse tout. Quels hommes, quels hommes ! et quelle faveur providentielle d'avoir été formé adminis-

---

(2) Nous reconnaissons que ce jugement est une récidive. Nos lecteurs la pardonneront à notre enthousiasme filial.

trativement en pareil voisinage. L'abbé Ruffat était bien fait pour le comprendre.

3. Au degré immédiatement inférieur dans la hiérarchie, était placé M. l'abbé Roger, ancien archiprêtre de Saint-Gaudens ; une barre de fer encore, mais que la bonté faisait aussi fléchir. Il avait bien un peu pris là-haut quelque chose des neiges pyrénéennes, mais il en avait rapporté la candeur et la franchise. C'était, en ses relations avec les administrés, ce qu'on peut appeler un *homme sûr*. « Oui, oui. Non, non. » Il ne biaisait pas. Et il avait avec les jeunes, sans familiarité, des formules qui ne demandaient pas mieux que d'être gracieuses. Son âme était plus droite que son regard physique.

4. « Oh ! celui-ci, disait plus tard le P. Caussette, en parlant de M. de Pous, est celui qui, de nous tous, a choisi la meilleure part : il prie Dieu. »

Sa piété, même apparente, était le fond de son être.

Il avait une conformation corporelle d'ascète : un fuseau ou un roseau surmonté d'une tête d'homme, mais une poitrine dans laquelle battait un cœur ardent et noble. Il avait fait son stage administratif auprès de son oncle, Mⅼ de Villèle, archevêque de Bourges. Et c'est là, qu'à la mort de l'abbé du Bourg, Mⅼ d'Astros était allé le prendre : qui se ressemble s'assemble.

De l'abbé du Bourg, M. Ruffat ne trouva à l'archevêché que le souvenir. Mais quel souvenir ! Digne héritier d'un nom dont la richesse en vertus n'est pas dépassée dans notre pays. Son type rappelle quelques traits de ce jeune archevêque de Toulouse, fils de roi, et qui s'appela saint Louis d'Anjou (1).

5. Au troisième plan et non plus dans l'administration supérieure, mais dans l'apprentissage du gouvernement et dans le secrétariat des affaires, l'abbé Ruffat trouva un homme qui y était entré plus jeune que lui, mais dont ces utiles contacts, et en particulier l'influence hautement paternelle de Mgr d'Astros, avaient fait un secrétaire consommé : M. l'abbé Caujolle. C'est surtout à son école, dépourvue de toute pédanterie, que le nouveau secrétaire de Mgr Mioland pouvait considérer en leur plein exercice ces qualités dont il était déjà si virtuellement pourvu : l'exactitude, la discrétion, le dévouement, tout ce qui peut rendre heureux un prélat qui vous a livré avec confiance sa paix, son bonheur, sa vie. C'était, pris sur le vif, ce portrait esquissé par Mgr Mioland dans sa première à l'abbé Ruffat lui-même.

Caujolle et Ruffat ! Deux êtres faits pour s'entendre, s'unir et de plus en plus s'aimer, s'ils eussent vécu dans un courant plus uniforme. Le courant est fait avec des rives qu'il doit obligatoirement respecter. Ceux qui les ont connus l'un et l'autre les ont tenus en une considération qu'on peut appeler fraternelle et leur ont appliqué cette vérité de la sagesse : « Quand chaque unité est à cette valeur, il en vaut mieux deux qu'une. » Les

____

(1) L'abbé du Bourg, mourant à trente ans, commença son testament par cette phrase, que tous les échos du sacerdoce toulousain répétèrent : « La volonté de Dieu est une loi si pleine d'amour, qu'il est doux même de mourir pour s'y conformer. » C'était un saint.

plus simples liens, quand ils sont triples, sont difficiles à rompre.

Nous avons un aperçu de ce que, en arrivant au
palais épiscopal, l'ancien vicaire de la Daurade
y a trouvé, pour son perfectionnement et son
bonheur.

Le Père Caussette

A cette nomenclature des collègues du nouveau
vicaire-général, il conviendra un peu plus tard
d'ajouter celui qui doit le remplacer. Ce qu'il y
a de moins contestable, c'est que le nouvel Archevêque, en se séparant de M. Ruffat, sentit bien la
nécessité d'abriter ou tout au moins de fortifier sa
décision, dans le choix de la personnalité la plus
en vue de tout son clergé; c'était rendre au *relégué* un hommage qui en valait bien d'autres.

On a souvent accusé les orateurs d'être un peu
comme les poètes et d'être de médiocres administrateurs? Ce jugement n'est ni absolu ni universel. Ce qu'il y a de plus vrai, c'est que les
hommes d'éminente intelligence la font ressortir
partout où ils la portent. A l'œuvre on reconnaît
l'ouvrier, dont les débuts sont parfois des coups
de maître.

Il est certain que rarement on a rencontré
deux hommes plus disparates entr'eux que ne le
furent l'abbé Ruffat et le Père Caussette. Mais ils
étaient, en des genres différents, d'une remarquable intelligence tous les deux; c'est à chacun
qu'il aurait fallu demander son opinion sur la

valeur de l'autre. Peut-être aurait-on regretté
qu'ils n'aient pas pu être attelés au même char?
C'est par les oppositions que les valeurs morales
ressortent, comme c'est par les similitudes que
leur mérite est doublé ?

Seulement, il est des vies qui ne purent être
écrites sur des tombes encore trop fraîches. Le
temps est un grand moyen pour la saine appréciation des vertus humaines.

Et puis, il ne faut pas parler trop vite des êtres
que l'on a trop aimés. L'enthousiasme est parfois
plus ennemi de la lumière que l'antipathie. Quoiqu'il en soit, *Ruffat* et *Caussette* sont deux noms
éminents dans les fastes ecclésiastiques de Toulouse.

Monseigneur Mioland

En acceptant la coadjutorerie de Toulouse, l'évêque d'un grand siège comme celui d'Amiens donnait une éloquente preuve de sa soumission à ce
qu'il regardait comme la volonté de Dieu. L'immense prestige attaché à la personne du cardinal
d'Astros était bien le principal motif de cette
adhésion, mais la simplicité avec laquelle elle se
produisit révélait un bien noble caractère : « Me
voilà, écrivait-il, revenu ici comme aux Chartreux.
Au son de la cloche, je me rends au déjeuner, à
11 heures, et au dîner à 6 heures. J'ai un petit
appartement ; des meubles qui ne sont pas à moi.
Enfin, je suis comme un missionnaire chez un
curé... Au fond, tout va à merveille et me plaît

fort ici. » Un jour, dans une église de village, ayant dit aux fidèles : « Je vais vous bénir », il ajouta immédiatement : « Ou plutôt, c'est la bénédiction de votre vénérable archevêque qui va passer par mes mains. »

Ayant été témoin pour la première fois du jubilé de Saint-Bertrand-de-Comminges, il écrivait à un de ses amis : « Je pourrais dater ma lettre de trois siècles plus tôt. Je suis ici en plein moyenâge, dans une ancienne ville épiscopale, à l'entrée des gorges des Pyrénées ; je suis venu ouvrir un jubilé. Or, toutes les routes sont encombrées de pèlerins... On comptait cent cinquante confesseurs de Toulouse, Auch, Tarbes, Pamiers. A Saint-Bertrand seul, il y a eu de dix à quinze mille communions et cinq à six mille dans chacune des églises voisines. Le dernier jour, pendant les vêpres que je chantais à 3 heures, on donnait encore la communion. Hélas ! les simples emportent le Ciel ; et les savants, les politiques, les prudents de ce siècle s'évanouissent dans leurs pensées ! »

« Je dois, disait-il après une de ses retraites, éviter la tentation d'attache à l'argent. Je ne l'ai vue que de loin ; et même, cette année, je trouve que mes aumônes ont doublé... Je n'aurai que la réserve faite pour un semestre et pour mes funérailles. Chaque année je veux m'examiner sérieusement là-dessus quand je serai arrivé à ce point. »

On connaîtrait peu ses qualités intellectuelles si on les jugeait d'après ses allocutions. Mgr Plantier, qui était un vrai connaisseur en cette matière, disait : « La droiture de la raison, la rectitude incomparable du jugement et du sens pratique formaient son trait distinctif. »

Et le cardinal Donnet, archevêque de Bordeaux, présidant ses funérailles, se contenta de développer ce texte : « C'était un homme simple et droit, craignant Dieu et évitant le mal. »

Tel fut le prélat auquel fut attaché le sort de l'abbé Ruffat. Il nous a semblé indispensable de tracer ces lignes dès l'origine de leurs rapports. Après quelques années de vie commune, nous en pourrons dire davantage.

Cet homme si droit et si simple avait bien ses mouvements de facétie piquante. Un jour, un prédicateur, moins simple que lui, vint lui demander sa bénédiction avant de partir pour P..., où il allait prêcher le Carème à la cathédrale. Mgr Mioland lui dit : « Je vous bénis très volontiers, mais avant, je veux vous donner quelques avis : Je vous conseille de laisser les questions philosophiques pour les orgueilleux, les phrases pour les rhéteurs et les néologismes pour les sots. » Et, sans attendre une réponse qui ne devait pas venir, il conclut : « Là dessus, je vais vous donner ma bénédiction.»

Non seulement le prédicateur ne se fâcha pas, mais, au contraire, prenant l'incident très gaiment, il le raconta à sa communauté et aux amis. Je le tiens de lui-même. L'archevêque, à qui sa bonté laissait bien un brin de malice, avait peut-être donné en passant une chiquenaude à un absent qui, la recevant de seconde main, en dut profiter tout de même ?

Mgr Mioland et l'abbé Ruffat

Il y a dans un beau livre, particulièrement intéressant pour le clergé et les fidèles de Toulouse,
un chapitre plus attrayant que tous par son originalité et par les effluves de naturel qui y sont
répandues. Ce livre, très sérieux, solennel même,
par son sujet, est l'*histoire de l'Eminentissime
Cardinal d'Astros*, archevêque de Toulouse, mort
en 1851, à l'âge de 82 ans. Son auteur bien connu
est l'éloquent P. Caussette, dont le talent et la
manière ne furent pas faits pour atténuer la majesté
d'une thèse quelconque. Le chapitre en question
a pour titre : *Les deux amis*. Il figurerait aussi
bien dans un roman ou dans une *Nouvelle* dont
les héros seraient deux étudiants de faculté que
dans une apologie épiscopale et même cardinalice.

Les deux amis étaient deux vieillards, dont
l'union remontait à plus de quarante ans, d'âge à
peu près égal et de fonctions quasi pareilles ; car
l'un était l'archevêque et l'autre le vicaire général.
Et quand celui-ci fut parti le premier, la vie ne fut
plus qu'un prolongement d'agonie pour l'autre.

Ce chapitre m'a fait voir de telles similitudes,
dans des différences pourtant essentielles, que j'ai
été tenté de traiter Mgr Mioland et M. l'abbé Ruffat
comme mon éminent maître traita, il y a cinquante
ans, Mgr d'Astros et M. Berger, et que j'intitulerai
volontiers mon chapitre actuel : *Les deux amis* (1).

----

(1) Nous avons déjà exposé presque longuement cette thèse dans le récit

Qu'est-ce, en effet, que l'amitié au dire des moralistes soit anciens, soit modernes, qui ont le mieux défini cette délicate et sainte chose ? C'est l'identité du vouloir et du non vouloir (1).

Cette identité du goût et de la volonté, s'accommode des variétés et quelquefois même des contrastes préexistant entre deux êtres. Ni l'âge, ni le tempérament n'y font un obstacle. La *parité* est une condition tellement indispensable de l'amitié que, de deux choses l'une : ou bien elle la trouve, ou bien elle la crée entre les êtres qu'elle unit. Elle n'existe véritablement que le jour où, sous son empire, ces différences sont effacées. Mais ce jour-là les différences elles-mêmes doublent le trésor de l'amitié, quand par exemple — pour ne parler que de ceux-là — les privilèges de l'âge sont mis en commun avec la grâce de la jeunesse.

Les témoins un peu intimes de cette intimité nous ont raconté des merveilles de réciprocité dans les sentiments et dans la conduite soit de l'archevêque, soit du vicaire général. « Celui-ci avait, à toute heure, l'air d'être suspendu aux moindres désirs de celui-là, c'était une sorte de magnétisme affectueux qui, sans effort et sans fatigue, dans les conditions au contraire de la plus absolue liberté, faisait que chacun pensait pour deux et se conduisait en conséquence. Au Palais et à la Cathédrale, en voyage et dans les presby-

---

des relations entre M. Bélaval et M. Ruflat. Nous pourrions reprendre nos principales théories. Contentons-nous d'émettre celle-ci avec une preuve de plus : C'est que l'abbé Ruflat, par son amabilité et l'ensemble de ses mœurs, était un provocateur d'amitiés.

(1) *Eadem velle, eadem nolle, ea firma amiscitia est.*

tères, tout était prévu et réglé, tout coulait de source, suavement pour l'utilité et le bonheur des deux.

Aucune des conditions qui rendent l'amitié sûre n'était en défaut. Tout ce que la confiance peut produire, de haut en bas, tout ce que la tendresse respectueuse peut imaginer de bas en haut, marquait d'un sceau de dignité et d'agrément, d'obséquiosité heureuse et d'empressement vertueux le commerce quotidien, permanent entre ce père qui avait vingt ans de moins que son âge réel, et ce fils dont la maturité et la distinction se montraient jusque dans sa tendresse.

Du reste, il fallait bien que cette note fut constante et publique pour qu'elle fut ancrée dans le jugement de quiconque les avait observés une fois, du regard le plus passager.

Au premier contact, ces deux esprits se comprirent, se plurent et ces deux cœurs gravitèrent l'un vers l'autre, pour le plus grand honneur du secrétaire, pour le bonheur de tous les deux. Non seulement leurs sentiments mutuels furent sans repentances, mais ils allèrent se développant et se fortifiant jusqu'à la fin. C'est deux vies en une qu'il faudrait écrire ici. Certes, Mgr Mioland méritait bien d'avoir un pareil secrétaire, mais M. Ruffat était bien digne d'assister un pareil évêque.

M. Ruffat, Vicaire Général

Il le devint à bref délai ; c'était prévu et ce fut bien accepté de tous.

Les devoirs et les qualités d'un vicaire général se résument surtout dans ses relations avec le clergé. C'est une fonction très élevée et puissante ; non moins délicate, à cause de l'autorité qui se rattache à son action multiple et continue.

Il ne saurait nous appartenir de faire un traité sur cette matière, mais je peux bien dire comment M. Ruffat l'envisagea et en remplit les obligations ? C'est suffisant.

Et d'abord il fut *de la carrière*, puisqu'il commença par être secrétaire particulier, avec le titre d'aumônier, de Mᵍʳ Mioland. L'archevêché fut son école préparatoire et le digne archevêque fut son précepteur, son maître.

Par le fait de la confiance absolue que le prélat avait en lui, il assista, dès le premier jour, au fonctionnement des rouages administratifs. Il vit les hommes et les choses et tout ce qu'il eut à faire, comme mandataire officieux, le conduisit naturellement, sans effort, à son titre officiel.

On eut dit qu'il avait été cela toute sa vie.

Il n'eut jamais de ces empressements et de ces airs mystiques ou affairés qui semblent faire porter à un homme de trente ans le poids d'un diocèse.

Ses anciens amis n'eurent jamais la tentation de spéculer sur son influence ; mais lui n'eut aucun

besoin qu'on lui rappelât les anciens liens. Son
cœur suffisait à sa mémoire et elle s'inspira de lui
jusqu'à la fin. Autant il était à l'abri de tout favoritisme exercé, autant il avait l'indépendance de
ses plus vieilles sympathies. Ce n'est pas à lui
qu'on put appliquer ce triste adage qui flétrirait
certains parvenus, même dans l'Eglise, *honores
mutant mores*. Les honneurs changent les mœurs.

Il demeura ce qu'il était, ce qu'il avait toujours
été ; avec ses condisciples de séminaire, avec ses
confrères de sacerdoce, avec tous ses protégés de
la Daurade. Sans doute on dut bien voir poindre
quelquefois son influence dans quelques nominations. Mais les sujets qu'elles déboutèrent par
la force des choses furent les premiers à rendre
justice à son équité et à sa prudence : et ceux dont
il put favoriser les vues ne durent jamais s'en prévaloir.

Il fut, pendant une longue période de temps, ce
que dans les milieux ecclésiastiques on a coutume
d'appeler, sans intention irrévérencieuse, *l'évêque
noir*. Mais il garda toujours cette sage mesure
qui consiste à ne pas prétendre avoir pris sa part
à toute négociation qui a réussi et n'affecte pas
de n'y avoir été pour rien, quand elle a moins
répondu, soit à l'attente générale, soit aux vœux
particuliers des personnages en cause.

Il avait à un égal degré la sagesse et la modestie
administratives.

Jusque dans ses relations les plus amicales, —
où il était le moins avare de conseils, il était
surtout sobre de promesses — et ne subissait pas,
même par bonté, cette tendance, j'allais dire cette
passion qu'ont certains administrateurs de ren-

voyer toujours, émerveillé tout administré qui s'est approché d'eux. Dans les commencements, ces manières créent à celui qui en use une popularité facile, mais ça dure comme les roses ; ça crée autant de déceptions qu'il y eut d'envolées.

Après quelques épreuves de ce régime avenant et bon enfant, un administrateur, dont les débuts semblaient aller de conquête en conquête dans la voie de l'opinion publique, s'est trouvé obligé d'y rétrograder ; comme ce bâtisseur dont l'Evangile raille les prétentions : *cœpit œdificare et non potuit consummare*. Il y a une popularité qu'un ancien poète a comparée au vent le plus léger, *popularis aura*.

L'abbé Ruffat, tout en faisant grand cas de l'approbation de ses confrères, la voulait fondée et solide. Il ne l'a jamais achetée avec une monnaie qui ne valût pas son prix.

Et pourtant sa popularité fut *quasi-universelle*.

Une des faveurs les plus signalées que la Providence puisse faire à un homme, c'est de lui donner des *maîtres* dans la carrière à laquelle elle le destine. Et comme nulle carrière n'est supérieure, même dans les jugements du monde, au Sacerdoce, aucun homme ne doit priser plus haut cette faveur que le prêtre.

Or, notre génération, dans notre pays, a été élevée dans des conditions exceptionnelles de dignité ecclésiastique. Nous avons vu ce que fut le clergé toulousain d'après la Restauration.

Et ce sont là nos maîtres et nos pères. L'abbé Ruffat en était. Interrogeons leur mémoire ; elle nous répondra.

Un trait entre cent autres :

Un jour, pendant ses visites pastorales, Mgr Mioland fut invité par M. le maire à dîner au château ; mais lorsqu'il eut appris que le curé n'était pas au nombre des convives, il refusa nettement l'invitation. Puis, dans la crainte de laisser après lui un malaise fâcheux entre le maire et son curé, il se rendit au château, argumenta le maire, lui fit entendre que le curé devait être invité, qu'après le dîner quelques mots d'explication arrangeraient tout ; c'est ce qui arriva. En partant, l'archevêque laissa la paix dans la paroisse.

L'abbé Ruffat était passé par là. Et, s'il ne détestait pas les châtelains, dans les cas de conflit, il penchait plus facilement du côté des prêtres. Et l'archevêque ne se défiait pas de son influence.

Je viens de lire et de relire la notice que M. l'abbé Cayre, de judicieuse mémoire, a consacrée à Mgr Mioland. A chaque trait principal qui a marqué l'action zélée et prudente de l'archevêque de Toulouse, on croit voir transparer la douce et séduisante physionomie de son secrétaire, non point comme une influence qui se remue et entraîne celui qu'elle sert, mais comme une doublure de sentiment et comme une répercussion d'action. Ces deux hommes s'étaient en quelque sorte identifiés l'un à l'autre. La confiance et l'esprit de décision de l'archevêque semblait prévenir le conseil et deviner l'opinion du vicaire général, dont la modestie absolue laissait toujours à son chef le mérite de son initiative et même l'indépendance de son jugement. C'était un grand art au service d'une constante vertu.

Les Récréations à l'Évêché

Les récréations, pour un secrétaire ou même un vicaire général, sont une vraie fonction, comme l'assistance aux repas, presque comme le bureau.

Il faut avoir en ce point particulier des dispositions et même des aptitudes conformes ou du moins conformables au goût du Prélat.

A Toulouse, immédiatement avant Mgr Mioland, l'illustre cardinal d'Astros montait parfois à cheval dans la cour même de l'archevêché. Il était accompagné par M. l'abbé Féral, son secrétaire, tout poudré à blanc. Un domestique suivait. On faisait un tour de Grand-Rond pour gagner les boulevards ou les bords du canal et puis une route de la banlieue. Un jeudi de 1842, nous fûmes tout émerveillés de recevoir, dans ces conditions, la visite de Monseigneur à la maison de campagne de Croix-Daurade ; et personne ne songea à se choquer de cette particularité. C'était un reste de mœurs aristocratiques pratiquées par un homme qui avait la simplicité d'un anachorète, la distinction d'un parfait gentilhomme et la vertu d'un saint. Tout vicaire général n'aurait peut-être pas été apte à cette épreuve hygiénique ; car c'était de l'hygiène prescrite par la Faculté et rien de plus. Mgr Mioland n'en demanda jamais autant à l'abbé Ruffat. Mais il lui fit peut-être un assujetissement de la promenade au jardin ou de quelque autre distraction prise en compagnie et dont le prix était ainsi doublé.

J'ai dit que la récréation était une fonction du secrétaire de l'Evêché. Mᵇᵉ Mioland en devait bien juger ainsi, si nous en jugeons, nous, par les habitudes de quelques-uns de ses plus fidèles amis, par exemple :

Mᵇᵉ Plantier, le grand évêque de Nîmes, était deux fois par jour fidèle à sa partie de billard, comme à sa lecture spirituelle. L'abbé d'Alzon et ceux de ses confrères, qui en raffolaient moins, passaient la queue au prédicateur de la Station ou à quelque chanoine de la cathédrale ; mais la partie de Monseigneur entrait dans le règlement de la maison, et le Prélat y mettait la même ardeur qu'à une étude de théologie ou à une composition de mandement.

Mᵇᵉ Lyonnet, archevêque d'Albi et avant cela évêque de Valence, pratiquait fidèlement le wisth, auquel il n'entendait pas la même malice que son collègue le cardinal Bernadou, archevêque de Sens ; chez Mᵇᵉ Meignan de Chalons, chez Mᵇᵉ Fonteneau d'Agen et d'Albi, chez Mᵇᵉ Fournier de Nantes, c'était encore le billard. Et chez les deux derniers au moins, le vicaire général devait avoir le bon esprit de laisser gagner à son éminent partenaire au moins deux parties sur trois.

Chez Mᵇᵉ Lecourtier, le calembour et la fine gaudriole étaient en honneur. Le secrétaire, disait : « J'ai pour mission de veiller à la porte du cœur de Monseigneur. » C'était au moins singulier.

Chez Mᵇᵉ Darboy, on repassait les hautes questions de la journée napoléonienne ; chez son successeur, le cardinal Guibert, on traitait les fastes de Rome et de Montmartre ; chez Mᵇᵉ Dupanloup, qui se glorifiait de n'avoir jamais touché une carte de sa vie, on dissertait sur les mouvements diplomatiques ou parlementaires. La chronique générale de la presse française était tour à tour amenée ; mais chez tous ces austères philosophes et grands travailleurs, l'heure d'après dîner et plus sûrement encore celle d'après souper était une heure sacrée précédant la prière du soir. La place du vicaire général comme celle du secrétaire était marquée. Et ce n'était pas toujours une sinécure, car il y avait souvent à payer de sa personne.

Je ne crois pas que ce fût un labeur sous Mgr Mioland, à l'archevêché de Toulouse, où les discussions philosophiques n'étaient guère plus fréquentes que les parties de cartes ou de billard. Mais le charme de ces conversations sous la lampe ou dans les allées du jardin avait bien sa valeur, quand il avait pour sujet la chronique locale ou les nouvelles apportées par la *Semaine catholique*. Ces petites broderies sur les incidents quotidiens, cet intérêt renouvelé dans des conversations identiques, ces colloques d'un foyer toujours paisible demandaient bien, pour être entretenus, une certaine somme d'esprit, beaucoup plus de cœur encore, et cet assemblage de discrétion, de gaîté, de prudence, de toutes qualités enfin qui font qu'on sait toujours joindre l'utile à l'agréable : *Utile dulci*.

Nous n'en pouvons juger que par des inductions raisonnées. Mais l'abbé Ruffat était trop l'homme complet en tout le reste pour avoir été inférieur au rôle qui était le plus en harmonie avec son caractère bienveillant de prêtre et ses capacités d'homme du monde fort distingué. Il a porté cette distinction communicative dans tous les milieux qu'il a fréquentés.

On a parfois accusé l'abbé Ruffat de n'avoir pas d'idées à lui, de manquer de convictions fermes sur les hommes et sur les choses.

C'est là un jugement doublement erroné. Mais l'erreur tient à la manière modeste et à la forme courtoise, bienveillante à l'excès, que l'abbé Ruffat donnait à l'exposition de ses idées et de ses convictions. C'est vrai qu'il semblait n'affirmer qu'à demi et presque toujours cueillir sur les lèvres de son interlocuteur la formule de ses affirmations.

Il procédait le plus souvent par interrogations : Qu'en pensez-vous? Qu'en dites-vous ? C'est bien votre avis, n'est-ce pas ? Et comme cet avis demandé était habituellement le sien, c'était alors deux opinions fortifiées l'une par l'autre. Réserve et prudence. Charité et modestie.

De cette façon, il ne discutait pas, il ne bataillait pas; n'exprimant guère que des certitudes et pour ainsi dire des axiomes, il n'avait pas même à user du droit de retraite. Il n'était pas invariablement de l'avis du préopinant, mais le préopinant se rangeait ordinairement du sien.

Que de querelles inutiles il a dû éviter de cette manière. On peut lui appliquer invariablement cette note prophétique :

« Il ne criera pas; sa voix ne sera pas entendue au dehors » et le reste.

Encore l'Amitié de l'Archevêque

On a cité des vicaires-généraux qui semblaient rechercher le monopole des responsabilités. Il peut y avoir un notoire dévouement, sans aucun mélange d'égoïsme et de vanité, à se faire volontiers le bouc-émissaire du Comité administratif auquel on appartient. M. Ruffat se trouva toujours trop jeune pour prendre ce rôle vis-à-vis du Conseil dont il se déclarait le plus modeste membre ; il préférait prendre l'attitude d'un suivant. Mais, quand il était le mandataire spécial de son archevêque, ce qui devait arriver souvent, il se montrait d'autant plus précis qu'il se sentait plus couvert. D'ailleurs, dans ces commissions personnelles, il était surtout un messager officieux, et la responsabilité qu'il encourait était celle de la bienveillance. Que d'affaires il a dû arranger ainsi directement ; que de remerciements il a mérités !

Il avait sur le maître une influence que nul ne contestait, pas même lui ; mais il n'avait pas eu de siège à faire et cette influence venait spontanément de celui qui, de propos très délibéré, la lui donnait. C'était l'alliance de la confiance avec la discrétion.

Leurs affections étaient pour ainsi dire passées à l'état de nécessité. On eût dit que le Prélat était diminué ou du moins se sentait incomplet quand il était dédoublé de son vicaire. Que de décisions en dehors des consultations purement théologiques, il termina par cet avis : dites en un mot à

M. Ruffat. Les chemins étaient ainsi faciles et beaucoup de causes gagnées.

M. Ruffat connaissait d'ailleurs profondément celui qu'il aimait ainsi. Ces chemins il les savait par cœur et c'est parfois par un jeu de mots ou une facétie qu'il obtenait une conclusion désirée.

Mᵍʳ Mioland, qui avait beaucoup de finesse, aimait l'esprit de son grand vicaire.

Une note très remarquable dans la nécessité de leur tête à tête soit chez eux, soit en voyage, c'est que jamais la lassitude ne s'y est mêlée.

Ils ne connaissaient pas le silence entr'eux, même en voyage, si ce n'est pour vaquer à la récitation de leurs prières dont ils s'acquittaient souvent en commun.

Mais, du reste, toutes leurs connivences actives de parole ou d'action venaient d'un principe que la langue latine a appelé l'*unanimité* : *Duo in unum!* C'est fort touchant entre deux jeunesses. Ce l'est bien plus entre un vieillard et un jeune homme.

L'amitié courbe les têtes et égalise les cœurs.

La Mort de Mᵍʳ Mioland

Le 15 juillet 1859 fut, pour l'abbé Ruffat, le jour de son plus grand deuil, depuis qu'il avait vu rappelés à Dieu son vénéré père et sa pieuse mère. Aucun symptôme ne l'avait préparé à ce sacrifice. Mᵍʳ Mioland fut saisi, en plein état de santé, par une attaque d'apoplexie. Celui qui trace, cinquante-deux ans après, ce douloureux souvenir, a eu, ce jour-là, un honneur dont il fut bien fier. Il assista

à sa dernière messe, Mgr Mioland du côté de l'évangile pendant que M. Ruffat l'assistait du côté de
l'épître. Par une bienveillance toute personnelle
dont le vicaire général avait daigné être l'entre-
metteur, l'archevêque avait donné ce jour-là le
sacrement de Confirmation à vingt-cinq enfants
que je lui avais conduits.

Sans concevoir aucun effroi, nous remarquâmes
bien que le vénéré prélat avait, en lisant dans le
Missel, la vue chancelante et obscurcie. Mais, dès
que je me fus retiré, M. Ruffat dut se livrer à tous
les mouvements affectueux d'un zélé précurseur de
la désolation : il n'y avait plus à hésiter.

« A dix heures, il entra providentiellément dans
le cabinet où le Prélat venait de donner quelques
signatures au secrétaire général. Il était encore
debout, mais abattu. Voyant venir à lui son vicaire
général, il lui dit : « Je ne sais pas ce que j'ai, mais
je ne suis pas bien.» Et en même temps il lui montrait son bras droit engourdi et comme immobile.
M. Ruffat le fit asseoir et comprenant la gravité du
mal, il s'empressa d'informer les personnes de la
maison et de faire quérir un médecin habile.
Mgr Mioland prit un air tout rassuré et dit : « Ne
vous troublez pas, ce n'est rien ». Mais en même
temps il montrait sa main paralysée et n'achevait
les phrases qu'avec peine. Cependant, le médecin
ordonna une appplication de sangsues et cherchait
à rassurer le malade. Mais celui-ci se contenta de
répondre avec une touchante sérénité par une
parole qui était l'écho de toute sa vie : « Je suis
entre les mains de Dieu, que sa volonté soit faite ;
il en sera ce qu'il voudra. » Puis, sur l'invitation
du docteur, il se leva pour regagner son lit. Il mar-

cha sans aucun aide, de son cabinet à sa chambre. A onze heures et demie eut lieu l'application des sangsues. Une demi-heure après, le malade parut absorbé et on l'entendit murmurer cette parole d'espérance : *Deus meus, misericordia mea!*

Ce fut la dernière tombée de ses lèvres!

Certes, aucun de nos lecteurs ne nous accusera d'avoir fait ici un hors-d'œuvre. Le récit de la mort d'un père ne saurait être plus opportunément placé que dans la vie d'un fils. Il en fait partie intégrante, par les douleurs qu'il y apporte et les brisements qu'il y opère.

A dater de cette tombe, c'est pour M. Ruffat un autre ordre de choses qui commence. C'était l'inconnu ; et le vicaire général était trop éclairé sur les hommes et sur les choses pour ne pas s'attendre à une petite révolution de palais et ne pas s'y préparer. Mais il était à la fois trop pieux et trop philosophe pour ne pas s'en remettre sans inquiétude lui aussi à la volonté de la Providence. Elle l'avait trouvé prêt à monter quand il ne s'y attendait pas et quand surtout il ne le cherchait pas. Elle le trouva prêt sans se cramponner à son siège, quand il en faudrait descendre. L'affliction, d'ailleurs, devait lui tenir lieu de tout autre sentiment. Sans avoir le goût des à-propos poétiques, il goûtait et pratiquait cet état d'âme non moins sage que religieux :

Le pied sur une tombe, on tient moins à la terre!

Loin d'être distrait de son deuil par les soins dont le vénéré défunt l'avait laissé chargé, il y fut ramené par toutes les nécessités de ses services filiaux. Il lui fallut s'occuper de tout cet attirail des obsèques, aussi matériellement absorbant que celui d'un avènement ou d'un sacre. Il sut donner ordre à tout avec sérénité, quand il était navré.

Il applaudit avec tout son cœur à cette oraison funèbre que le cardinal Donnet, archevêque de Bordeaux et ami lyonnais de Mgr Mioland, prononça devant une immense foule profondément émue : « *C'était un homme simple et droit, craignant Dieu et évitant le mal.* » Comme c'était vrai !

Ces paroles, en effet, résumaient admirablement la vie de cet admirable pontife sur les lèvres duquel M. Ruffat avait souvent recueilli cette leçon que lui-même se plaisait à rappeler : « La meilleure politique, c'est de n'en pas avoir ; la simplicité réussit mieux que la finesse, sans compter qu'elle s'accommode mieux avec l'esprit de Dieu. »

O vénéré secrétaire, personne ne conaissait mieux que vous les secrets de cette âme généreuse. Vous seul pouviez en quelques traits lui donner toute sa ressemblance.

Après la lugubre cérémonie, quand l'abbé Ruffat rentra à l'archevêché, il dut le trouver bien vide et inhabitable même. Son cœur priait plus à l'aise désormais dans ce vaste chœur de la cathédrale, sous la crypte duquel l'archevêque d'hier était allé joindre ses prédécesseurs, dont le plus illustre était celui qui, à peine dix ans avant, l'avait appelé au partage de sa houlette.

Toutes ces choses pouvaient bien avoir un sens pour les confrères et la multitude. Elles en avaient un, incomparablement intime pour l'abbé Ruffat. Sa carrière était évidemment brisée ; mais son âme était debout et son cœur plus plein que jamais.

Nomination du Vicaire général capitulaire

Quoique le plus jeune des trois, l'abbé Ruffat fut nommé à cette charge éminente par les membres du chapitre cathédral qui, en le choisissant, rendirent un dernier hommage à l'archevêque défunt.

Nous, chapitre et chanoines prébendés de l'Eglise Métropolitaine de Toulouse, le siège Archiépiscopal étant vacant, pleins de confiance et d'espoir en la probité, la science et la prudence du vénérable Claude-Elzéar Ruffat, naguère vicaire général de l'Archevêque de Toulouse défunt, le nommons et le constituons vicaire général et spécial dans ladite église ; lui concédant, par les présentes, un mandat général et spécial de visiter, régir et gouverner le diocèse ; d'absoudre les pénitents de tous cas même réservés au Souverain Pontife dans les circonstances ordinaires, de déléguer à cet effet les autres prêtres, capables d'examiner les clercs proposés pour les ordinations, de donner des lettres démissoires et des titres à des curés appelés desservants.

—Il n'en nommera aucun autrement que dans un Conseil composé de trois vicaires généraux, — d'ériger partout où il le jugera à propos, des secours pour le service des âmes, l'administration des sacrements ; de donner toutes les dispenses qui dépendent de l'Ordinaire ; d'absoudre de toutes censures et irrégularités, selon les sacrés Canons et les décrets ecclésiastiques ; de recevoir toutes les lettres apostoliques adressées à l'Ordinaire ; de choisir et approuver les confesseurs et prédicateurs..... Et en général de tout dire, faire, gouverner comme le peut un vicaire général, à l'exception du secrétariat diocésain et de ses revenus, ainsi que de la convocation et de la présidence du Chapitre métropolitain.

Donné à Toulouse, en pleine Assemblée capitulaire, le 17 juillet 1859.

Signés: LAURENT, *doyen*; de JUILLAC, secrétaire.

Ladite nomination revint approuvée du ministre des Cultes, Rouland, le 23 juillet.

Monseigneur Desprez et l'abbé Ruffat

La nomination de Mgr Desprez à l'archevêché de Toulouse ne fit pas long feu. Le directeur des cultes était en ce moment M. Victor Hamille, compatriote très actif du prélat et ayant avec lui quelque alliance de famille dont celui-ci dut éprouver, coup sur coup, la légitime influence. D'une simple succursale de campagne à une cure de Roubaix, de Roubaix à l'évêché de Bourbon (afin de supprimer par l'éloignement toute marque de favoritisme); mais, de Bourbon à Limoges et de Limoges à Toulouse, tous ces chemins, constamment ascendants, parcourus en quelques années, firent à notre archevêque une carrière que ne lui eussent donnée ni le seul prestige de la science ou même de la vertu, ni les seuls mouvements de la politique. Du reste, il avait de grandes qualités épiscopales : une dignité morale qui concordait avec la majesté de sa tenue extérieure, un fond de bonté très capable d'un dévouement durable, quand il ne se sentait ni intimidé ni défiant; et puis, une note d'ultramontanisme très éclairé le rendait moins *irréductible*, par conscience et par goût, envers tout sujet, prêtre ou même évèque, qui ne suivait pas Louis Veuillot jusqu'à ses dernières conclusions : — ainsi se montrait notre vénéré archevêque, si bon cependant ! — Avec tout cela, une notoire générosité pour toutes les gênes dont il était témoin et un esprit de très paternelle miséricorde pour les défaillants dont la doctrine était demeurée intacte. Il a régné 36 ans — *régné* est le vrai mot — sur le siège épiscopal de Toulouse. Et la considération publique dont il a emporté la certitude, n'était en rien inférieure à celle que lui ont méritée ses longs services et son grand âge.

Le connaissant peu sympathique à toute supériorité qu'il jugeait remuante, on a pu penser, en fouillant au fond la vie de l'abbé Ruffat, que c'était parfois à une personnalité plus haute que s'adressaient les chiquenaudes dont Mgr Desprez avait gratifié le vicaire général ?

En somme, noble existence épiscopale, qui a connu même les détractions et la calomnie, afin d'être au niveau de toutes les tristesses qu'un évêque est appelé à consoler, de toutes plaies qu'il a la mission de guérir.

Quand on le considère dans la statue de marbre que ses amis diocésains ont élevée à sa piété dans une chapelle de la cathédrale, on regrette que, durant le long stade que la Providence lui a donné sous ces voûtes, l'idée ne soit venue ni à lui ni à ses assesseurs très convaincus, d'ériger pareil souvenir au prélat qui fut le héros de l'Eglise de France en notre siècle : au cardinal d'Astros !

Le dernier mot n'est certainement pas dit sur cette question. Espérons-le.

Nanti de son titre capitulaire, l'abbé Ruffat dût correspondre à bref délai avec l'archevêque-nommé. Il le fit et — pour une fois, *mais une fois seulement* — le prélat lui répondit en lui donnant ce titre : *Monsieur le vicaire général.*

L'abbé Ruffat avait fait allusion, dès sa première lettre, à l'institution des sourds-muets dont il était personnellement propriétaire en sa qualité de légataire universel de Mgr Mioland, et dont il n'a cessé de vouloir se défaire au bénéfice du diocèse. Mgr Desprez lui répondit à ce sujet.

Voici cette première lettre :

Roubaix, le 19 septembre 1859.

Monsieur le Vicaire Général,

L'affaire dont vous m'entretenez dans votre lettre du 14 est très grave, et je me taxerais d'imprudence si je la terminais d'aussi loin et sans la mieux connaître. Je vous invite, mon bien cher abbé, à la soumettre au Conseil de MM. les Vicaires capitulaires ; vous l'examinerez ensemble, avec toute la mâturité qu'elle réclame et vous déciderez pour le plus grand bien. Je vous promets de ratifier quand j'aurai pris possession du siége, la décision que vous aurez prise en commun. Portez bien, je vous en prie, toute votre attention sur les ressources au moins probables pour faire face aux dépenses.

Veuillez recevoir, Monsieur le Vicaire général, l'assurance de mon affectueux dévouement.

† FLORIAN, *évêque de Limoges.*

Je prie vos respectables collègues d'agréer l'expression de mes sentiments affectueux et dévoués.

17

Révocation

Le mot est un peu gros, et cependant c'est bien celui qui peut le mieux signifier l'acte d'autorité auquel il fait allusion. Le 14 novembre 1859, Mgr Desprez fit savoir à l'abbé Ruffat qu'il lui retirait ses pouvoirs de vicaire général, renouvelés à ses deux collègues, M. Roger et M. de Pous. Le révérend père Caussette, supérieur des missionnaires du Calvaire, fut nommé à sa place. Certes, les éminentes qualités du sujet étaient bien de nature à justifier ce choix, s'il n'avait fallu commencer par faire une victime? Dix ans auparavant, Mgr Mioland y avait mis plus de formes, quand il dût remplacer M. l'abbé Berger, vicaire général de Mgr d'Astros, mort quelques mois à peine avant le cardinal.

Voici ce qu'a écrit M. l'abbé Cayre dans son *Histoire des Archevêques de Toulouse*. M. l'abbé Cayre, ancien secrétaire particulier de Mgr Desprez :

« Après la mort de M. l'abbé Berger, Mgr d'Astros songea pour le remplacer à l'ecclésiastique dévoué qui avait été depuis longtemps son secrétaire intime, et, on peut le dire, le confident de toutes ses pensées (Lisez : M. l'abbé Caujolle). Mais la nomination, en arrivant à Toulouse, n'y trouva plus que le tombeau du vénérable cardinal, et, debout auprès de lui, un nouvel archevêque (Mgr Mioland). Ce prélat cependant, *respectant les dernières volontés et pour ainsi dire le testament paternel de son saint prédécesseur*, remit le nouveau titre de vicaire général au secrétaire de l'archevêché. Celui-ci, de son côté, par une délicatesse de sentiment non moins grande, voulut laisser au prélat toute sa liberté et il le supplia de confier à un homme de son choix l'honneur de concourir à l'administration du diocèse. Ce refus, aussi honorable pour celui qui le faisait que la proposition de l'archevêque l'avait été pour lui-même, laissait libre un titre de vicaire général qui fut donné à M. l'abbé Bélaval, plus tard évêque de Pamiers. » Les deux autres eurent leurs pouvoirs renouvelés. C'étaient MM. Roger et de Pous.

Ainsi s'étaient passées les choses dix ans auparavant.

Une grave leçon se dégage de tout ceci : La vanité des honneurs *même ecclésiastiques*. Et nous comprenons la ténacité de tel titulaire inamovible qui a refusé de monter plus haut.

Voici textuellement la lettre de Mgr Desprez et la réponse de l'abbé Ruffat. Les textes, quand on peut en disposer, valent mieux que les commentaires.

Paris le 14 novembre 1859.

Mon cher Abbé,

Après avoir bien prié le Seigneur de m'éclairer sur le choix que je devais faire de mes vicaires généraux, et après avoir pris tout le temps nécessaire pour réfléchir mûrement sur cette grave question, je viens d'arrêter définitivement ces nominations. J'ai le regret, mon cher Abbé, de vous informer que tout en reconnaissant vos services et vos éminentes qualités, il ne m'a pas été possible de vous faire entrer dans la composition de ce personnel.

Dès que je serai arrivé à Toulouse, je m'occuperai, avec toute la sollicitude que vous pouvez attendre de moi, de vous offrir un dédommagement convenable de l'emploi que vous exerciez dans ces derniers temps.

Recevez, mon cher Abbé, l'assurance de mon affectueux dévouement en N. S.

† FLORIAN, *archevêque de Toulouse.*

*
* *

Toulouse, le 16 novembre 1859.

Monseigneur,

Je rentre à Toulouse, après un jour d'absence et j'ouvre à l'instant la lettre par laquelle Votre Grandeur me donne connaissance de sa détermination à mon égard.

Je n'avais accepté qu'en tremblant et après plusieurs refus, les fonctions que j'exerçais ; j'accepte donc avec une sincère soumission, exempte de tout regret personnel, ce premier acte de votre autorité.

Vous voulez bien me parler de *dédommagement* ; je n'hésite pas à vous dire, Monseigneur, que je m'abandonne entièrement et en aveugle à la divine Providence pour le soin de mon avenir ; car ma qualité d'héritier de votre vénérable prédécesseur n'ajoute pas une obole à mon avoir ; elle le diminuera plutôt, quelque modique qu'il soit déjà.

Je suis avec un profond respect...

RUFFAT.

Ces deux lettres ont chacune une signification importante. L'Archevêque se montre encore bienveillant dans la détermination que sa conscience lui a dictée. L'abbé Ruffat apparaît dans toute sa dignité et sa *confiance en la Providence.*

Les choses n'en pouvaient pas demeurer là. Et, dès ce moment, l'archevêque dut recourir à plusieurs propositions successives pour réaliser le

dédommagement annoncé. Les voici dans l'ordre
où elles furent émises :

Limoges, le 22 novembre 1859.

Mon cher Abbé,

La cure de Saint-Pierre, à Toulouse, étant vacante, je
suis heureux, mon cher abbé, de venir vous l'offrir. Si
vous l'acceptez, veuillez en donner avis à M. l'abbé Roger,
vicaire général, qui vous remettra une lettre de nomination canonique, et vous pourrez prendre immédiatement
possession de cette église. Croyez-le bien, mon cher Abbé,
si j'avais eu à ma disposition un poste plus important, je
me serais empressé de vous y nommer.

Recevez, mon cher abbé, l'assurance de mes sentiments
affectueux et dévoués en N.-S.

FLORIAN,
Archevêque de Toulouse.

*
* *

Toulouse, le 21 décembre 1859.

Mon cher Abbé,

Malgré toutes mes instances, M. le curé de Villemur per-
sévère dans sa volonté de se retirer du Ministère et il m'a
donné sa démission. Cette paroisse, mon cher abbé, est
une cure de première classe et, avec bonheur, je m'empresse de vous l'offrir ; vous savez mieux que moi que vous
y trouverez d'abondantes consolations.

Recevez, mon cher abbé, l'assurance de mon affectueux
dévouement en N.-S.

† FL., *Archevêque de Toulouse.*

La négociation continue :

Nailloux, le 20 avril 1860.

Monsieur l'Abbé (1),

La mort du respectable M. Cassagne rend vacante, dans
la ville de Toulouse, la grande et belle paroisse de Saint-

____

(1) A remarquer.

Nicolas. J'ai jeté les yeux sur vous pour remplacer ce digne ecclésiastique et je suis disposé à vous nommer son successeur. Cette nomination, Monsieur l'abbé, vous prouvera, une fois de plus, l'estime que je fais de vous. Veuillez me dire si vous acceptez le poste que je vous offre et je vous prie de ne pas différer votre réponse.

Recevez, Monsieur l'abbé, l'assurance de mon dévouement en N.-S.

† FL., Archevêque de Toulouse.

M. l'abbé Ruffat répondit que, si après plus de dix années d'interruption, il avait cru pouvoir rentrer dans le ministère pastoral, la modeste cure de Saint-Pierre, que Monseigneur avait eu la bonté de lui offrir, aurait suffisamment répondu à son ambition et à son bonheur. Mais qu'aujourd'hui ses habitudes nouvelles et l'état de sa santé ne pouvaient lui permettre d'accepter ces offres si bienveillantes.

Le *profond respect* est au bout de ces considérations; mais évidemment l'ancien vicaire général s'était replié vers *ses œuvres*. Sa vie privée lui offrait en elle tous les *dédommagements* désirables.

Nous le verrons bien.

Et cependant, ni l'opinion publique de plus en plus sympathique à l'abbé Ruffat n'était satisfaite, ni la conscience juste et même bienveillante du prélat n'était sans quelque souci. Plus était modeste et silencieuse la victime, plus haut son annihilation criait qu'il restait quelque chose à faire.

Cet état de choses dura pourtant dix-sept ans. En 1878, le Doyen du chapitre, M. l'abbé Boissié, homme vénérable et vénéré, tant parmi les prêtres

que parmi les hauts chrétiens de la cathédrale,
prit spontanément l'initiative d'une démarche auprès de l'archevêque, toujours aussi réservé dans
ses propos que ferme dans ses idées, et lui dé-
montra, avec l'autorité de sa position officielle
et de sa vertu privée, que « la place de l'abbé
Ruffat était dans une stale du chœur métropolitain ». — « Puisque je vais mourir, dit-il, donnez-
lui la mienne. » Le Doyen mourut en effet.

La solution s'était fait attendre, mais elle était
trouvée. Et le moins heureux n'en fut pas l'archevêque.

Cette page aura été pour nous la plus délicate,
la seule pénible à écrire de toute cette notice,
parce qu'elle renferme le récit d'une véritable
violence — voulue ou non — à l'égard de l'homme
le plus pacifique. Quelque diligence qu'y mis-
sent les graves administrateurs, dont il était l'égal
la veille, les offres qui lui furent faites lui parurent une déchéance innacceptable et il eut la franchise de signaler cette note à l'un d'eux. La
stale titulaire à laquelle on le nomma plus tard
et qu'il occupa jusqu'à la fin de ses jours, paraissait le seul siège convenable à sa dignité. Il attendit et il se tut, laissant à la Providence le soin de
tout accommoder. Du reste, l'homme éminent
qui lui fut substitué était de vieille date familiarisé
avec *les deux courants* qu'on disait avoir toujours
existé dans les hauteurs administratives, et comme
c'était un grand esprit et un noble cœur, il dût
contribuer plus tard à la remise de chacun à sa
place, autant qu'il le put. M. Ruffat ne fut amoindri pour personne, en retrouvant un peu plus bas la

sienne. Le *sursum corda* le *maintint* à sa hauteur.

Il ne nous appartient pas de juger les motifs qu'eut Mgr Desprez, dont la conduite d'ailleurs ne fut la violation d'aucun droit, puisque les vicaires généraux sont ce qu'on appelle révocables *ad nutum*. Il peut y avoir encore de la bonté jusque dans la dureté nécessaire. La justice peut surtout y être maintenue??

Rendu à sa Vie privée

Tout est bien qui finit bien.

L'abbé Ruffat, dégagé de toute administration officielle, continua à gérer les diverses œuvres auxquelles il était personnellement préposé. Il put surtout remplir son rôle de « confesseur des mourants attardés de la ville entière ». Et cela dura plus de quarante années !

A la mort de Mgr Desprez, il y eut bien une rapide phase durant laquelle les amis de M. Ruffat purent espérer une réhabilitation plus solennelle. Ce fut au moment où Mgr Fonteneau, archevêque d'Albi, eut, par la grâce du ministre Combes, quelque chance d'être transféré à Toulouse. Mais comme un candidat au moins également certain était d'abord le cardinal Bourret, évêque de Rodez, Mgr Mathieu, depuis peu évêque d'Angers, fut assez favorisé pour passer entre les deux, qui, du reste, moururent bientôt l'un et l'autre, quand lui-même devait être à bref délai cardinal.

Une des premières notions que recueillit le nouvel archevêque, fut l'état d'affaiblissement désespéré où l'âge et les travaux avaient réduit M. Ruffat. Il n'y avait rien à faire pour lui-même. Mais le vénérable supra octogénaire avait un disciple que tout le monde saluait déjà comme son héritier. Mgr Mathieu, ayant du flair et de la bonté, voulut que le premier chanoine honoraire de sa nomination fût M. Tessèdre. Et il alla en personne porter le titre à M. Ruffat qui, sans préjudice du mérite de l'élu, dût bien considérer cette attention comme adressée à lui-même. M. Tessèdre fut nommé, quelques jours après, chanoine honoraire de la cathédrale d'Albi; et quelques jours encore après, chanoine honoraire de celle de Constantine..., si bien que Mgr Mathieu, qui ne manqua jamais ni d'à-propos, ni d'habileté, l'appelait M. *les Chanoines*.

Souvenir d'un Incident lointain

Le jour où Mgr Desprez devait prendre possession de son église, le clergé du diocèse fut officiellement informé de l'arrivée de sa Grandeur; les vicaires généraux et un grand nombre de prêtres, se rendirent au devant de Monseigneur et lui firent les honneurs de la réception.

M. l'abbé Ruffat, qui n'avait reçu aucune invitation à cet effet, prit, comme toujours, conseil de son devoir.

A genoux, au pied de son crucifix, que surmontait le portrait du vénéré Mgr Mioland, il demanda à celui qui, du haut du ciel, était devenu son Père et Conseiller, ce qu'il devait faire dans une circonstance aussi délicate. Son âme, toujours à la hauteur de son devoir, comprit qu'il devait donner à son premier Pasteur un témoignage de filiale et respectueuse soumission ; il accompagna, en gardant la dernière place, sa Grandeur jusqu'à l'Archevêché.

Arrivé au palais Archiépiscopal, Monseigneur reçut les honneurs de son clergé ; M. l'abbé Ruffat, qui avait gardé le dernier rang, fut aperçu par un de ses amis qui lui dit avec étonnement : « Comment, toi, ici, derrière une porte ! » — « Oui, moi ici. » — « Mais, monte donc plus haut, à ta place. » — « Mais, j'y suis à ma place, derrière une porte, à côté des balais, » répondit M. l'abbé Ruffat avec son amabilité ordinaire.

Le récit précédent, écrit *il y a quarante-trois ans* par un témoin oculaire, et textuellement retracé par nous, prouve mieux qu'une dissertation les vertus que nous avons signalées en l'abbé Ruffat, *son humilité* surtout.

LES ŒUVRES

Cette expression peut être prise en deux sens, qui sont l'un et l'autre applicables à l'abbé Ruffat. Dans le sens le plus ordinaire et le plus familier, cela signifie les opérations les plus familières aussi : les prières quotidiennes, le travail des mains ; tout, enfin, sans en rien excepter.

Dans un sens plus particulier et plus élevé, cela signifie une catégorie d'opérations prévues et réglées, se rapportant à un sujet unique : l'œuvre de la propagation de la foi, l'œuvre des prisons, etc.

1° L'abbé Ruffat a entendu et pratiqué dans ses moindres détails ce conseil : *Faites tout pour la gloire de Dieu.* 2° Il a adopté, inventé des travaux, des secours, *des œuvres* enfin, auxquelles il n'était pas obligatoirement tenu, qui étaient le fruit de son seul zèle. Celles-ci ont occupé dans sa vie une large place ; et c'est surtout à elles qu'il convient d'appliquer la parole de l'évangile, disant des élus que : *leurs œuvres les suivent.*

Cette *séquence* nous représente une figure charmante ; car elle s'adresse à des *heureux,* pour qui la délivrance de toutes les tristesses est enfin arrivée : « Heureux, est-il écrit, les morts qui meurent dans le Seigneur ! ». Et la raison de cette félicité est dans cette procession de *leurs œuvres qui les suivent*.

Représentons-nous notre vénéré père, partant pour ce dernier voyage, où ses amis ont accompagné sa mortelle dépouille ; la procession a été longue et belle ; car ils étaient nombreux, et les cœurs étaient émus. Eh bien! ce n'est là qu'une image de la procession qui a suivi son âme : La procession de *ses œuvres*, justification de sa vertu, arguments de sa sainteté. Elles sont montées, faisant escorte à sa mémoire, comme des sociétaires du Saint-Sacrement, suivant, un cierge en main, le dais eucharistique ; comme ces vierges, dont il est écrit qu' « *elles suivent l'agneau partout où il va.* » Cette partie de la vie de M. Ruffat est le complément des autres ; elle en est la glorification, l'apothéose, le jugement dernier, la première récompense. Énonçons-les et édifions-nous :

1° *L'œuvre de Marie* ;
2° La *Sainte-Epine*. — M. l'abbé Garrigou ;
3° L'œuvre de l'orphelinat de la Dalbade ;
4° L'œuvre des Carmélites ;
5° Les séminaristes externes ;
6° L'œuvre des Pénitents-Gris ;
7° L'œuvre des sourds-muets ;
8° L'œuvre de la Sainte-Famille.

Tout une *couronne*, toute la *lyre*, comme on dit ! Et cette couronne est faite de fleurs qui méritent qu'on les considère et qu'on en respire le parfum. Et cette *lyre* a des cordes qui valent qu'on les fasse vibrer ; des notes et des accords qui sont dignes qu'on les chante.

Un écrivain moderne, aussi éloquent que pieux, a dit d'une vie dont il est l'auteur : « Il ne suffirait pas de l'écrire, on la devrait chanter (1) ». Nous traiterons plus modestement la vie de notre héros, mais c'est surtout après ce chapitre que nous dirons notre :

Deo gratias !

---

(1) Mgr Bougaud, de la *Vie de Sainte-Chantal.*

L'Œuvre de Marie

C'est pendant que M⁀ Estrade, postulateur de la Cause de Sainte-Germaine, traitait à Rome de cette négociation si importante pour le diocèse et pour l'Eglise, que M. Ruffat a fondé l'*Œuvre de Marie*, approuvée, comme on le voit, par un indult spécial.

Rome, le 14 mai 1854.

Monsieur le Chanoine,

J'ai l'honneur de vous adresser un indult en faveur de la société de l'œuvre de Marie, que ma belle-sœur, venue cet hiver à Rome, m'a prié de solliciter. J'ai fait la demande en votre nom comme Directeur de l'œuvre.

Vous me permettrez de vous donner une explication sur deux clauses exprimées dans ce rescrit qui pourraient vous causer peut-être quelque difficulté.

1° Le mot *canonicè erecta* ne doit pas être pris dans la rigueur du terme, il est reconnu par la Sainte-Congrégation des indulgences qu'une société est canoniquement érigée dès le moment qu'elle est établie avec le consentement de l'Ordinaire ; une ordonnance préalable du Prélat n'est nullement nécessaire, il suffit que la société lui soit connue et qu'il l'agrée.

2° Dans le cas où la société de l'œuvre de Marie n'aurait pas encore une église ou un oratoire public destiné à ses exercices religieux, il suffira, pour laisser à l'indult toute la valeur, que M⁀ l'Archevêque désigne une église ou un oratoire public à cet effet avant de fixer le jour dans lequel pourra être gagnée, par les membres de la société, l'indulgence plénière accordée par le Souverain Pontife.

Je fais don à l'œuvre des déboursés que j'ai dû faire

pour ce rescrit, je suis bien aise, moi aussi, de contribuer à cette bonne œuvre.

Je vous prie de présenter mes bien respectueux et dévoués hommages à Monsieur le Supérieur.

Songez-vous à vous joindre aux pèlerins de Toulouse qui viendront assister à la cérémonie de la Béatification de nôtre vénérée compatriote?

Veuillez agréer, Monsieur le Chanoine, l'expression de mes sentiments empressés.

J. ESTRADE.

Elle avait son centre de réunion, son oratoire, à la chapelle des Pénitents-Gris.

Les cotisations étaient portées à une moyenne de six à neuf mille francs par an.

C'est une vrai société de Saint-Vincent-de-Paul, par les Dames pieuses de Toulouse.

Œuvre de Marie

SOCIÉTÉ DE DAMES EN FAVEUR DES PAUVRES

Établie depuis l'Année 1847.

Membres de la Société. — Toute personne qui souscrit au moins pour une somme ce cinq francs par an.

Organisation. — Une présidente, une vice-présidente, une secrétaire, une trésorière assistée de quatre secrétaires, forment le Conseil.

Assemblée. — Le premier lundi de chaque mois, depuis le 1er novembre jusqu'au 1er mai ; tout sociétaire a droit d'y assister.

But de la Société. — Secourir les pauvres et les malades recommandés par les Sociétaires.

Moyens. — Les cotisations des Sociétaires ; les dons et les loteries ; deux distributions par semaine de pain, de légumes, de bois, de riz, etc. ; prêt mensuel de draps de lit aux pauvres malades ; prêt de couvertures de laine aux pauvres les plus nécessiteux, pendant l'hiver ; prêt ou don d'autre linge, selon l'état des pauvres, et les circonstances ; visite hebdomadaire des pauvres et des malades.

La cotisation annuelle est de quinze francs, dont dix francs sont payés au mois de mai, et cinq francs au commencement du Carême.

Chaque cotisation donne droit à faire secourir un pauvre.

On peut faire partie de l'œuvre, à titre de sociétaire, moyennant un versement de cinq francs par an, sauf le droit de présenter un pauvre.

Le samedi après le 15 novembre, admission et inscription des pauvres, au siège de la Société.

Chaque quinzaine, à partir du samedi après le 15 novembre, remise aux Dames visiteuses de bons de pain et autres comestibles qu'elles portent à domicile.

Les draps de lit prêtés aux pauvres sont changés tous les premiers samedi de chaque mois, de 1 heure et demie à 3.

Tous les samedis, d'une heure à cinq, réunion pour la couture, au siège de la Société.

Les premier et troisième dimanches de chaque mois, le Conseil se réunit à une heure précise.

Les personnes qui donnent au moins deux francs, pour la lingerie, sont admises comme bienfaitrices de cette œuvre, et ont part aux Indulgences accordées par notre Saint-Père le Pape. Elles peuvent participer, si elles le désirent, à la couture et à l'entretien de la lingerie.

Les sociétaires et bienfaiteurs sont prévenus, par lettre, du jour de la messe votive de l'Immaculée Conception (Fête patronale de l'œuvre).

Le compte rendu imprimé de l'année précédente est remis à domicile.

OBSERVATIONS. — La société s'honore de compter à la tête des souscripteurs Monseigneur l'Archevêque, Monseigneur le coadjuteur, un bon nombre de membres du Clergé et beaucoup de personnes distinguées de la ville. Plusieurs fois MM. les membres du Conseil municipal ont bien voulu lui donner des marques de sympathie en lui accordant une part dans la distribution des sommes provenant de divers concerts. Les personnes qui désireraient de plus amples renseignements peuvent s'adresser à Mme V^o FAURE, rue Mirepoix, n° 3.

Ainsi M. Ruffat avait-il prévu et réglé tous les détails.

La Sainte-Epine. — M. Garrigou.

Un de nos maîtres les plus éminents ayant à prononcer, il y a un demi-siècle, l'oraison funèbre du cardinal d'Astros, prit ce texte qui comparait notre saint archevêque au vaillant Esdras, après la Captivité et les malheurs de Jérusalem : *D'une main il tenait la truelle et de l'autre l'épée.* Nous pourrions ici transcrire la page entière qui en cent langues différentes a raconté à l'univers et aux siècles les malheurs de notre patrie dévastée; et parallèlement les prodiges de relèvement que durent accomplir quelques réparateurs providentiels quand la tourmente fut passée. Mgr D'Astros, dans nos murs toulousains, s'appelait *Légion*. Autour de ce diligent constructeur et de cet intrépide capitaine, tout un bataillon sacerdotal opéra selon la même stratégie et à la même heure. Ils ne furent pas tous, comme le chef, *constructeurs* et *soldats*, mais ils se distribuèrent les attributions selon les capacités. Ce qu'il y eut d'important, c'est qu'ils se conduisirent avec un admirable ensemble sous la direction de leur maître commun. Cette unité d'efforts fut la cause et la garantie de ce succès restaurateur. Parmi les paisibles et pacifiants ouvriers dont l'esprit fut le plus actif, le cœur le plus ardent, le zèle le plus efficace, l'histoire toulousaine doit compter un vénérable prêtre que tous ses contemporains ont admiré : M. l'abbé *Garrigou*. Admirable physionomie, très belle existence sacerdotale, qui demande-

rait bien, pour être connue comme elle le mérite,
une étude au moins aussi détaillée que celle es-
sayée par nous sur l'abbé Ruffat. Mais les contemporains du saint abbé Garrigou sont déjà loin
dans le chemin qui mène à la vie éternelle. Nous
n'aspirons qu'à signaler de sa survivance une
œuvre dont l'abbé Ruffat fut le digne continuateur :

Parmi les œuvres qui ont occupé la pieuse activité de M. Ruffat jusqu'à la fin de sa vie, une des
plus honorables et des plus attachantes pour lui-
même fut la congrégation de la *Sainte Epine,*
« Association consacrée à Jésus couvert de plaies
et couronné d'épines et à Marie transpercée d'un
glaive de douleur. »

Il en fut le très zélé directeur, depuis que
M. Bélaval avait quitté Toulouse pour l'évêché de
Pamiers.

Elle remonte à 1804 et reçut, le 13 août de cette
année, l'approbation très explicite de M⁰ʳ Primat,
archevêque de Toulouse, ainsi qu'en témoigne
cet extrait des archives :

« Quelques serviteurs de Dieu, vivement affligés
et justement alarmés à la vue de l'affaiblissement
de la piété et de la dépravation de mœurs, qui
allaient toujours croissant, conçurent le dessein
de former entre eux une sainte union pour se fortifier réciproquement contre le torrent du mauvais exemple qui entraînait une multitude de chrétiens dans la voie large de la perdition, et pour
s'animer, au contraire, à marcher avec courage
sur les traces de Jésus-Christ dans la voie qui conduit à la vie. Les plaies du Sauveur leur parurent

le symbole de religion le plus propre à nourrir en eux l'esprit qui les animait. L'un d'eux s'étant adressé au nom de ses collègues à un prêtre attaché à l'insigne Basilique de Saint-Sernin pour le prier de les diriger... ce prêtre, après y avoir réfléchi, eut la pensée d'offrir à leur culte spécial *l'homme de douleurs,* tel qu'il fut présenté aux Juifs par Pilate après sa flagellation, *couronné d'épines.* Le cœur de ce député s'ouvrit alors à la joie et à la confiance... et il supplia ce saint prêtre de ne pas leur refuser son ministère qu'une humilité profonde le détournait d'accepter. » Ce prêtre était M. Garrigou. Et c'était en 1804 (1) !

Il ne saurait entrer dans nos vues de transcrire ici les statuts, les pratiques et les fins de cette association, que le vénéré fondateur dirigea jusqu'à la fin de sa vie. Il eut pour successeur en cette charge M. Bélaval, comme celui-ci légua son manteau à M. Ruffat, lequel a pour successeur M. Tessèdre.

La direction n'est pas une sinécure, à la prendre sérieusement pour tout ce qu'elle atteint. Un de ses plus vénérables membres, supra-octogénaire, de qui je tiens ces détails commentés avec la verve d'un néophite, a surtout voulu insister sur « la régularité avec laquelle M. Ruffat s'acquittait de la direction et présidait tous les exercices dont les moindres détails ont été prévus et consignés par M. Garrigou. »

Trois directeurs seulement en quatre-vingt dix-huit ans! Voilà qui a dû bien favoriser la

---

(1) Extrait des archives.

conservation de l'Esprit primitif. Ces hommes n'avaient qu'un moule. Ils étaient eux-mêmes *le moule*, ayant (en outre du caractère commun, qui était leur sacerdoce) de profonds sentiments d'estime et d'affection réciproques.

C'est, au paradis, une petite trinité dans le sein de la Grande !

Un descendant direct des premiers affiliés de la Société de la Sainte-Epine me raconte que les fondateurs avaient fait le vœu d'un pèlerinage annuel au tombeau de sainte Germaine, à Pibrac, « dans le but d'obtenir de Dieu la délivrance du Pape Pie VII, que Napoléon retenait captif à Fontainebleau. » C'était, avons-nous dit, en 1804 : Le Pape fut rendu à la liberté et passa par Toulouse en 1814.

Ce souvenir est attendrissant et donne à la piété de nos pères un caractère qui nous la rend plus précieuse et plus imitable dans les circonstances que traverse la papauté. Ce n'est ni à Savone, ni à Fontainebleau, que la révolution a relégué le Père vénérable de la catholicité ; mais il ne s'en déclare pas moins prisonnier à Rome même, sous l'œil de ses persécuteurs, au Vatican.

Que les pieux Toulousains de 1902 reprennent les sentiments et la conduite de leurs ancêtres de 1804.

L'idée d'associer *la Pastorelle* de Pibrac aux épreuves de la papauté, a le mérite de son antiquité ; on pourrait dire que cette idée a eu ses *noces d'or*. Faisons-lui son *Jubilé* ultra-séculaire.

Pie IX a travaillé pour la Chaire de saint Pierre

en canonisant, il y aura cinquante ans, dans deux ans, sainte Germaine. Cette canonisation aura aussi ses *noces d'or* en même temps que la Sainte aura sa basilique.

Toulousains, nous sommes les dignes fils des Garrigou et des associés de la Sainte-Epine de 1804!

L'Orphelinat de la Dalbade

Il fut fondé en 1871, par M. le curé Vignial, dans les conditions d'une prospérité qui semblait ne laisser rien à désirer. Une belle maison fut achetée et appropriée, 23, rue de la Dalbade. Tout marchait à ravir dans cette œuvre si sagement conçue et si généreusement administrée, « quand il plut à la Providence de récompenser, en l'appelant à elle, le zèle désintéressé et le dévouement paternel de son fidèle serviteur ». Que deviendra l'œuvre projetée?

M. l'abbé Vignial laissait de nombreux amis, parmi lesquels il en était un qu'il appelait l'*ami de son cœur*. Confident de tous ses secrets, dépositaire de tous les fonds destinés à l'œuvre, M. l'abbé Ruffat avait reçu toutes les communications du respectable mourant. Aussi a-t-il été plus que l'*ami*, il a été *un autre lui-même*. Les fonds recueillis étaient loin d'être suffisants. Le fidèle dépositaire n'a compté ni ses peines, ni ses fatigues pour réaliser, au plutôt et au mieux, le vœu du vénéré pasteur.

Il a tenu toutes ses promesses, rempli tous ses engagements.

Nous n'avons pas à disserter sur la direction religieuse, morale, scolaire de l'Etablissement, puisque, fondé dans les conditions les plus charitables, les plus paternelles, il fut régi par les *Sœurs de la Croix,* de Colomiers, qui certes ont fait, *en bien des lieux,* leurs preuves d'éducatrices et, à Toulouse même, dans la maison fondée par M. Piéchaud sur la paroisse Saint-Etienne, laquelle a servi de type à celle de la Dalbade. Mais notre objectif principal consiste à bien établir comment l'*ami de cœur* s'est acquitté de sa noble tâche, depuis qu'il eut fermé les yeux du mourant consolé ; et comment, après M. Vignial, fondateur, les orphelines ont eu un nouveau père. Nous avons en main un rapport dont les détails sont aussi explicites que les considérations en sont élevées. C'est le langage du sentiment et le langage des chiffres : « M. l'abbé Ruffat donnait tous les ans (par trimestres de 375 francs) une somme de 1.500 francs pour l'honoraire des sœurs et une somme de 900 francs pour les six bourses gratuites de 150 francs chacune, que M. Vignial avait promises aux familles de ses six premières élèves. »

Le mémoire ajoute : « M. Ruffat ne compte pas avec l'œuvre de son ami, *qu'il a faite sienne.* Les impôts et patentes de l'ouvroir, les eaux de la ville, l'installation du gaz et de nombreuses réparations sont couvertes par ses générosités. »

Et, passant du fait matériel au sentiment, le mémoire ajoute : « M. Vignial avait bien raison de l'appeler *l'ami de son cœur ;* c'est un autre lui-même. » Et il conclut par cette dernière assurance : « M. Ruffat, voulant garantir l'avenir de ses protégées, a donné l'immeuble à une société. » Et enfin :

« M. Ruffat connaît seul les ressources affectées à son œuvre. »

. Ils sont maintenant à deux, pour la protéger depuis le Ciel. Cette protection, qui lui donna une première fois M. Julien comme successeur de l'œuvre pastorale, leur a donné naguère M. Duffaut, le nouveau curé de la Dalbade, comme continuateur de ces belles œuvres commencées. En vérité, on dirait que, pour multiplier les patronnages célestes au-dessus de ces têtes d'enfants, la Providence n'attend pas la fin du travail de ceux qui les ont servis.

Une de mes préoccupations principales, en écrivant cette vie si pieuse, si recueillie, a été de n'omettre aucune des œuvres qui l'ont honorée. J'y suffirai, j'espère, mais c'est à croire que l'ouvrier, lui aussi, s'appelle *légion*.

Et comme il n'a fait que du bien, ce serait un problème inutile à poursuivre que de savoir ce qu'il a fait de meilleur.

Les Carmélites

Mgr Mioland, qui aurait épuisé, pour son secrétaire intime, les confiances célestes, lui donna à régir, presque dès son arrivée, la communauté de femmes, la plus délicate à traiter par le degré de perfection auquel elle est constamment tenue ! *Les Carmélites*. Ce simple vicaire, ce *séculier* qui, en fait de monastère, ne connut jamais que les presbytères et le monde bien élevé, devint le directeur officiel de ces êtres d'élite qu'on a appelé *des anges dans un corps.* Et, pendant quinze ans, il se tint à cette œuvre délicate, avec une sagesse, allant d'un bout à l'autre des choses humaines. Conseiller érudit pour élever de hautes murailles, tracer des jardins féconds et suivre *jusqu'aux envolées vers le troisième ciel,* les Catherine de Sienne et les Thérèse d'Avila !

Mᵍʳ Mioland, en 1849, Mᵍʳ Desprez, en 1861, avaient authentiquement confirmé l'élection par la communauté, que l'autorité royale avait eue tout d'abord pour agréable. C'était, sans contredit, le plus beau fleuron sacerdotal de cette couronne mystique, au front d'un prêtre vertueux.

Nous ne pouvons pas dire que le Carmel fut une œuvre de l'abbé Ruffat, au même titre que celles dont il fut le fondateur ou le principal soutien; non. Mais il devait, par tant de liens du cœur, être attaché à ce monastère que, connaissant sa foi et son zèle, nous sommes assurés de tout le bien qu'il y a fait.

Et quelles âmes, grand Dieu ! quelles âmes !

J'ai en main la collection des lettres qu'il a reçues des deux prieures sous le régime desquelles il y a exercé ses fonctions. On ne peut pas supposer plus d'élévation à la fois et de simplicité.

Il y était bien *chez lui,* comme à la Daurade et comme aux Blanchers, ayant la science apostolique de se faire *tout à tous.* Ces joies austères de l'esprit, du cœur, de l'âme tout entière, durèrent autant que son administration.

Après quoi le Carmel eut des épreuves. Et ce fut encore un genre de beauté : *Decor Carmeli.*

Il allait, confiant dans ses expériences et dans sa ferveur pour la perfection chrétienne ! Il pouvait croire qu'on saurait demeurer aumônier d'une vingtaine de pauvres nonnes sans avoir besoin de reconquérir ses lettres de grand vicaire, quand fut écrite, en décembre 1864, à Mgr Bélaval, évêque de Pamiers, par la mère sœur Louise, supérieure des Carmélites de Toulouse, une lettre renfermant une communication ainsi libellée :

MONSEIGNEUR,

Nous demandons au Seigneur de vous combler de toutes ses bénédictions et de vous donner force et courage pour supporter les épreuves de la vie. Les circonstances actuelles, loin d'affaiblir nos sentiments, les fortifient en quelque sorte. Vous savez à quoi vous en tenir sur ce point. Puissions-nous être un jour en mesure de vous en donner la preuve.

Le bon M. Ruffat, que nous avons vu il y a quelques jours, a désiré que nous lui écrivions une lettre qu'il puisse montrer au besoin et qui témoignera de nos sympathies, en relatant les faits, c'est-à-dire *le désir exprimé par Monseigneur l'Archevêque à notre communauté d'être désormais son supérieur unique;* seul motif qui nous avait empêchées jusqu'ici de procéder à une nouvelle élection en sa faveur.

Daignez agréer, etc.   Sœur F. LOUISE du S.-C.

C'était à moitié une révocation.

Évidemment cette mesure du métropolitain n'était pas sans atteindre le suffragant. C'était une chiquenaude à Mgr Bélaval sur les doigts de M. Ruffat; l'évêque de Pamiers devait être trouvé *un peu trop chez lui* au Carmel de Toulouse.

Cet incident nous montre au moins que si l'abbé Ruffat trouva quelquefois des *roses* dans le *siècle,* la Providence lui fit trouver cette fois une *épine* dans la solitude.

Certainement, si Mgr l'archevêque et tout son conseil eussent réfléchi à l'attrait naturel et religieux que le couvent des Carmélites devait avoir pour l'abbé Ruffat, ils l'y eussent laissé et même choyé respectueusement.

C'est, en effet, dans ces murailles, transformées en prison d'Etat, que, durant les jours affreux de la Terreur, M. Ruffat père avait été captif, en compagnie d'une foule de prêtres et de notables de la cité, dont un grand nombre, parmi lesquels son propre frère, étaient sortis pour aller à l'échafaud. Ces douloureux souvenirs faisaient pour l'aumônier, de cette ancienne prison, un sanctuaire d'où une bienveillance paternelle et consciente ne pouvait pas vouloir l'arracher. Mais il eut fallu... *savoir* et surtout *y penser !!*

Les Externes de l'Esquile

M. Izac, fondateur du petit Séminaire de l'Esquile, avait cette conviction bien arrêtée que « le meilleur prospectus d'un internat florissant, c'était un externat bien tenu ». Une expérience de cinquante années lui donna raison. Or, le premier élève qu'il admit dans cette condition, ce fut justement le jeune *Elzéar Ruffat.* C'est sans doute là le motif originel de l'intérêt invariable jusqu'à la fin, que le vicaire de la Daurade d'abord et le vicaire général plus tard porta à cette institution partielle. Cet intérêt n'avait pas de bornes. Il était surtout fondé sur un principe de charité plus exquise et qui mérite d'être bien compris.

En général, les externes appartenaient à des familles très modestes, mais d'autant plus estimables que la question de vocation avait eu sa part dans le choix de l'établissement par les parents et déjà par les enfants.

Les externes formaient la clientèle privilégiée du clergé paroissial. Les vocations à découvrir et et à seconder dans les écoles, dans les catéchismes, étaient un des objets principaux de la sollicitude des curés et des vicaires. Après chaque solennité de première communion, il y avait une cueillette préparée à l'avance, parmi les plus sages.

L'abbé Ruffat — pour parler surtout de lui ici — observait de loin ses jeunes catéchisés. Il cultivait en eux les moindres germes qu'il voyait poindre, s'enquérait auprès des maîtres, encourageait les parents que la dépense pouvait effrayer au premier abord, mais qui n'en avaient plus peur, depuis qu'ils avaient fait part de leurs hésitations à M. le Curé ou à son vicaire. Sans être riche, l'abbé Ruffat avait une certaine aisance et surtout il sut se mettre en rapports de confiance avec des personnes dont il dirigeait la piété et les aumônes. Je ne crois pas qu'un enfant d'une paroisse de Toulouse *donnant de vrais signes de vocation* ait été *jamais* empêché de la suivre pour un motif de pauvreté. Le moment venu, tout s'arrangeait. L'enfant était présenté au directeur des externes qui l'accueillait toujours avec plaisir, quand surtout il pouvait pressentir, d'après les recommandations reçues, que le nouvel entrant ferait une rude concurrence aux condisciples pensionnaires. L'article principal du règlement de ceux-ci était ainsi libellé : « Les pensionnaires n'auront avec les externes d'autres rapports que ceux qui naissent de l'émulation. » Mais ces rapports-là y étaient et sans merci.

Il y avait alors, à la tête de l'externat, un homme dont le nom est demeuré légendaire dans les annales de l'Esquile par son dévouement à ses élèves. Simple clerc minoré, qui n'a jamais voulu être prêtre par humilité, mais auquel tout le clergé toulousain payait un tribut de volontaire considération, à cause du bien qu'il faisait à toutes les paroisses, par la vigilance continue qu'il exerçait sur les jeunes abbés préposés aux cérémonies du culte paroissial ; complice de toutes les bonnes attentions, de toutes les générosités des curés et des vicaires pour ses élèves. Il s'appelait : M. l'abbé Molinier.

L'abbé Ruffat le seconda trop dans cette voie pour n'être pas secondé par lui. La Daurade fut de tout temps une paroisse bien pourvue de séminaristes externes remarquables. C'est à son autel que servaient les Monbet, les Goux, les David, les Dunand, les Preignan, les Lucie et tant d'autres qui rendirent à l'Eglise de Toulouse les services qu'ils avaient appris dans ce sanctuaire. L'abbé Ruffat avait autour de lui comme une petite cour séminaristique, une division d'élite du grand établissement éducateur. L'exemple de son zèle influait naturellement sur ses confrères. Nous en avons connu qui, il y a cinquante ans, avaient déjà inventé le *Sou des vocations* chez les cuisinières, leurs pénitentes. Il est hors de doute qu'ils avaient commencé par la pièce d'or des maîtresses.

Que de pensions payées, que de soutanes achetées et dignement portées ! Et plus tard, que de messes dites et de ministères fructueux ! Que de grâces accordées à ces bienfaiteurs et à ces bienfaitrices de la jeunesse lévitique ! Aux temps difficiles que nous traversons, le clergé toulousain a devant lui l'exemple d'un de ses membres les plus parfaits en toute sa conduite, et nous avons cru bien faire en signalant cette spécialité : *son zèle pour les séminaristes externes.*

On nous dit — et ceci nous paraît très vraisemblable — que les parents de la classe ouvrière sont moins accessibles qu'autrefois aux prévenances du clergé paroissial envers leurs enfants. C'est bien fâcheux. Les temps sont changés et ne sont pas meilleurs. Mais c'est une raison de plus pour admettre que l'externat est l'œuvre, essentielle et à peu près exclusive, de ce clergé. S'il y a à réparer, c'est à lui que la réparation incombe, car c'est le travail d'un siècle accompli par ses prédécesseurs qui a été atteint.

Qui sait si l'exemple de l'abbé Ruffat et l'exhortation qui en ressort ne vient pas juste à point au moment où s'est produit un regrettable ralentissement dans cet externat, qui fut de tout temps ce qu'il était au moment de son inauguration et durant ses plus beaux jours :

L'œuvre du clergé paroissial de Toulouse ??

Daigne Dieu nous refaire à la mesure de nos pères !

Nous avons entendu naguère un personnage quasi-officiel exprimer trop allègrement son regret de ce que « tous ces fils de cordonnier et de concierge affluaient moins qu'autrefois dans les rangs de cette jeune milice actuelle. » Un seul mot suffit à la réponse : Parcourez les cadres sacerdotaux, *depuis bientôt cent ans*, et vous verrez ce qu'un prolétariat souvent infime a donné, dans la seule ville de Toulouse, à son clergé le plus méritant et le plus haut !

Saint Paul n'a pas conseillé de descendre moins bas, ni de monter plus haut.

La Chapelle des Pénitents-Gris ou l'Oratoire de saint Jean-Baptiste.

Un mot d'historique semble ici nécessaire; il aura son intérêt; car c'est tout ce qu'il y a de plus local et de plus actuel :

L'an mil cinq cent soixante-sept et le onzième jour du mois d'avril, vingt-quatre habitants de Toulouse se réunirent dans le cloître des religieux de Saint-Dominique, et là, formèrent le projet d'une Compagnie sous l'invocation de Saint-Jean-Baptiste. Ce projet reçut son exécution immédiate et la compagnie prit le nom de *Pénitents-Gris*. Le 6 mai de la même année, ils prirent possession d'une église dédiée à saint Martin, au lieu même où fut bâti plus tard le monastère de Sainte-Ursule. Plus tard, ils en construisirent un plus vaste au Capitoulat de Saint-Pierre et enfin ils arrivèrent, d'accroissement en accroissement, jusqu'à la Révolution qui les surprit ayant leur église dans le voisinage de l'Esquile.

Ainsi la Société avait, à cette époque, deux cents

ans d'existence. Ses statuts, approuvés par le pape Sixte V, en 1587, le furent après lui par Alexandre VII et Clément IX, qui l'enrichirent d'un grand nombre d'indulgences.

Nosseigneurs les archevêques de Toulouse et particulièrement Mgr le cardinal d'Armagnac, M. de Marca, M. de Beauveau, M. de la Roche-Aymon, M. de Crussol-d'Uzès, M. de Brienne, M. de Fontange, et le cardinal de Clermont-Tonnerre, l'honorèrent de leur bienveillance spéciale... Les membres de la Compagnie se faisaient distinguer par leur piété et leur pèlerinage à Garaison. Ils étaient riches et bienfaisants. L'église possédait une très précieuse relique de saint Vincent, martyr, qui fut portée de l'église du Taur. Louis XVIII autorisa la reconstitution de la Compagnie en 1820 et Mgr de Clermont-Tonnerre lui accorda tous les moyens d'existence spirituelle.

L'église actuelle fut bâtie, mais inachevée. Il fut prudent de la vendre pour payer le passif et éviter des profanations.

Hélas! après ces succès et ces relèvements successifs, en 1847, l'état de la Compagnie était devenu tellement précaire, que l'église actuelle dût être vendue pour payer des dettes et éviter des profanations, si elle fût tombée en de mauvaises mains?

En 1852, M. Bélaval en fit l'acquisition pour la la somme de 47,000 francs, suffisante à couvrir le passif. C'était l'essentiel.

A ce moment on écrivait:

« Il est inutile de faire remarquer ici l'*excellence de l'œuvre*... Il est question de conserver un édifice consacré au culte, au centre de la ville et conséquemment pouvant offrir d'inappréciables avantages pour des réunions pieuses, des congrégations, des confréries.

« Conserver ce monument, c'est encore perpétuer une Compagnie qui compte trois siècles d'existence, dont les souverains pontifes ont reconnu l'utilité et qui peut par son institution conserver l'esprit religieux au sein des familles. »

C'est cette utilité que vit M. Bélaval, *il y a juste cinquante ans,* quand il se rendit acquéreur de ladite chapelle; c'est aux mêmes fins qu'elle a été employée « tout le temps que M. Ruffat, son héritier, en a été le propriétaire. » ·

Aujourd'hui une notion excellente à acquérir est celle-ci: M. l'Abbé Ruffat a constitué pour son légataire universel M. le chanoine Tessèdre.

Et ce vénérable et généreux héritier a disposé, par un don entre vifs, de ladite chapelle, en faveur de MM. Raynaud et Gimazanes, pour les fruits et revenus en devoir être appliqués au séminaire de l'Esquile.

C'est donc surtout maintenant, et par cette transmission définitive, que la chapelle des *Pénitents-Gris* a cessé d'être une propriété privée et qu'elle est devenue, adjointe à l'œuvre des vocations: *une œuvre diocésaine.* Un personnage officiel disait : *C'est un cadeau princier.*

Et nous, disons-nous :

« Oh ! que Dieu est bon et qu'il a eu pour agréables les élèves prédestinés à son sanctuaire Toulousain, en leur préparant, trois siècles à l'avance, *un viatique* nouveau de leur vocation ! »

Dans la main des hommes justes et généreux,

rien ne se perd de ce qui revient aux pauvres, à l'Eglise, à Dieu !

Grâce à cette générosité, M. Ruffat est devenu le *nourricier* partiel de cette jeunesse lévitique dont il était un peu le père.

Tout est bien qui finit bien. Non seulement M. Ruffat, mais Mgr Mioland et Mgr Bélaval, nos anciens et vénérés maîtres M. Izac et M. Garrigou, et dans des jours plus rapprochés, le père Chastan et M. D'Huillé, tous ceux en un mot qui ont aimé l'Esquile et la Succursale, ont dû applaudir depuis le ciel à cette unification d'intérêts sacrés et de cœurs dévoués. Oh ! M. le chanoine Tessèdre, vous avez été, entre deux générations sacerdotales, plus qu'un arbitre de paix ! Puissiez-vous être devenu, par le fait de cette union, un apôtre de toutes espérances !

Les Sourds-Muets

Le vrai fondateur de l'Institution des sourds-muets, à Toulouse, fut l'abbé Chazottes, un homme très modeste, mais qui avait le génie de la charité pour ces déshérités de la nature. Il vint à Toulouse, en 1826, pour y fonder son école. Il dût passer par bien des épreuves et triompher de beaucoup de difficultés ; mais il fut l'objet de nombreuses adhésions et de hautes faveurs, jusqu'à la Légion d'honneur inclusivement. Il eut cette chance pour ses entreprises que Mgr d'Astros, nommé à l'archevêché de Toulouse en 1830, s'était particulièrement occupé des sourds-muets et, pendant sa détention à Vincennes, avait composé un catéchisme à leur usage. Une protection très naturelle s'en suivit et, à travers des péripéties considérables, l'abbé Chazottes réussit à fonder son œuvre à la rue des Trente-Six-Ponts. Depuis plus de vingt ans qu'il y travaillait, il n'avait eu qu'une préoccupation bien légitime : assurer l'avenir de son œuvre. Dans ce but, il la légua par testament tout entière à Mgr Mioland, lui imposant, comme seule condition, de *mettre à sa tête un prêtre du diocèse*. Monseigneur accepta bien volontiers et nomma M. l'abbé Cathala. Ceci se passait en 1858. Mais, hélas ! Mgr Mioland mourut en 1859. M. Ruffat fut son légataire universel.

Et il a écrit de sa main que « jamais, tant qu'il dépendrait de lui, la clause qui instituait un prêtre directeur ne serait méconnue ». Il a tenu sa parole.

La première préoccupation de M. Ruffat, après la nomination de Mgr Desprez, a été de se dessaisir de la propriété de l'Institut en faveur du diocèse, on le sait. De 1859 à 1877, il a dû bien souvent revenir à la charge, notamment en 1874, comme en témoignent les lettres de M. l'abbé Roger. L'immeuble, évalué 200.000 francs, était grevé de quelques dettes, que M. Ruffat avait déclaré se porter à 50.000 francs.

En 1876, M. l'abbé Ruffat ayant demandé et obtenu comme directeur résidant M. l'abbé Duhagon, à la place du généreux et intelligent abbé Cathala, prématurément décédé, il crut devoir se livrer à une entreprise dont le succès prouva l'opportunité : l'ouverture d'un *Asile régional pour les Sourdes-Muettes*. Une brochure aussi philosophique et littéraire que charitable fut envoyée aux évêques de la région méridionale, qui répondirent par une souscription au taux de 500 francs, en qualité de fondateurs.

De ces nombreuses et effectives adhésions, nous citerons seulement celle de Mgr Dubreil, archevêque d'Avignon, pour ce motif qu'il est Toulousain. Voici cette lettre. Elle montre dans tout son éclat le prélat charitable, l'ami fidèle, le Toulousain patriote :

Avignon, le 3 mai 1876.

Cher Chanoine et ami,

Vous ne serez jamais indiscret, demeurez-en bien persuadé, soit que vous appeliez mon attention sur vos œuvres de charité, soit que vous me parliez de tout autre chose qui vous intéresse. Je n'ai pas oublié nos excellentes relations d'autrefois, je n'ai pas oublié non plus que mes bons parents, que M. Dieulafoy, avaient en vous une entière confiance et que c'est en écoutant vos exhortations, en recevant le secours de vos prières que ceux d'entre eux qui ne sont plus ont voulu mourir.

Je vous prie de m'inscrire au nombre des souscripteurs fondateurs de l'œuvre que vous voulez établir à Toulouse en faveur des sourdes-muettes, pour *cinq cents francs.* J'en mets deux cents sous ce pli, l'autre part vous sera donnée l'année prochaine à pareille époque. Je regrette vivement que les besoins de nos pauvres, qui sont grands, ne me permettent pas de faire davantage.

Vous trouverez aussi, sous le même pli, l'approbation que vous désirez, vous me la renverrez en me disant ce qu'il vous faut, si elle n'était pas telle que vous la voulez.

Je n'ai pas eu la pensée de me refuser à la première demande que vous m'aviez adressée depuis que je suis évêque, mais j'étais fort occupé au moment où vous m'aviez avisé, j'avais remis cette affaire, que j'avais à cœur, à un temps plus libre.

Je vous serre la main et, comme aux jours où nous déjeunions ensemble près de Cugnaux, à votre campagne, avec Mgr Beleval et vos bons parents, je vous suis de cœur,

† LOUIS, *Archevêque d'Avignon.*

Les évêques de Pamiers, Tarbes, Montauban, Bayonne et les autres nous excuseront.

Nous n'omettrons pas la souscription de M. Beaumont, qui fut de 10.000 francs !

« Il semblerait, disait l'appel des deux directeurs, que l'existence de l'école, avec son système d'études, son personnel enseignant, ses moyens d'action, soit parfaitement garantie, que la question de son *avenir* soit un problème résolu….. Cela ne saurait suffire.

« La fondation d'un *asile-ouvroir* pour les sourdes-muettes de la région est une œuvre des plus utiles et des plus urgentes. Un grand nombre de ces jeunes filles nous supplient de les recevoir et de les sauver. La préservation s'impose ici comme une dette de religion et d'honneur. Certes, assurer la vie matérielle d'une sourde-muette en lui permettant de gagner honorablement son pain, c'est déjà remplir un devoir d'humanité, mais lui conserver son auréole de pudeur….. c'est bien mériter de l'Eglise, la plus vigilante des mères ! »

Le manifeste — car c'en est un — se termine par un appel fervent « aux mères charitables, aux pères de famille, aux autorités départementales, aux membres de la Commission de surveillance — tous admirablement choisis — à Nosseigneurs

les évêques... « Nous leur montrons avec commisération ces pauvres jeunes filles presque vaincues
par la tristesse de leur isolement, et nous leur
disons :

« Pères bien-aimés, en ouvrant à ces enfants les
portes d'un asile, vous leur ouvrez en même
temps les portes du Ciel. »

Ces invitations furent celles du zèle apostolique.
Le dernier mot fut celui d'une irrésistible habileté.
Le voici :

« C'est surtout du premier pasteur de ce grand
diocèse de Toulouse que cette œuvre nouvelle
attend son impulsion, sa vie. Nos très chers
sourds-muets savent qu'ils ont depuis longtemps
une place dans son cœur, ouvert à toutes les infortunes. Sa Grandeur leur prouvera, une fois de
plus, que la main qui les bénit est aussi la main qui
les protège. »

Les négociations durent ce jour-là faire un
grand pas, et l'asile régional des sourdes-muettes
fut le fruit immédiat de ces appels si éloquents.
La question plus générale de la cession de l'institut au diocèse fut désormais plausible et tranchée
en principe du même coup. Mais il fallut demander
les autorisations de l'Etat, se soumettre aux for-
malités administratives... Mais enfin...

Le 31 mars 1877, l'acte de donation fut signé en
l'étude de Mᵉ Lansac, et, le 5 novembre 1877, l'acte
d'acceptation fut signé au même lieu.

Le donateur était M. l'abbé Elzéar Ruffat, ancien
vicaire général. Le donataire acceptant était
Mᵍʳ Desprez, archevêque de Toulouse, représen-
tant le Diocèse.

L'enfantement avait duré dix-huit ans.

Deo gratias !

La cession comprenait tout ce qui composait les deux établissements unis. L'abbé Ruffat put écrire et signer de sa main cette déclaration : « Je n'ai jamais rien reçu, mais absolument rien pour moi-même, tout le temps que j'ai administré cette propriété. Au contraire, j'y ai beaucoup dépensé du mien, beaucoup. » Il aurait pu ajouter qu'elle avait abondé pour lui en travaux et en déboires inutiles. Mais que sont les plus belles entreprises de la charité, sinon des sources de mécomptes et de chagrins, même pour leurs auteurs les plus désintéressés ? L'abbé Ruffat le savait et il se consolait en Dieu, par la considération des succès même matériels dont la Providence avait daigné couronner ses efforts et ses sacrifices.

L'Institution des *Sourds-Muets*, dont le premier fondateur fut, dès 1828, le modeste et illustre abbé Chazottes, chevalier de la Légion d'honneur, dont le principal administrateur fut l'abbé Ruffat jusqu'en 1877, est, à Toulouse, un *vrai et précieux monument*.

A Monsieur l'abbé Ruffat,

Toulouse, le 27 décembre 1879.

Monsieur et bon Père,

Votre nom est en bénédiction parmi nous, et il fait palpiter nos cœurs chaque fois que nous le prononçons ; car ce nom béni nous rappelle un Père plein de bienveillance, de tendresse pour nous, qui sourit à notre âge et dissipe, par ses regards si compatissants, les nuages que le poids de notre infortune fait parfois paraître sur nos jeunes fronts.

Permettez-nous donc, Monsieur et bon Père, de vous exprimer en ce jour les sentiments de notre vive, de notre sincère reconnaissance pour vos bontés sans nombre à notre égard.

Que le Seigneur daigne écouter nos prières et répande sur vous, Monsieur et bon Père, la douce rosée de sa grâce. Qu'il vous conserve longtemps, bien longtemps à notre respectueuse affection, à notre vénération.

Que nous serions heureuses, Monsieur et bon Père, si vous daigniez nous favoriser plus souvent de vos visites qui nous font tant de bien.

Veuillez, Monsieur et bon Père, vous rendre propice aux désirs si ardents de vos très humbles et très reconnaissantes enfants,

Les Sourdes-Muettes de l'Institution.

***

A Mesdemoiselles Ruffat,

Toulouse, le 27 décembre 1879.

MESDEMOISELLES,

Quoique nous n'ayons pas l'honneur de vous connaître, nous éprouvons la plus grande joie en vous offrant nos vœux de bonne année parce que vous êtes les sœurs de notre bien aimé Père, Monsieur le chanoine Ruffat, et que nous savons combien vous êtes bonnes et compatissantes pour notre infortune. Nous supplions le Seigneur de répandre sur vous, Mesdemoiselles, ses grâces les plus précieuses, de prolonger vos jours et de vous donner une meilleure santé, afin qu'il vous soit permis de venir nous honorer et nous réjouir par une de vos bonnes visites que nous serions si heureuses de recevoir.

Veuillez, Mesdemoiselles, agréer ces vœux avec l'hommage de notre profond respect.

Vos très humbles enfants,

Les Sourdes-Muettes de l'Institution.

Cette page remonte à 23 ans.

On est déjà émerveillé des succès scolaires, grâce auxquels de pauvres enfants, si discréditées de la nature, ont pu réaliser un tel miracle d'éducation : intelligence, calligraphie, tout ce dont ces lignes sont la preuve. On est ravi des sentiments gravés en ces cœurs d'adultes et de la manière correcte et élégante dont ils sont exprimés.

C'était en 1879. Il doit y avoir eu d'autres progrès depuis.

Surdos fecit audire et mutos loqui !

Voici une lettre que j'appellerai réparatrice de tous les malentendus, de toutes les erreurs, de *tout* enfin. Je l'ai attendue pendant les dix-huit ans qui l'ont précédée, dans la narration que j'ai dû faire des vertus et du caractère de mon héros confraternel. Je l'ai attendue et cherchée, tout ce même laps de temps que Tacite appelle *un grand espace de la vie mortelle*, de la part de cet homme intègre, de ce prélat vénéré, de ce père miséricordieux dont les réticences, les abstentions, les sévérités d'origine ne pouvaient être motivées que par une fausse idée d'un sujet humilié et méconnu ?

LA CONCLUSION

Mais j'étais sûr qu'elle viendrait à son heure et elle est venue le 17 octobre 1877. Je ferai mieux que de la transcrire en majuscules ou même en caractères d'or. Je la reproduis avec sa date et sa signature.

Toulouse, le 17 octobre 1877.

MONSIEUR LE CHANOINE,

Je m'empresse de vous informer que j'ai reçu hier soir le décret qui autorise l'Archevêque de Toulouse à accepter la donation, faite par vous au diocèse, de l'établissement des muets. Puisse cette maison continuer par mes mains la prospérité que vous avez su lui donner.

Tout à vous en Notre-Seigneur Jésus-Christ.

† FORIAN,
Archevêque de Toulouse.

*
**

Toulouse, le 3 novembre 1877.

MONSIEUR LE CHANOINE,

Je me propose d'aller lundi, vers 1 h. 3/4, faire ma première visite à l'établissement des Sourds-Muets, il me serait très agréable de vous y trouver.

Veuillez, Monsieur le Chanoine, croire à mes sentiments bien dévoués.

† FLORIAN,
Archevêque de Toulouse.

La Sainte-Famille

Mgr Mioland était venu à Toulouse en qualité de coadjuteur; mais on peut dire que, dès qu'il eut effectivement pris les rênes de l'administration diocésaine, il dût avoir lui-même son coadjuteur, dans les œuvres qu'il trouva déjà vivantes et plus intimement encore dans celles qu'il eut le zèle d'entreprendre. Cet aide fut son nouveau vicaire-général, M. l'abbé Bélaval, qu'il appela a remplacer M. Berger ; pour les œuvres moins officielles, l'abbé Ruffat fut sa doublure aux titres les plus affectueux.

Or, dans ses remarques les plus judicieuses sur l'état de sa cité métropolitaine, Il classa plusieurs vastes faubourgs qu'aucune église ne desservait, qu'aucune communauté ne vivifiait par ses exemples. La Côte-Pavée, le faubourg Bonnefoi, le quartier des Minimes.

Ce fut là sa préoccupation maîtresse : et, dans chacune de ces œuvres, le travail d'un ouvrier secondaire, tenant pour lui la plume, faisant pour lui ouvertures et démarches, s'entretenant avec lui de ce qui manque ou de ce qu'il y a eñ trop, était un travail nécessaire et efficace. Il eut pour auxiliaire dans la fondation des capucins, M. Piéchaud, le curé-type de la Cathédrale ; dans celle de l'Immaculée-Conception, l'abbé Ravary. Il se réserva plus personnellement la Sainte-Famille des Minimes, et c'est en celle-là que son *alter ego* lui fut plus secourable et dut agir plus personnellement à sa place. Voici comment, avec une sagesse dont Dieu seul est l'inspirateur, il frappa, comme on dit, d'une pierre deux coups, sans blesser personne :

Il y avait dans le diocèse, bien connue de l'abbé Ruffat et même protégée par lui, une communauté solidement établie, mais dans laquelle d'importantes améliorations étaient nécessaires. Mgr Mioland avait rapporté de la Sainte-Famille d'Amiens, les impressions les plus édifiantes, les meilleurs souvenirs. Il projeta une fusion de l'élément le plus parfait dans celui qui l'était moins et il appela d'Amiens trois religieuses, spécialement choisies, qu'il versa dans la communauté toulousaine. L'essai fut d'une année, au bout de laquelle l'archevêque proposa à ces bonnes filles de regagner leur gite originaire, comme d'honorables fermiers dont le bail est terminé. Elles n'entendirent pas plus de cette oreille, qu'elles n'entendirent s'affilier à une famille qui n'était pas la leur. C'était assez naturel.

— Soyez de la Sainte-Famille, leur dit le prélat ; mais ce n'est pas pour vous renvoyer que je vous ai appelées ici. Les négociations avec la maison-mère prirent la direction d'une fondation de la Sainte-Famille à Toulouse. Comme trois chanoines suffisent à former un chapitre, les trois suffirent à former une communauté indépendante. On acheta, en face de l'église des Minimes, un arpent de terre nu sur lequel a été bâtie depuis la belle et complète construction aujourd'hui existante. En attendant, on loua une maison modeste. On y fit des classes provisoires, *tout le provisoire*, d'un couvent destiné à la prospérité des ordres que Dieu bénit.

Les postulantes affluèrent du quartier dont la régénération avait commencé avec la paroisse et se poursuivait avec l'école. Le service religieux fut confié à deux de ces hommes qui sont partout où il y a du bien à faire. Les développements et les progrès furent rapides au delà de tout ce que l'on avait ambitionné, espéré même. En patriarche prévoyant, Mgr Mioland s'était donné un successeur plus libre désormais d'accepter les honneurs et les charges: nous avons nommé l'abbé Ruffat qui continua plus que jamais à être le père et l'âme de cette Sainte-Famille. Elle eut la douleur de perdre trop tôt son fondateur... mais elle n'en demeura pas orpheline. Le fils succédant au père, devint à son tour père lui-même de la maison à la fondation de laquelle il avait collaboré à un titre secondaire, mais d'héritier présomptif.

En 1882, l'institution était en possession d'une vie suffisamment personnelle pour que, à la place des aumôniers officieux et bénévoles un premier aumônier officiel et résidant fut nommé. Le choix se fixa sur M. l'abbé Emile Tessèdre, alors curé de Lévignac. Il avait souvent dit à ses meilleurs amis : ma vocation est d'être aumônier de religieuses. L'ancien vicaire de la Daurade, devenu vicaire général, était allé non pas *chercher*, mais prendre un de ses pupilles d'autrefois de cette même Daurade. Le pupille a assez grandi de toutes les manières pour avoir été jugé digne de remplacer son aïeul et son père ; ce que Mgr Mioland fit dans sa confiante tendresse pour M. l'abbé Ruffat, celui-ci l'a fait pour M. l'abbé Tessèdre. Tout a été d'ailleurs à l'avance justifié par les honneurs reçus d'autre part et par vingt ans de services rendus.

La Sainte-Famille de Toulouse, en est à sa cinquantaine. Elle a célébré ces noces d'or, et voici le bilan de ce que Dieu a daigné faire pour elle et de ce qu'elle a été honorée et heureuse de faire pour Dieu.

A la mort de M. l'abbé Ruffat, le 16 juin 1899, la maison de Toulouse comptait 29 établissements donnant l'instruction à 1,576 enfants.

Pensionnat et externat des Minimes, 278.

Launaguet, fondé en.	1855	Castelmaurou	1880
Puymorin — en.	1857	Labège	1886
Lilhac. . . . . — en.	1869	Bessières (école)	1889
Pouvourville fondé en	1860	Bessières (hospice) . .	1890
Pouvourville (orphelinat).	1890	Lacaugne	1892
Castagnac	1861	Castelginest	1890
Le Vernet	1862	Villenouvelle	1899
Labarthe	1864	Cox	1900
Gibel	1865	Tramesaygues	1900
Montjoire	1867	Vacquiers	1901
Marquefave	1867	Saint-Asciscle	1901
Dreuilh	1875	Montjoie (Ariège) . . .	1860
Latrape	1874	Artigat	1900
Saint-André	1877	Saudiac (Gironde) . . .	1896
Saint-Agne	1880		

Là peut se borner notre travail de statistique. Il est exact, mais, ce qui nous importe, dans cette partie spéciale, c'est de mettre bien en relief, parfaitement reconnaissables, les deux physionomies vénérables des pères qui ont fondé, aimé, servi cete famille.

Il y a juste cinquante ans et c'est, avons-nous dit, l'âge de ses noces d'or.

Les traditions initiales y ont été conservées avec la religion du cœur et, pour les reproduire, je n'ai qu'à écouter. Ce n'est plus moi le narrateur. Il faut avoir vu, avoir entendu, avoir agi et surtout avoir aimé ; il faut être membre de la famille, pour parler d'elle avec ces charmants à-propos, avec cette éloquente naïveté. Reposons-nous, ma bonne petite plume, et prenons avec honneur le rôle du copiste :

C'est dans une lettre adressée le 12 février 1853, par Mgr Mioland à la mère M. Félix, supérieure générale à Amiens, que furent posées, par l'archevêque, les conditions dont l'acceptation par celle-ci résolut la fondation de la Sainte-Famille qui, depuis le 28 octobre 1875, s'appela *la Sainte-Famille de Toulouse.*

« Depuis la fondation jusqu'en 1859, époque de la mort de Mgr Mioland, M. l'abbé Ruffat partagea la sollicitude et le dévouement dont le vénéré Prélat entourait la communauté. Il l'accompagnait dans les fréquentes visites que sa Grandeur faisait au couvent et qui devenaient une double fête pour les religieuses et les enfants.

Arrivé presque toujours à l'improviste, Monseigneur, qui se sentait dans sa famille, ne supportait aucune cérémonie de réception. Un petit son de cloche bien connu annonçait la présence de sa Grandeur dans la maison; aussitôt tous les cœurs répondaient avec bonheur à son appel. Les religieuses s'empressaient respectueusement autour de leur premier supérieur pour recevoir ses instructions, et son digne aumônier, ne voulant priver aucune maîtresse de cette consolation, se chargeait lui-même de la surveillance de toutes les élèves, réunies dans la salle commune, elles passaient auprès de leur bon Père d'heureux moments, dont elles ont gardé le meilleur souvenir.

Spirituel et gai, il savait, avec des riens, intéresser toute cette jeunesse; seul avec les élèves, par d'étroites interrogations, il apprenait les causes des pénitences et retenues qu'avaient méritées les étourdies et les paresseuses. Ses enfants étaient sûres d'avance que leurs aveux seraient suivis d'un pardon général, aussi les visites de ce bon Père laissaient, non seulement un bon souvenir, mais un désir toujours nouveau de le revoir.

Quelle que fût l'heure avancée ou le motif de

sa visite particulière au couvent, il ne le quittait jamais sans aller au pensionnat voir les enfants. Etaient-elles dans les classes, il entrait dans chacune, interrogeait les enfants qui restaient charmées de la finesse de ses observations, visitait les cahiers, ne se retirait pas sans adresser quelques paroles d'encouragement aux maîtresses et aux élèves.

Etait-on au réfectoire, il y descendait, félicitait du bon appétit, et au besoin, l'excitait en faisant cesser la lecture pour donner pendant le repas une récréation générale.

Tout ce qui avait rapport aux enfants lui tenait au cœur : une chose pour laquelle il montra toujours une pieuse jalousie, c'était de ne céder à personne la consolation de distribuer pour la première fois le pain des Anges aux jeunes enfants du pensionnat.

Vis-à-vis des élèves, il resta, jusque dans ses dernières années, le meilleur des Pères et son amabilité naturelle laissa croire longtemps qu'il ne vieillissait pas (1).

Si Mgr le Supérieur de la Sainte-Famille était bon et aimable avec les enfants de la maison, qui pourrait dire son paternel dévouement pour les religieuses, ses filles aînées.

Après la mort de Mgr Mioland, en juillet 1859, date si douloureuse pour la Sainte-Famille,

---

(1) A chaque fin d'année scolaire il voulut jouir de la consolation de couronner lui-même les efforts et le travail des élèves du pensionnat, il n'est pas possible de rappeler les mots heureux, les paroles fines et délicates dont il accompagnait les prix qu'il déposait entre leurs mains.

M. l'abbé Ruffat à qui le prélat avait légué son œuvre s'y dévoua doublement.

Désormais, il ne céda à personne la consolation de présider les cérémonies de vêture et de profession. Toutes celles qui pendant quarante ans ont eu le bonheur de prononcer leurs vœux ou de recevoir de ses mains le voile religieux n'oublieront jamais sa piété si douce et le commentaire si pratique que maintes fois il a fait du cérémonial, dont il faisait le sujet de son exhortation.

C'est par ses instructions, dont la doctrine était puisée aux sources les plus sûres de la vie spirituelle, qu'il entretenait et fortifiait dans ses filles l'esprit dont il était si désireux de les voir animes. On se plaisait à remarquer les citations fréquente qu'il faisait de saint François de Sales dont il était le digne émule par sa douceur, son amabilité et son indulgence. C'est surtout à l'époque des retraites annuelles qui ramenaient à la maison mère les religieuses des différents établissements, que M. le Supérieur prodiguait ses instructions et ses avis paternels. Après avoir fortement insisté sur l'amour et la pratique de la règle, il recommandait avec instance aux sœurs qui devaient repartir la patience, la bonté et le dévouement auprès des enfants des campagnes qu'elles instruisaient, le respect et la déférence pour les prêtres dont elles dépendaient, la discrétion et la prudence dont elles devaient s'entourer vis-à-vis de tous.

Son esprit pratique lui avait fait prendre la religieuse habitude de laisser à ses filles en leur faisant ses adieux, un mot de rappel qui résumait les conseils qu'il venait de leur donner.

Que dire de sa direction particulière avec les

religieuses. Il n'en est pas une qui ne dise hautement combien ce vénéré Père savait relever leur
courage dans leurs ennuis, les consoler dans leurs
peines et dans les difficultés matérielles, trouvait
en lui le guide le plus sage et le conseiller le plus
expérimenté.

Les religieuses de la Sainte-Famille qui avaient
reçu pendant tant d'années les témoignages les
plus sincères de son dévouement, regardèrent
comme une dernière consolation que leur Père
voulut leur permettre de rester près de lui pendant ses derniers jours.

La mort de M. le Supérieur a laissé dans le
cœur de toutes ses filles, avec le souvenir de ses
vertus, les regrets les plus sincères.

Telle est l'œuvre toulousaine de la *Sainte-
Famille*, œuvre de vertu et d'utilité ; de vertu pour
les femmes chrétiennes qui s'y sont consacrées,
œuvre d'utilité pour les enfants qu'elle élève. Elle
s'est adressée à une classe modeste et relativement
pauvre, elle accomplit, dans le zèle et l'humilité,
les sages prescriptions de ses fondateurs. Elle
forme une génération de femmes instruites de ce
qu'il faut savoir pour régir un modeste ménage
dans la prudence, le travail et l'économie, dans
les qualités solides convenant à une classe sociale
qu'il ne faut pas aduler, mais qui mérite tout l'intérêt des gens de bien et des personnes charitables.

Après ces recommandations, très éclairées par
l'étude du sujet, très sympathiques par le dévouement envers les petits de ce monde qui sont toujours les pauvres et les pauvres qui sont toujours

petits, nous nous permettons d'adresser à toutes les filles de la *Sainte-Famille* une recommandation de reconnaissance ; et à tous les chrétiens et chrétiennes de bonne volonté qui liront ceci une parole de félicitation et d'encouragement.

Honorez vos souvenirs. C'est ici l'école du travail entrepris pour le double honneur de qui le prescrit et de qui en bénéficie.

C'est dans ces milieux que la charité cueille de belles palmes en même temps qu'elle distribue de belles récompenses.

Souvenez-vous du saint asile où votre jeunesse fut élevée. Soyez-lui fidèle.

Quelques Retours sur une longue Carrière.

———

L'abbé Ruffat avait été ravi, depuis surtout dix ans, à ce qu'on peut appeler la vie personnelle. C'est le sort des hommes éminents qui remplissent des fonctions publiques. Soit par les travaux, soit par les honneurs, soit aussi par les chagrins inhérents aux uns et aux autres, il avait cessé de s'appartenir. C'est le beau rôle d'une charité comme la sienne.

« A quelque chose malheur est bon ». Dieu retire toujours le bien du mal et les hommes de Dieu font comme lui.

Que de bien accompli aux Sourds-Muets, à la Sainte-Famille et ailleurs, dont le principe, l'origine, la cause a résidé dans les épreuves que nous avons constatées, il y a plus de quarante ans ! Dieu fait bien ce qu'il fait.

Tous les intéressés au sort de l'abbé Ruffat n'ont donc pas également gémi d'un ostracisme qui, pour plusieurs, a dû devenir un motif et un surcroît de salut !

Et l'abbé Ruffat, plus que tous, a répété bien souvent le *fiat* qu'il a tant de fois suggéré aux nobles âmes confiées à la sienne !

L'abbé Ruffat simple prêtre libre

Ce terme a quelque chose de rude et de déso-
bligeant pour celui auquel il s'applique. C'est
cependant l'expression qu'on peut appeler *classique* pour désigner les sujets que, dans les listes
plus modernes, on a appelé : *prêtre sans emploi.*
Cette condition, qui est d'ailleurs celle des infirmes et des retraités, peut n'avoir rien que de très
honorable et certes ce fut le cas ou jamais.

L'ancien vicaire capitulaire eut l'humilité de la
prendre par le côté le plus élevé et il écrivit à
M. le grand prévot pour le prier de lui donner les
pouvoirs au moins ordinaires de célébrer, de prêcher et de confesser.

M. Roger avait été le porte-voix de l'archevêque dans ces négociations délicates, mais il était
bon et charitable et après quelques apparences un
peu dures, parce qu'elles étaient simplement au-
toritaires avec son confrère de la veille, il lui
adressa, écrite sur du papier officiel et de grand
format, la lettre suivante :

Toulouse, le 18 novembre 1859.

MONSIEUR LE CHANOINE,

J'ai l'honneur de vous envoyer, selon vos désirs, les lettres d'approbation que vous m'avez demandées. Je leur ai
donné toute l'étendue qu'il a été en mon pouvoir de leur
donner. Soyez convaincu que les situations diverses dans
lesquelles la divine Providence vient de nous placer, n'altè-
rent en rien les sentiments d'estime, de respect et de
dévouement avec lesquels je vous prie de me croire, Monsieur le chanoine, votre très humble et très obéissant serviteur,   ROGER, *vicaire général.*

La détente était manifeste : Il n'y avait pas seulement de la convenance et de la bonté administratives, il y avait, en cette lettre, de la pitié. Elle était saturée de ce respect que l'on a coutume de témoigner aux malheureux dont le malheur est immérité.

Cette démarche dut faire quelque bien à l'abbé Ruffat, mais elle reste, pour ceux qui étudient sa vie, une révélation de ce qu'il a dû souffrir.

C'était ce même grand prévot qui, quelques mois auparavant, ayant la mission d'offrir à l'abbé Ruffat la cure de Villemur et lui vantant qu' « elle était de première classe », s'était attiré cette réponse : « C'est trop pour l'abbé Ruffat, ce n'est pas assez pour votre collègue d'hier. »

La demande avait été une corvée humiliante : Les termes de la concession la rendirent glorieuse pour le *prêtre sans emploi*. Et il faut reconnaître qu'elle fut miséricordieuse et presque amicale.

Deux Lettres de Malade

Nous trouvons, dans les papiers les plus intimes de l'abbé Ruffat, deux lettres adressées par lui à Mᵍʳ Desprez au printemps de 1875.

Elles prouvent : 1° l'état aigu dans lequel la maladie avait réduit l'infatigable apôtre ; 2° les vertus qu'il savait y pratiquer et les services qu'il continuait à rendre aux âmes ; 3° elles prouvent, par les réponses pleinement adhérentes qu'elles renferment, la bonté paternelle, constante *malgré tout*, de l'archevêque.

C'était en mars 1875. La date vaut d'être observée : seize ans après la révocation ! Graves exemples d'humilité et de fidélité à toutes les vertus professionnelles !

Un *modus vivendi* très pacifié s'était établi entre le prélat très résolu à se montrer bon et son subordonné de plus en plus discret.

Nous sommes au printemps de 1876. Depuis 1859, seize années s'étaient écoulées et, parmi les travaux de sa vie *libre*, l'ancien vicaire général a dû beaucoup souffrir. Les membres ne furent pas au niveau de l'âme.

Il fut malade. Il fut surtout languissant.

Et c'est au cours de cette période laborieuse que, contraint, mais non vaincu par le mal, il adressa à Mgr Desprez les deux lettres suivantes :

Dans la première il disait :

Toulouse, le 18 mars 1875.

Monseigneur,

Je suis retenu dans ma chambre depuis plus d'un mois, et ne sais pas encore quand j'en pourrai sortir.

Je me permets d'exposer à Votre Grandeur que deux personnes du sexe, à conscience exceptionnelle, vous seraient très reconnaissantes si vous m'autorisiez à les confesser chez moi, jusqu'à ce que je puisse reprendre le cours ordinaire de mon travail à l'église.

J'ai longtemps hésité et j'ai eu à vaincre une forte répugnance pour me décider à vous adresser cette demande, qui n'est nullement dans mes goûts ; mais j'ai voulu dégager ma conscience de toute responsabilité.

Je suis avec respect, Monseigneur, de Votre Grandeur, le très humble et très obéissant serviteur.

E. Ruffat, *chanoine honoraire.*

La seconde était ainsi libellée :

Toulouse, le 26 mars 1875.

Monseigneur,

J'ai l'honneur de vous adresser deux demandes :

Voudriez-vous bien m'autoriser :

1º A célébrer chez moi la Sainte-Messe au moins le jour de Pâques, ma santé ne me permet pas encore de sortir, et je suis privé de cette consolation depuis six semaines ;

2º A ne pas restreindre à deux personnes seulement la permission que vous avez bien voulu m'accorder tout récemment, les motifs pour augmenter ce nombre, qui sera d'*ailleurs très limité*, ne sont pas absolument et au même degré de la même nature que pour les deux premières.

Je me hâte d'ajouter, Monseigneur, que si dans ces demandes il y a indiscrétion ou inopportunité, je les retire, en vous priant de les regarder comme non avenues ; j'ai toujours essayé d'obtenir, lorsque j'ai cru que mon bien spirituel ou celui des autres pouvait en résulter ; et puis, selon qu'il arrive, je me trouve ou aussi reconnaissant ou aussi résigné.

Je suis avec respect, Monseigneur, de Votre Grandeur, le très humble et très obéissant serviteur.

E. Ruffat, *chanoine honoraire*.

Mais il n'y avait dans ces requêtes ni la forfanterie d'un humilié qui se venge, ni la témérité d'un indiscret qui persiste à se faire valoir. Il y avait plutôt l'appréciation exacte du cœur de son archevêque qui, d'une main ferme et d'un esprit résolu, écrivit en marge de chacune des deux missives, l'autorisation demandée.

Les termes en furent si abondants qu'ils reflètaient une vraie joie actuelle et du chagrin passé.

Les voici :

Accordé très volontiers et pour tout le temps qui sera nécessaire ou seulement utile.

† FL., Archevêque.

*
* *

Libentissimè concessum imò et quotidiè usquè ad recuperatam perfectè sanitatem.

Non limitavimus facultatem neque ad numerum nec ad sexum pænitentium, imò nec ad tempus ; utere ergò quandiù opus erit vel utile.

† FLORIAN.

*
* *

Je me suis reprochè, pendant que j'écrivais cette intéressante vie, d'avoir trop amoindri le cortège confraternel que je pouvais lui faire. Que d'amis il y eut autour de l'abbé Ruffat ! Amis auxquels personne ne peut guère plus penser et qui, d'ailleurs, n'avaient pas une notoriété égale à la sienne.

En y réfléchissant plus mûrement, j'ai pris une décision laborieuse et j'ai promis à notre vénéré modèle de ne pas le laisser isolé à ce point de ses familiers dans son éternité, où tous, sauf un, l'ont rejoint : Le Père Lacarrère, l'abbé Pijon, l'abbé Martin et le doyen de tous : l'abbé Pujol.

A des degrés divers, ce sont encore des types respectables, dignes de figurer dans la Galerie du Clergé toulousain.

Le Saint du quai de Brienne

Il y avait en ce temps, sur la paroisse de la Dauradé, dans le quartier même des Blanchers, sur le quai de Brienne, un vénérable prêtre qui a fait par ses vertus l'admiration de l'abbé Ruffat et le bonheur de tous ceux qui l'ont amicalement fréquenté.

Il habitait, en reclus, une maisonnette à deux pièces — l'une au rez-de-chaussée, l'autre au premier étage — qui avait appartenu à son père, un vieux soldat du Premier Empire, lequel n'avait de toutes ses batailles qu'un seul regret, celui de n'avoir pu empêcher le pillage de la caisse impériale, au passage de la Bérézina... et qui pleurait comme un enfant que sa mère n'a pas voulu embrasser, chaque fois qu'il racontait un incident ayant trait à l'empereur, au cours de ces guerres formidables. Le père Lacarrère, que tout Toulouse a connu, était lazariste, en communion la plus parfaite avec M. Etienne, supérieur général des Lazaristes et des sœurs de charité du monde entier. Il vivait en chartreux dans ce petit réduit n'ayant pour tout service qu'un ancien artilleur qui lui portait, de chez les sœurs de charité, sa modeste pitance. Il avait un mécanisme pour ouvrir d'en haut la porte que le visiteur fermait en se retirant. Ce visiteur était à tout propos le vicaire du quartier, l'abbé Ruffat plus que tout autre. Les vertus et les amabilités de ce vieillard malingre et malade ne sauraient être racontées. Il était le confesseur très goûté du clergé. Ses tendresses paternelles étaient surtout pour *son vicaire* des Blanchers, pour l'abbé Ruffat et pour son successeur, qui trouvaient, eux, dans sa société, un bonheur et une utilité inexprimables !

— Eh bien ! père, comment êtes-vous aujourd'hui ?

— Beaucoup mieux qu'hier, car je souffre beaucoup plus.

Malgré tout le bien qu'il faisait aux maisons de sœurs de Toulouse, à cette époque où il n'y avait point de lazaristes, la communauté de la rue de Sèvres, 95, l'a fait rappeler d'office, invoquant pour motif que ses frères ne voulaient pas être privés plus longtemps de l'édification qu'il leur devait pendant ses dernières années.

Je l'ai revu en 1865, nous avons reconstitué, aux heures qu'il pouvait me donner — car il était devenu un pilier de confessionnal — nous avons reconstitué nos pieux colloques du quai de Brienne et des Blanchers. Notre ami commun, l'abbé Ruffat, a pris sa bonne part dans les nouvelles apportées. Que seraient les amitiés, sans les intermédiaires affectueux ?

Je demande pardon aux lecteurs de ces pages. On devient « le louangeur des temps anciens » quand on est vieux ; mais cette fois je ne suis pas sorti de mon sujet ou du moins j'y ai été doucement ramené. Le père Lacarrère, l'abbé Pijon, l'abbé Ruffat. Ils doivent parler de nos Blanchers dans les causeries de leur éternité !

Excuse bien suffisante, pour avoir un peu trop parlé d'eux dans les pieux souvenirs de notre vie mortelle.

Curé et Médecin

Le quai de Brienne, la rue des Blanchers, la rue de l'Hôpital-Militaire conduisent quasi-parallèlement à l'église Saint-Pierre. On voisinait naturellement avec la Daurade.

Le curé de Saint-Pierre était alors M. l'abbé Pijon, remarquable théologien, ayant fait des études et pris ses grades en médecine, et dans ces deux sciences, esprit pratique consommé. Il était pour les confrères moins expérimentés une source toujours ouverte, un réservoir de bons conseils, de salutaires inspirations. De plus, il était tellement considéré, que quand on pouvait joindre son nom à un avis donné, c'était une opinion reçue.

Que de fois l'abbé Ruffat dût comme ses confrères consulter ce voyant tout à sa portée ; que de fois il dut, comme nous-même, lui adresser des consultants dont les cas étaient plus nébuleux. Il était d'ailleurs d'une complaisance extrême, jusqu'à aller voir dans le quartier voisin, nos propres malades, après s'être entendu avec nous.

Voici une anecdote toute locale :

Sur l'aile Est de la place Saint-Pierre, dont je fus chargé après l'abbé Ruffat, se présenta un cas singulier que nous suivîmes simultanément. C'était une somnambule magnétique, qui dormait tous les jours un certain nombre d'heures et annonçait toujours la veille le moment précis et la durée de son sommeil du lendemain. A ce moment-là, elle était prise de convulsions subites, mais auxquelles sa famille était préparée. En cet état, elle faisait des choses qui tenaient du prodige ; par exemple, elle voyait derrière elle, sans se retourner ; elle lisait dans un livre relié, par le dos de la couverture ; elle exécutait des broderies auxquelles elle ne touchait plus après son réveil, etc.

De plus, elle ne pouvait marcher ou même se tenir debout que grâce à un appareil métallique.

Or, un jour elle annonça qu'à tel quantième et à telle heure, elle serait guérie. C'était le cas très formel d'une prédiction, d'une divination. J'endossai immédiatement mon manteau de visite, sans lequel on ne se présentait pas en ce temps à l'archevêché ; et j'allai conter le fait à M. de Pous, — il va sans dire que j'en parlai à l'abbé Ruffat — vicaire général, afin que si, au jour et à l'heure indiqués le phénomène, était produit, je revinsse en faire part, croyant que dans un cas pareil, il y aurait peut être lieu à un exorcisme ? Le vicaire général me dit : j'informerai Monseigneur de l'objet de votre visite. Si la prédiction se réalise, revenez parler à Monseigneur lui-même. Rien à faire dans le cas contraire.

Au jour et à l'heure prévus, notre cliente éprouva une commotion plus forte qu'à l'ordinaire, à la suite de laquelle elle dit : « qu'on me débarrasse de cet appareil inutile : je suis guérie. » Et elle marcha librement. Je retournai *illicò* voir Mgr Mioland lui-même. Et comme il n'y avait en ce résultat obtenu, aucune intervention de la Sainte-Vierge ou d'un saint quelconque, comme d'ailleurs j'avais vu réalisé ce que j'avais annoncé plusieurs jours à l'avance, je posai de nouveau la question de l'exorcisme. L'archevêque m'écouta en homme très convaincu de ce qu'il avait à me répondre ; et le voici textuellement :

— Je crois que ni les théologiens, ni les médecins ne se sont encore rendus un compte exact de la lucidité à laquelle peut parvenir un être humain qui par le magnétisme ou par quelque autre moyen peut être dégagé de la vie matérielle ?...

— Même jusqu'à prédire l'avenir, Monseigneur ?

— Même jusqu'à voir l'avenir.

— Dans ce cas, pas d'exorcisme à faire ?

— Aucun.

— J'en demeurai là et appris quelques temps après, que la voyante s'était mariée ; peut-être avec quelqu'un qui avait spéculé sur son état ?... dont l'excentricité nous avait vivement intéressés.

Je rapportai à M. Pijon la décision de l'archevêque qui lui parut fort sage et à l'abbé Ruffat l'issue matrimoniale qui lui fit dire : « Ça se termine comme une comédie » et qui me conseilla de ne pas aller plus loin. Ce que je fis.

M. Pijon, d'allures si modestes, était à ses heures un discoureur fort éloquent, un logicien rigoureux.

On a gardé longtemps, au séminaire de l'Esquile, l'impression qu'il produisit en 1844, par un discours de fin d'année, sur *l'alliance de la piété et de la science*.

Il le termina, en martelant les syllabes, par ces trois paroles de saint Bernard, qui résumaient toute sa thèse :

> Ardere parùm, lucere vanum ;
> Ardere simul et lucere : perfectum.

Ce fut un vrai morceau d'éloquence. Or, une

série de relations assidues avec un vétéran de cette
valeur et de cette bonté, était pour un jeune prêtre
un signalé bienfait. L'abbé Ruffat l'avait éprouvé
avant moi et j'en fus heureux après lui.

L'Abbé Martin

Toute la légion cléricale de cette époque pourrait
être passée en revue sous ce titre : *L'Abbé Ruffat* ;
et il en serait ainsi du personnel de marque de
toutes périodes comprenant une dizaine d'années,
une vingtaine, une trentaine, peut-être ? Mais les
survivants que ces nomenclatures pourraient intéresser seraient de plus en plus rares ! S'il n'y avait
dans leur histoire ou dans leur caractère quelque
trait qui en fît des types. On n'a pas besoin, pour
s'intéresser à lui, d'avoir personnellement fréquenté un sujet qui nous est démontré comme
spécifiquement utile, inimitable. On le connaîtra
sans l'avoir jamais vu.

Eh bien, en voici encore un, marqué d'un cachet
qui mérite d'être cité. C'était un des amis les plus
appréciés de l'abbé Ruffat.

Il était premier aumônier du Lycée qu'on appelait encore *collège*. Et il se nommait l'abbé Martin.
Il était originaire de la Daurade, issu d'une famille
ultra-modeste, mais très fixé sur toutes les matières
de l'enseignement et très considéré par la réputation qu'il avait de l'être. Le trait particulier de son
existence universitaire, était celui-ci : Tout le haut
personnel de l'université comptait avec lui, par le
respect et la déférence. En ce temps, les diverses

facultés voisinaient avec le lycée. Et dans l'énumération de ses relations amicales, on aurait pu caser le vers de Boileau : l'abbé Martin marchait

Comme un recteur suivi des quatre Facultés.

Sa tenue pleine de dignité, sa conversation un peu magistrale par le fond, mais très simple et modeste dans la forme, montrant ses capacités sans aucune ostentation, sa distinction un peu mondaine, toujours enveloppée de correction ecclésiastique, l'attention provoquée quand il parlait et même quand il se taisait ; tous ces dehors, reflet de qualités intimes, l'imposaient sympathiquement dans les deux camps où il se mouvait : la paroisse et le collège, la cure et l'université. Il était d'un côté l'ami de M. Ferradou et de ses vicaires et de l'autre l'ami du Proviseur et de tout le personnel qui, des doyens de Faculté aux appariteurs, le traitaient conformément à son caractère, à sa dignité.

C'était, entre l'Eglise et l'Etat, un vrai trait d'union, sympathique à tous, sans s'imposer à aucun.

C'est pour cela que nous l'aimions bien, après l'abbé Ruffat, comme l'abbé Ruffat l'avait bien aimé avant nous, d'une affection... respectueuse.

Sa mémoire a suivi le même courant que les autres. Mais, quand on pense ou qu'on écrit, on subit heureusement ce que dans le langage philosophique on nomme : *l'association des idées*. En évoquant l'abbé Martin à coté de l'abbé Ruffat, nous avons pratiqué une fois de plus : *l'association des personnes*. Notre regret, hélas ! c'est que les sujets de nos jugements ne soient plus là.

Une visite à M. le Chanoine Pujol

Me voilà transformé en quémandeur de nouvelles... mais de nouvelles *anciennes*. Et quelle chance! J'ai trouvé plus ancien que l'abbé Ruffat, non pas à Rome où il y aurait le pape, plus que nonagénaire, ni à Paris, si grand qu'on y découvre parfois des centenaires, mais ici même, à Toulouse, parmi les vieux condisciples et les plus étroits amis de notre Elzéar! Il a été vicaire à Saint-Etienne, il y a soixante et quelques années, au moment où ma génération entrait à l'Esquile. Doyen du Chapitre cathédral de Toulouse, doyen d'âge de tout le clergé du diocèse, ancien curé du Taur, ancien vicaire de la cathédrale. Il a aujourd'hui passé les quatre-vingt-dix ans!

Et quand, en l'abordant avec ma vieille confiance, je formulai mon désir et mon espoir, sa première réponse fut celle-ci : « J'ai fait diacre, en 1835, à l'abbé Ruffat, quand il chanta, au grand séminaire, sa première messe, et nous ne nous sommes quittés depuis, que quand il m'a devancé dans l'éternité. Quelle chance, je le redis trois fois, quelle chance !

M. le Chanoine Pujol a toute sa tête et sa voix claire et forte comme il y a quarante ans. Ce qui lui fait défaut, c'est la vue. Il vit de patience et de résignation, comme autrefois Tobie ; et son ange a dû lui répéter souvent ce propos de Raphaël : « C'est parce que vous étiez agréable à Dieu qu'il a été nécessaire que la tentation vous éprouvât. »

En lui consacrant ces quelques lignes, je commence à vérifier par lui-même l'idée qu'il a émise sur mon projet : « Vous allez grouper autour de l'abbé Ruffat tout un cortège ecclésiastique. Il y a là la matière de tout le siècle toulousain. » — *Tout le siècle*, c'est beaucoup dire ; car les siècles se tiennent et se soudent l'un à l'autre, comme les années. C'est déjà beaucoup que d'en envisager une période moindre, soixante ans, par exemple. Avec la précipitation vertigineuse des événements, c'est énorme ! Eh bien, nous ne désespérons pas d'avoir pu donner quelque idée de ce que fut le clergé toulousain depuis la restauration du culte catholique jusqu'aux temps présents, à travers les personnalités qui nous sont apparues sur ce lambeau de route et à Toulouse même. Rien ne ressemble plus à un homme qu'un autre homme, heureux est-on quand, en traçant des *mémoires*, on trouve des physionomies exclusivement dignes de respect et de sympathie, même dans les palais, les presbytères et les sacristies ! Ce bonheur a été le nôtre. Et le bon nonagénaire me répéta, avec une mémoire imperturbable, la leçon que voici. Je cite :

« L'abbé Ruffat, étant né en 1812, son baptême et sa première enfance coïncidèrent avec l'épiscopat de M⁣ᵍʳ Primat, ancien évêque constitutionnel de Lyon, réconcilié à l'orthodoxie par Pie VII et qui, on peut le dire, releva les autels et le culte dans tout son vaste diocèse, mourut subitement à Villemur au cours d'une visite pastorale — digne mort d'un évêque — le 10 octobre 1816. Il avait pour vicaires généraux MM. de Barbazan, de Cambon et le père Hubert, ancien procureur général des Minimes, revenu lui aussi de son serment constitutionnel.

« Le curé de Saint-Etienne fut M. Bernadet ; il eut pour vicaires MM. les deux frères Ortric, dont l'un est mort curé à la Dalbade et l'autre évêque de Pamiers ; M. l'abbé Pagan, qui le remplaça comme curé de la cathédrale, et M. Begué. Nous le savions. M. Jean Mathieu fut nommé curé de Saint-Sernin et eut pour vicaire son propre frère.

« M. Théron, curé de la Daurade ; M. Campardon, de Saint-Nicolas ; M. Marceille, de Saint-Jérôme, en attendant sa translation à la Daurade, où il eut pour successeur M. Gounon, lequel précéda immédiatement M. Ferradou. Nous touchons à l'abbé Ruffat ; et c'est pourquoi il doit vous sembler utile, intéressant même, de signaler des noms que vous pouvez rencontrer un peu plus tard. Les anneaux participent nécessairement aux mérites de la chaîne qu'ils composent. »

Après Mgr Primat, fut nommé au siège de Toulouse Mgr de Bovet, qui ne fit qu'y passer un an à peine. A sa suite, Mgr de Clermont-Tonnerre, de 1820 à 1830. En 1830, Mgr D'Astros, qui, venu de Bayonne, prit pour coadjuteur Mgr Mioland. C'est dans le pontificat de ces derniers prélats que se déroule la modeste histoire et toute la vie active de l'abbé Ruffat, en attendant les trente-cinq dernières années de sa vie redevenue privée. Au fur et à mesure de nos narrations éparses, il aura été bon de signaler les chefs auxquels des existences secondaires ont obéi (1). »

(1) Cette leçon d'histoire ecclésiastico-toulousaine me parut si intéressante que mes lecteurs me pardonnent de la reproduire, car ils la connaissent.

Polignan à la Daurade

A cette époque se produisit, ou tout au moins
s'accentua, à Toulouse, un mouvement de clergé
dont la Daurade fut un peu le centre : « La montagne sembla descendre dans la plaine. » Naturellement la *Garonne* le *voulut*. Et cela, sans abaisse-
ment de ceux qui venaient de plus haut. Les
Polignanais que, par une abréviation de syllabes,
sans amoindrissement de considération, nous
appelions les Polonais, se trouvèrent en nombre
à Toulouse. La présence de MM. Bareille et Barrère fit de la Daurade leur centre.

M. Manau, qui devint doyen de Boulogne, en
était ; M. Laforgue, aumônier de l'hôpital, n'avait
que le pont à traverser pour arriver chez nous.
MM. Laurent et Tuste étaient vicaires de Saint-
Sernin, et nous fraternisions parfaitement. M. Suberville était curé de la Basilique et son neveu
Roquebert, plus tard doyen de Saint-Béat, était
auprès de lui. Au Calvaire, se distinguaient les
PP. Sourrieu, Saint-Paul, Barbe et le si bon abbé
Daure, le seul qui leur survit ! J'en passe quelques-
uns moins connus. Mais cette troupe intelligente
et active ressemblait un peu, par les liens de
compatriotisme, à ce que sont les Toulousains
habitant Paris — moins le banquet chez Brébant
ou au Continental. — Les frères Reulet, quoique
ayant été élevés à l'Esquile, étaient trois : l'aîné,
aumônier du Saint-Nom-de-Jésus ; le second, sacristain à la Métropole ; le troisième, le plus distingué,

prêté par M. le Supérieur de l'Esquile à l'archevêque de Paris, dont il fut d'abord le secrétaire particulier et plus tard le chanoine titulaire, jusqu'à devenir doyen du Chapitre de Notre-Dame ! C'était, sous des formes que le brillant de Paris avait laissées modestes, presque agrestes, un esprit très profond dans ce qu'on appelle une tête carrée ; c'était surtout un noble cœur et une vertu sacerdotale consommée. Oh ! les Reulet ! Je ne crois pas qu'il y ait dans la Haute-Garonne un second spectacle pareil à celui dont, en 1850, j'ai été le témoin à Villeneuve-Lecussan, dans une ferme toute champêtre où le père Reulet avait à sa table sept fils dont trois prêtres et deux instituteurs. Ces professions se mariaient bien à cette époque, où la loi Waldeck n'avait pas encore conspiré contre la loi Falloux. A cette réunion si belle de la première messe de l'abbé Pierre, un être manquait : la mère ! Hélas ! aucun bonheur n'est parfait en ce monde. Le père Barbe, doublure alors du futur cardinal Sourrieu, prêcha et je fis diacre....., puisque je l'étais de la récente ordination.

J'ai donc signalé de mémoire cette liste à laquelle je serais bien excusable, après un demi-siècle, d'omettre quelques noms, quoique j'ai eu l'occasion de voir, durant mon séjour à la Daurade, à des titres d'une confraternité plus ou moins rapprochée par les âges, tous ceux qu'ils désignent. Et je suis bien sûr qu'aujourd'hui, les Touzet, les Gez, les Pefaure et ceux que je ne peux pas connaître, ne regarderont pas comme un hors-d'œuvre, dans l'histoire d'un prêtre Toulousain, un souvenir amical ou un hommage respecteux rendu par un vieux confrère de la Plaine à leurs compatriotes de la Montagne. Rien ne supprime entre nous les anciennes émulations comme la vieillesse.

Retournons à Toulouse et à la Daurade. Ce prêtre Toulousain était l'*alter ego* d'un maître éminent qui, avant d'enseigner la philosophie à Toulouse, avait professé la rhétorique à Polignan, Bélaval et Ruffat ! Nous avons rencontré en leur compagnie, les Vesia, les Dencausse, les Bize, les Montoussé, etc., etc.

Un potentat disait autrefois, après un mariage royal : « Il n'y a plus de Pyrénées. » Pour le clergé de Toulouse, il y en a toujours grâce à Dieu, mais elles ne sont pas séparatrices des esprits et des cœurs, car tous les membres qui le composent sont les fils d'un même père. Polignan n'est pas seulement à Saint-Gaudens, à Montréjeau, à Luchon, à l'Isle-en-Dodon ou à Boulogne. Il est à l'archevêché, au Chapitre cathédral, à la Daurade !

Une Anecdote au Chapitre cathédral

NARRATION DU CHANOINE PUJOL

Les discussions entre les membres du Chapitre manquaient parfois de moelleux, un peu même de courtoisie, quand la politique était en jeu jusques dans les offices. Est-ce que la religion, dont le roi est l'objet, n'a pas quelque droit de voisinage dans le culte même des saints et de Dieu ? Racontons :

La fête de saint Papoul échoit dans le diocèse de Toulouse le 3 novembre, la fête de saint Charles Borrhomée le lendemain 4. Si les deux fêtes sont au même degré liturgiques la fête de saint Charles commence dès la veille, aux premières vêpres ; mais si saint Papoul est d'une classe supérieure à celle de saint Charles, celle-ci n'a pas de premières vêpres et se célèbre par un simple mémoire... Ainsi en était-il avant que saint Charles fût le patron du roi. Mais le lendemain du jour où Charles X monta sur le trône, son patron eut une fête d'un degré supérieur et elle dût commencer au capitule de la veille.

L'abbé d'Ozat, qui officiait ce jour-là, oublia la rubrique et continua les vêpres de saint Papoul. Mais il avait compté sans l'ardeur monarchique et éclairée de l'abbé de Vacquiers qui, de sa stalle de chanoine assistant, interpella très vivement le célébrant et l'office fut un moment interrompu par leur discussion, presque par leurs cris. La victoire demeurant au partisan du Roi.

Il ne manqua à la querelle qu'un Boileau pour se prononcer entre les champions de ce nouveau Lutrin.

Mœurs d'une époque où le clergé était plus ardent qu'aujourd'hui.

Quatre grands Chrétiens

Je n'avais pas à sortir de chez M. Pujol pour trouver entre nous des sujets très intéressants de ce vieux Toulouse qu'il représente si bien et dans l'Eglise et dans la société. Le premier fut naturellement Barthélemy Ruffat, le père d'Elzéar.

Aujourd'hui, nous avons parlé *des siens*, de son vénérable père si érudit et si pieux, si exquis littérateur et si excellent chrétien. Oh ! il n'était pas romantique celui-là ; mais quelle distinction et quelle variété dans ses aptitudes pédagogiques. Il était le maître honoré et partout consulté dans ces familles d'élite qui avaient gardé leurs nobles traditions et leurs religieuses espérances, fidèle aux vieux usages, tant en instruction qu'en éducation.

En parfaite connivence avec M. Ruffat, il croyait, il savait que la langue de Cicéron et de Virgile avait été la productrice de celle de Bossuet et de Racine. Il savait enseigner selon ce mode éminent, qui consiste à fortifier les leçons par les exemples et les règles par la pratique. Il faisait faire à ses disciples d'excellents vers latins, aussi bien que des narrations françaises ; surtout il n'excluait jamais la plus stricte moralité, ni la religion, ni même la piété de son enseignement. Sa rhétorique était celle de l'honnête homme et du père de famille. Il trouvait autant matière à poésie et à discours dans une hymne en l'honneur de saint Louis-de-Gonzague que dans la description d'un drapeau tricolore ou même du panache d'Henri IV.

Il eut quatre enfants parmi lesquels *deux prêtres*, Auguste, le dernier survivant, et Damase, ancien supérieur du grand séminaire d'Aire, qui fut le premier jésuite rentré en France après la Révolution de 1830. Il est mort à 85 ans.

Or, un troisième père de famille était ce bel homme, si distingué et si apprécié de tous ceux qui l'ont connu, M. Laffont, l'époux et le père de ces remarquables institutrices qui ont devancé, à

Toulouse, le *Sacré-Cœur*. De la vieille rue Merlane aux allées Saint-Michel, elles ont élevé tout une génération de femmes distinguées et surtout profondément chrétiennes. Leur maison occupe aujourd'hui, avec sa distinction traditionnelle, le monastère des Carmélites expulsées. Elles ont un digne successeur en Mme Roques. Eh bien, dans ce foyer, comme dans celui de M. Pujol et de M. Ruffat, il y eut un *berceau sacerdotal,* un fils remarquable par sa distinction et par sa piété. Il fut vicaire de la Daurade, comme l'abbé Ruffat, comme l'abbé Pujol le fut à Saint-Jérôme et à Saint-Etienne. Il écrivait même déjà de manière à avoir un nom dans la littérature ecclésiastique toulousaine. Son *mois de Marie des âmes intérieures* eut un vrai succès de vogue parmi la clientèle que ce titre séduisit.

Je me souviens qu'en 1844, assistant au premier prône de M. Piéchaud, récemment installé curé de la cathédrale, je me trouvai placé, par le hasard des circonstances, à côté de M. Laffont, je le connaissais. J'avais suivi, dix ans avant, la retraite de première communion prêchée à la chapelle Sainte-Anne par son fils, simple diacre alors. Mon vénérable voisin tenait un volume in-18 dont il me montra le titre en me disant : *J'y assiste avec mon fils.* Et derrière ses lunettes d'or, il refoula une larme que dix ans n'avait pas séchée dans son œil paternel.

Son fils Louis — ainsi s'appelait l'abbé — avait été aussi aumônier des Carmélites, après son vicariat à la Daurade, et il était mort des suites d'un accident — plusieurs ont dit d'un crime — qui fit grand bruit alors. On raconta que des malfaiteurs étaient venus l'appeler nuitamment pour un cas de maladie grave, qui n'était autre chose qu'un guet-apens; et que, conduit dans une rue isolée, il y avait été sablé par ces assassins!

Quoiqu'il en ait pu être, très fortement atteint dans sa santé, il faisait, par ordonnance du mé-decin, des promenades à cheval. Par économie de temps et dans un but de modestie, il se livrait à cet exercice en été au point du jour. Un matin, en ouvrant sa boutique dans la rue des Récollets, un commerçant aperçut, au milieu de la chaussée, le pauvre abbé roulé dans la poussière après avoir été désarçonné. On l'emporta dans sa famille, mais il était mortellement atteint; et ce fut un deuil profond pour le clergé de Toulouse et pour les amis nombreux de cette honorable famille, en tête desquels certainement on comptait l'abbé Ruffat et l'abbé Pujol.

Voici donc une particularité superbe :

Trois pères ayant, sur la même paroisse, quatre fils prêtres !

Et M. le chanoine Pujol veut bien me dire : Vous pouvez augmenter votre collection d'un sujet absolument identique aux précédents.

— Je ne demande pas mieux; et lequel s'il vous plaît?

— M. Delpech, père de M. l'Archiprêtre actuel de la métropole! ancien doyen de la Faculté de droit de Toulouse.

— Comme vous avez raison! Il a vécu quel-ques années plus tard; mais quel type vénérable et quel *quatuor* il complète! Quatre pères de prêtres!

— Oui, quatre pères, mais qui ont eu dans leur famille *six* prêtres, car il y a eu deux Pujol et deux Delpech! Mon Dieu, donnez-nous des chefs de famille, des maîtres de la science et du droit de cette valeur! La société toulousaine aura bientôt pris la place qui lui convient dans la société française!

Un Fidei-Commissaire fidèle

Un de nos meilleurs confrères insiste pour que je n'omette pas un des traits les plus délicats et les plus efficaces de sa charité : « Les services qu'il a rendus à nombre de prêtres et même de laïques pour la distribution de leurs aumônes après décès ».

Le prêtre n'est pas toujours libre de suivre toutes ses inspirations religieuses dans la distribution de la fortune, petite ou grande, qu'il laisse après lui. Il a le respectable désir de ne pas frustrer les vœux des siens, même quand ces vœux sont un peu exagérés?

Il y a, par les temps qui courent surtout, les très grandes difficultés de tester publiquement en faveur d'œuvres que lon aime et auxquelles on veut être reconnaissant : le séminaire par exemple. Il y a les exigences et les longanimités fiscales...

Il y a la prescription évangélique de laisser ignorer à la main gauche ce que fait la main droite?

Il y a l'immense difficulté d'être assuré, pour le peu qu'on laisse, que les intentions seront rigoureusement exécutées. Un ami *sûr* dans ces embarras est un trésor dont la valeur ne peut être exagérée.

M. Ruffat a été cet ami pour nombre de ses confrères ; et c'est pourquoi les bonnes œuvres qu'il a pu accomplir ont été de beaucoup supérieures à sa fortune patrimoniale.

Voila ce qu'on m'affirme avec des preuves à l'appui. Je n'avais pas songé à ce genre de charité qui consiste à recevoir ; mais c'est de grand cœur que je le signale.

Un bon cœur a tant de formes à donner à son dévouement.

Et voici comment se traduisaient les générosités dont il était personnellement l'objet :

DISPOSITIONS TESTAMENTAIRES

Je laisse au diocèse de Toulouse, pour l'établissement des sourds-muets, la propriété que je possède à Montaut, et qui m'a été laissée quant à la propriété, par M. l'abbé Catala.

Toulouse, ce onze novembre, mil huit cent soixante-dix-sept.

E. Ruffat, *Ch. h.*

Sa Politique

En avait-il une ?

Evidemment, oui ; et ce devait être celle dans laquelle l'avait élevé son vertueux père, auquel M. de Monbel, nommé maire de Toulouse en 1825, apporta la croix de la Légion d'honneur. Mais son opinion à cet égard fut toujours *in petto*, parce que, ses attributions sacerdotales dominant en sa vie toutes les autres, il croyait devoir toutes les leur subordonner. Sans doute, il avait ses préférences, mais il ne regardait rien comme absolument *nécessaire*.

« En fait de politique, disait-il, je crois en Dieu. »

Il a exercé son ministère à des époques bien différentes et toutes aussi agitées : la Restauration, le Gouvernement de Juillet, la République par deux fois, l'Empire. Les intérêts religieux ont fait sortir de leur orbite paroissial tel de ses confrères que la question sociale a quelque peu passionné. La sacristie de la Daurade a été, quelquefois et bien naturellement, transformée en petit comité parlementaire, autour de la bassine classique, entre deux sessions au confessionnal. Il ne s'attardait pas dans ces discussions, inopportunes selon lui. Il avait toujours un malade à voir ou une lettre à écrire ; et le lendemain il disait à ses confrères : « Vous avez bien bataillé sur l'événement du jour. A quoi cela vous a-t-il servi ? »

Ce n'était ni manque de convictions, ni indifférence patriotique ; mais ses convictions étaient en dedans et il les y laissait. Et, quant à son patriotisme, il en faisait une question de charité chrétienne et de zèle pour la gloire de Dieu, qui était tout l'objectif de sa religion dans les événements publics. C'est à ce titre qu'il aimait le Roi et la royauté à certaines époques, ou l'Empire et l'empereur à certaine autre. — Qui l'eût suivi dans ses exploits aux Blanchers aurait ajouté : Dans ses relations avec les petits et les pauvres, la démocratie et les démocrates !

Et qu'on ne dise pas que je le ridiculise ainsi, en l'amoindrissant jusqu'au scepticisme politique.

Non, ce scepticisme était raisonné dans sa religion et dans sa vertu. Théoriquement, il s'appelait la confiance en Dieu et l'abandon à sa Providence. Pratiquement, il s'appelait l'esprit de paix et de charité.

La plus grande part du bien qu'il pût faire eût son origine dans ces dispositions, fut à ce prix. Tout modeste qu'en soit le pratiquant, c'est ce que Bossuet a appelé, avec sa plume d'aigle : *La politique de l'Evangile...* tournée du côté du ciel.

Nous avons signalé sa popularité quasi-universelle dans les foyers très variés, très divers où ses devoirs l'appelèrent : en haut, en bas, au milieu, partout. Eh bien, dans toutes ces régions, on fait de la politique : à l'atelier du manouvrier aussi bien que chez le premier président de la Cour. Et quand un prêtre y est admis ou appelé, il y perdrait de l'estime dont il jouit, dont il a besoin, si le mari et le père reconnaissaient un intransigeant ou simplement un brulot dans le prêtre qui dirige la conscience de sa femme et celle de sa fille.

Que dis-je ? Il serait vu d'un œil moins bienveillant si, même dans l'intimité familiale où il est si souvent admis, il manifestait des opinions plus ou moins tranchées avec celles de la maison.

Il n'y a pas de cas où le meilleur langage, qu'on a comparé à de *l'argent,* ne soit inférieur au silence, justement appelé *de l'or.*

L'abbé Ruffat était persuadé que le goût de la politique, chez un prêtre, s'il n'est pas attentoire aux vertus sacerdotales, les lui rend au moins bien plus difficiles à pratiquer.

Humilité, modestie, charité, rigoureuse observa

tion de toute convenance, il trouvait tout cela immolé, sacrifié, ou tout au moins en péril, dans les habitudes plus ou moins extrêmes de la politique, soit officieuse, soit officielle.

Il admettait cette dernière dans des cas extrêmement rares, lorsqu'on était un abbé de Genoude, un évêque de Poitiers ou un Dupanloup : *Rara avis in terris !*

Quánt à lui, il lisait à vue d'œil sa vieille *Gazette du Languedoc* ou son pâle *Journal de Toulouse*.

Il trouvait même spirituellement écrite et très utilement rédigée la *Semaine Catholique ;* mais ce qu'il y aimait surtout, c'était les récits édifiants de cérémonies, d'œuvres sacerdotales et la merveilleuse légende de ces deux vies pontificales dont l'Eglise est si fière : *Pie IX* et *Léon XIII.* Bonne politique que celle-là.

La politique est un fruit amer...; « quiconque y a mordu a senti surexcité son appétit. »

Une Note oubliée : Sa Gaîté

Au moment de nous séparer de cette physionomie si sympathique et surtout si bonne, nous éprouvons le regret d'avoir été un peintre inférieur à son sujet.

Nous avons passé une année dans la compagnie de cette existence qui « n'engendra jamais de lassitude » et nous avons ramené devant l'esprit de nos lecteurs ces années fort nombreuses qui firent à notre frère aîné ce que l'écriture appelle *une bonne vieillesse.*

Il aurait fallu fouiller plus avant dans cette nature d'élite ; mais notre volume n'y aurait pas suffi.

Contentons-nous de signaler, avant de finir, quelques notes ajournées de son caractère : Sa gaîté, ses scrupules?

Les saillies d'esprit et de gaîté foisonnent. On ferait, rien qu'avec elles, un livre très égayant :

Un jour, sa montre s'est détraquée : Il la porte à son horloger qui lui signale qu'un grain de sable petit, petit s'était introduit dans les rouages.

— *Petit,* tant que vous voudrez, mais je m'étais douté que c'était un peu *grave!*

Un autre jour où il voyageait sur la ligne de l'Ariège, un ecclésiastique descend à une gare intermédiaire oubliant son chapeau dans le train. Les co-voyageurs lui crient : « Monsieur l'abbé, vous laissez votre chapeau ! » L'abbé Ruffat ajoute d'un petit air malin : « Peut-être qu'il n'en a pas besoin? » Le *peut-être* sauvait la charité ; mais tout de même il s'empressa de lui passer le chapeau par la portière.

Son goût pour les vieux Prêtres

Ceux qui ont déjà fait le plus, sont ceux qui projettent habituellement de faire davantage. Si le dicton n'était un peu banal, nous dirions aux pratiquants de bonnes œuvres que « l'appétit vient surtout en mangeant ». Un panégyriste éloquent de saint Vincent de Paul a comparé ce merveilleux homme au soleil, lui appliquant une belle figure du Roi David « qu'il n'y a pas dans le monde un coin de terre où un homme puisse se dérober à la lumière ou à la chaleur de cet astre royal. » Des enfants-trouvés aux vieillards décrépits et des pieuses sœurs aux forçats, il a tout éclairé, tout réchauffé. Mais les œuvres de la terre sont comparables aux étoiles du ciel; et ce ne sont pas les plus importantes dans les constellations célestes qui doivent être les plus méconnues, les plus négligées des astronomes. Or, l'abbé Ruffat (on l'a bien suivi dans toute sa carrière) avait, à un éminent degré, le goût des œuvres dont le clergé était l'objet. Parmi ses aspirations — je suis tenté de dire parmi ses rêves les plus chers — était la fondation en notre pays d'un asile pour les vieux prêtres. Eclairé comme il l'était, le seul reproche à lui faire, c'est d'avoir trop différé l'exécution de son projet à cet égard.

Il a voulu trop bien faire; et les événements ont été plus forts que ses moyens actuels, cela arrive aux apôtres les plus actifs.

Les plus beaux projets sont aux hommes, mais *l'heure est à Dieu*.

Nous osons espérer que cette idée, si universellement sympathique, sera reprise à temps dans notre bonne ville de Toulouse, pour l'utilité religieuse et morale de toute la région.

M. Ruffat avait son programme à cet égard et il était surtout pratique. Il aurait voulu une maison spacieuse, aérée, ayant un jardin assez grand pour que la promenade y fut facile, en communauté.

« Ni un couvent, ni une prison, disait-il. » Appuyé sur des expériences, il ne l'aurait pas placé dans un lieu trop isolé : « A l'âge où ils se retirent, disait-il, ils en ont assez de campagne ; qu'on leur donne une vie large et recueillie, où soient à leur portée les distractions qui conviennent à leur dignité : cérémonies, fêtes, discours. Nous en avons connus qui étaient des piliers de l'Université catholique ou des chaires paroissiales. »

Mais on ne peut tout entreprendre et l'abbé Ruffat en avait assez avec les œuvres que nous avons signalées. Il était d'avis qu'il n'y a pas d'homme plus occupé que celui qui s'adonne aux travaux de zèle.

Néanmoins, la pensée des prêtres vieux et infirmes le poursuivit jusqu'à la fin. « C'est une charitable idée, disait-il, de s'intéresser à ceux qui partent et de les soutenir dans leur marche ; mais ceux qui ont longtemps et péniblement voyagé, ceux qui y ont perdu leur santé, les blessés du sacerdoce, les invalides du Saint-Ministère ne sont pas moins dignes qu'on protège la fin de leur course. » Tout le monde pense de même. Il a bien fallu que quelque notion de son désir et même de ses intentions se soit fait jour. Car je connais un prêtre qui a cherché à savoir auprès des familiers de l'abbé Ruffat s'il n'a pas constitué quelque fidéicommissaire dans ce but ? — Aucun, lui ai-je répondu. Mais ce qu'il n'a pas réalisé pourrait l'être tout de même. C'est une œuvre *épiscopalement paternelle*. Qui sait ? ?

Et dire qu'il était scrupuleux !

Je l'ai connu, et avec des intervalles plus ou moins longs, fréquenté pendant quarante ans. Entre nous étaient placés des intermédiaires dont quelques-uns étaient des amis et tous, au moins, de bonnes connaissances ; voilà bientôt une année que je fouille tout ce que j'ai pu trouver de détails dans mes impressions personnelles et auprès de toute personne dont j'ai pu espérer quelque renseignement qui valût d'être consigné dans une biographie, qui ne soit ni un panégyrique ni une thèse de critique. Tout ce que j'ai écrit, comme faits et comme études de caractère, m'a paru de la plus stricte exactitude : son jugement droit et son humeur calme, même enjouée ; son esprit de mesure et de règle, sa pondération constante dans les jugements qu'il portait sur autrui et dans les avis de morale ou de piété dont il était le dispensateur à jet continu. Eh bien ! ces dispositions et toutes ces pratiques étaient le sujet d'une lutte intérieure qu'il a pu, qu'il a dû dissimuler sans manquer à aucune franchise, mais elles ne donnaient pas la note exacte de son tempérament religieux et de sa paix intérieure plus ou moins équilibrée.

Oui, il était *sujet aux scrupules*. Qui l'aurait cru ??

Une vraie maladie dont plusieurs maîtres de la vie spirituelle ont traité, mais une maladie qui produit sur l'âme assoiffée de perfection ce que la

soif de la poitrine et des lèvres produit sur l'orga-
nisme.

Une épreuve dont on guérit quelquefois pour
un temps, comme le patriarche Tobie guérit jadis
de sa cécité, mais laissant dans les âmes qui en
furent hantées des retours et des périodicités à
prévoir.

Ces inquiétudes font des malheureux; mais
elle font des parfaits et des saints. Et si l'abbé
Ruffat en était attteint dans les conditions dont,
à la dernière heure de nos études sur sa vie,
la notion nous saisit, cette infirmité morale,
si magnanimement supportée, si glorieusement
vaincue, a été certainement, tout le temps où il en
a été travaillé, soit avec continuité, soit par inter-
mittence, l'occasion de ses mérites et l'aliment de
sa sainteté !

La tentation qui vient de la disposition au scru-
pule, c'est la prière du Messie au désert, quand il
permit à Satan de s'approcher de lui et de le ma-
nier; c'est la détresse à Gethsémani, où il criait:
« Mon âme est triste jusqu'à la mort ! » Deux circonstances dans lesquelles « les anges, il est vrai,
vinrent le servir. » La tentation d'abattement, qui
vient par les scrupules vaincus, finit toujours par
transformer en un petit *Thabor* le coin de terre
sur lequel on a souffert.

Tout cela, c'est la théorie et nous écrivons un
alinéa d'hisioire, sur la teneur duquel repose ce
fait : *M. l'abbé Ruffat fut un scrupuleux.* Or,
voici d'où cette notion nous est venue :

« Mon cher ami,

« Je trouve en rentrant votre lettre. J'y réponds sans retard. *Soyez tranquille, je l'ai brûlée.* » Mais ceci est une vraie lettre de direction. Lisons; puisque la mort est maîtresse de tous les secrets, même entre un confesseur et son pénitent.

« 1° Maintes fois nous avons parlé de vœux. Et je vous ai dit chaque fois que très certainement ils ne vous obligent en aucune sorte, soit parce qu'ils n'ont pas le caractère exigé pour des obligations véritables, soit parce que je vous en ai souvent dispensé, même avant mon premier départ de Toulouse, *il y a sept ans.* Et quant à ceux qu'il vous semble avoir faits depuis, n'en ayez aucune préoccupation : ils sont ou nuls ou *annulés par moi très certainement.*

« 2° A la place des trois jeûnes jubilaires, vous avez à réciter trois fois le *miserere*, ou bien le même jour, ou bien à des jours différents.

« 3° Vous êtes dispensé de plein droit de l'office et de l'abstinence aussi bien que du jeûne. Vous n'avez nul besoin d'en parler de nouveau au médecin. Faites-le, *non par obligation,* mais *ad libitum*; et croyez que vous n'êtes pas tenu à ces devoirs (jeûne, office, abstinence) *vu votre santé*, encore que vous vous livriez à des occupations qui vous appliquent. Celles-ci sont compatibles avec une tête fatiguée, le reste, non (1). »

Cette sage direction ne fut pas toujours et absolument suivie par le pénitent, trop sévère pour

----

(1) Extrait textuellement de la correspondance de Mgr Bélaval.

lui-même, car, dans une suivante lettre, le directeur écrivait : « Hier soir, j'ai trouvé votre bonne
petite lettre. Il me tardait d'avoir de vos nouvelles ;
car ma pensée ne vous quitte guère ; et la crainte
que vous ne soyez tourmenté, je dirai mieux la
presque certitude de vos continuels tourments me
préoccupe et me chagrine. Vous pourriez cependant et avec toute sorte de raison, être confiant et
calme. Aussi « je déplore cette disposition d'esprit
« qui paralyse vos facultés, en vous faisant endurer
« de véritables tortures. » Il faudrait un aveugle
abandon pour suivre les conseils qui vous sont
donnés. Avec cela vous finiriez par devenir
comme tous ceux qui veulent se sauver avec simplicité et qui se sauvent en effet... car Dieu ne veut
pas que nous soyons *comme des esclaves et des
suppliciés.* »

Esclaves et suppliciés. Cette comparaison, presque cette menace, adressée à l'abbé Ruffat, *dirigé*,
lui qui était, pour des multitudes, le *directeur* de
l'ampleur même, témoigne de la sévérité dont il
était accusé par l'homme qui l'aimait le plus. *Sévérité* pour lui-même, s'entend, rien que pour lui-
même.

Et cette tendre monition lui arrivait *en 1865*,
quand il avait cinquante-trois ans, quand il avait été
et fait tout ce que nous savons, depuis trente ans !

Il avait dû lutter vigoureusement et d'une lutte
bien soutenue, pour avoir constamment paru ce
qu'il s'était montré, étant ce qu'il était envers lui-
même. Il est vrai que ce sont là deux dispositions
parallèles :

Sévère et *scrupuleux* pour soi-même, indulgent,
tolérant, *bon* pour autrui, quel qu'il fût !

Ceci est une perspective toute nouvelle. Mais elle ressort des avis d'un directeur expérimenté et fidèle. Tous nos lecteurs l'ont nommé : *Mgr Béla-val*.

Ces deux lettres nous donnent peut-être la clef des tendres relations qui existèrent entre le maître et le disciple *depuis le séminaire* !

Le disciple était un malade **depuis trente ans** !

Comme quoi M. Ruffat n'a pas voulu être évêque.

La retraite de M. l'abbé Ruffat, très conforme aux droits de l'autorité hiérarchique qui la lui avait imposée et très dignement acceptée par lui, ne laissa pas que d'émouvoir ses amis. Il en avait de très haut placés dans l'Eglise et dans le monde, dans l'administration civile elle-même et aussi près que possible du pouvoir souverain. Le vicaire général remercié avait hérité de toutes les sympa-thies dont Mgr Mioland, son vénéré maître, avait été l'objet. Il était par lui-même *persona grata* en très haut lieu. Il se forma donc, dès le commen-cement et de la manière la plus naturelle, une ligue de réparation autour de l'abbé Ruffat. Elle ne pouvait viser qu'une mître, et rien ne semblait plus facile qu'une pareille issue.

Rappelons ce détail. — Le 4 octobre 1851, le Prince-Président, comme on l'appelait encore, vint à Toulouse et fut harangué à la porte de la cathédrale par Mgr Mioland, auquel il répondit ces

paroles textuelles : « Je suis pàrticulièrement heureux, Monseigneur, d'être aujourd'hui compli-
menté par la même voix qui me porta ses encouragements et ses consolations aux jours de
l'épreuve et de la captivité. » C'était une allusion
au fort de Ham. L'abbé Ruffat était là, auprès de
son archevêque qui, en deux jours passés à Toulouse, fut invité deux fois à dîner, et placé chaque
fois à la droite du futur empereur, qui lui donna
les marques les moins équivoques de son souvenir
reconnaissant. Les gens que la politique rendit
plus tard antipathiques à Napoléon III furent
unanimes à reconnaître qu'il n'oubliait pas! De
1851 à 1859, il s'était écoulé huit années, au cours
desquelles le souvenir de l'archevêque, récemment
décédé, s'était plusieurs fois présenté à l'empereur,
qui n'avait rien à refuser à sa mémoire.

Les patrons de l'abbé Ruffat avaient donc beau
jeu, étant donné surtout le mérite très inoffensif
de leur protégé. Les négociations auraient marché
avec une tout autre rapidité, si les négociateurs
n'eussent été fermement contenus par l'abbé
Ruffat lui-même, dont les travaux actuels étaient
très chers à son cœur, parce qu'ils étaient libres
et tout apostoliques. Le temps s'écoula et ce ne
fut que dix ans après la mort de Mgr Mioland que
les démarches amicales et officielles purent avoir
toute leur activité. Mgr Laurence, évêque de Tarbes,
mourut à Rome en février 1870, pendant le concile.

Ce fut donc dans les Hautes-Pyrénées, au voisinage le plus immédiat de la Haute-Garonne et de
l'Ariège, que les amis de M. Ruffat s'évertuèrent
à le faire arriver, et tout annonçait le succès prochain de leur démarche ; mais « ils avaient compté

sans l'hôte ». Ils se heurtèrent à un refus irréductible.

M. Ruffat était un pieux et un sage. Il avait peut-être vu de trop près les difficultés pour n'en pas concevoir quelque appréhension dans ses goûts modestes et sa nature tranquille. Un de nos amis communs, qui déjà avait eu moins de frayeur de coiffer la mître, Mⁱʳ Mermillod, disait « qu'elle est toujours doublée en peau de chagrin. »

Et puis, à vrai dire, il aimait sa petite patrie, sa Garonne et ses quais, sa Daurade et sa Notre-Dame-la-Noire, qui avaient devancé dans ses affections juvéniles et enfantines la basilique de Lourdes et sa Grotte, avec le privilège déjà séculaire du culte de l'Immaculée-Conception !

Il aimait son Toulouse avec ses berceaux et ses tombes. Son vieil ami, Louis Deffès, de la Daurade aussi, et auquel ses compatriotes sont en train d'élever une statue, lui avait répété, pendant qu'il la composait dans son *studio* de la rue Peyrolières, sa naïve et immortelle cantate en langue patoise : *O! moun pays, ô Toulouso! ô Toulouso!* Et ni l'or de Paris, ni le ciel de Bagnères-de-Bigorre ne l'eussent dédommagé de celui de Toulouse : autant eût valu pour lui, à ce point de vue de l'esthétique, l'Algérie ou les missions étrangères. Enthousiaste et poète jusque-là !

Et dire que si le décret, près d'être signé, eût paru, il aurait été libellé par les soins et dans le cabinet de ce brave M. Victor Hamille, le directeur des cultes, ami fervent de Mⁱʳ Desprez, et qui, vingt ans avant, l'avait promené glorieusement de son village à une cure de Roubaix et successivement à l'évêché de Bourbon, à celui de Limoges,

à l'archevêché de Toulouse, où il devait recevoir
la pourpre cardinalice! O mouvements publics!
que vous êtes irréguliers et fallacieux, ô hommes!
que nous ne sommes rien, comme dit Bossuet; ô
mon Dieu! comme vous êtes grand et bon!!

Ainsi, trente ans avant la fin de sa vie, l'abbé
Ruffat mit volontairement fin à sa *carrière* : rares
et beaux exemples jusques dans l'Eglise.

Nous avons débuté, en cette partie de son histoire, par ce titre, qui a pu paraître singulier
et dont lui-même n'aurait pas voulu sans faire des
réserves : *Prêtre libre.*

Et voilà que cependant il y a tenu; et voilà
l'usage qu'il a fait de sa liberté : Refuser l'honneur suprême auquel le meilleur prêtre puisse
prétendre, l'Episcopat!

Singulières coïncidences :

Le siège de Tarbes fut dévolu plus tard à un des
membres les plus éminents du clergé parisien,
car sa carrière a été presque papale. Il a dix ans
de moins que n'avait l'abbé Ruffat. Daigne Dieu
garder longtemps encore à la France et à l'Eglise le
Cardinal-Archevêque de Reims! Mgr Langénieux!

Quant à l'abbé Ruffat, il continua à vivre d'abnégation et d'humilité.

LES APPROCHES DE LA FIN

Infirmités et Maladie

L'abbé Ruffat avait eu une vie essentiellement active. Il fut l'homme des œuvres toujours, des œuvres pour le bien. Une visite à faire, une démarche à tenter dans un but de charité ne lui furent jamais à charge et, de celles-là, il en avait plein ses journées.

Mais un âge vint où il fallut se ralentir, agir par intermédiaires et bientôt s'abstenir. Ce fut là sa grande pénitence; et, comme il le disait, « son purgatoire en ce monde ».

Saisi par des infirmités que l'âge rendait plus pénibles, il dût se condamner à ne plus sortir, même pour aller au chœur, même pour dire la messe! Ce fut là sa grande privation et, jusqu'à la fin, sa torture principale. Il lutta longtemps; il ne se rendit à la nécessité que par degrés et ne se déclara vaincu que par la force ou plutôt par la faiblesse matérielle.

En fait de maladies, c'était un théoricien de premier ordre sur l'art de les supporter. C'était bien le cas désormais de mettre en pratique ce que depuis soixante ans il avait conseillé : la patience, la résignation, tout le système enfin de l'*âme élevée à Dieu* par la Croix, ce beau livre de l'abbé Baudran, qui était dans la bibliothèque de nos mères. Du reste, en fait de distractions par la lecture, les seuls ouvrages de piété pouvaient lui convenir.

A l'âge où il était parvenu, ses aînés étaient tous morts et ses contemporains étaient infirmes comme lui.

Il était seul.

Oh ! Ses pieuses sœurs, comme il dût regretter souvent qu'elles fussent parties avant lui ! « Les regrets de ceux que l'on a aimés, disait-il, ne se traduisent qu'en désirs de les retrouver dans une patrie meilleure; et, dans ce cas, l'affliction devient la mère de l'espérance ! »

Sans doute, malgré les variations et les fragilités de la reconnaissance humaine, dans la multitude d'êtres qu'il avait obligés, plusieurs pensaient à lui, prenaient par intervalles des informations sur son état, et, si la discrétion ne les eût retenus, auraient regardé comme un honneur l'essai de le tirer parfois de sa solitude?

Ce ne pouvait être que rare et momentané; c'était insuffisant et ça n'eût pas pu être pour lui sans quelques fatigues, ce que les fidèles aux infirmes veulent surtout leur éviter.

Oh ! il était bien seul !

Ici cependant doit trouver sa place la mention et le nom de cet ancien pupille de la Daurade, qui, après avoir débuté par être un fils, aux jours de sa jeunesse lévitique, se montra un frère et un ami aux jours de sa maturité affectueuse !

Tous les jours de l'année, par des températures soit torrides, soit glaciales, il vint d'une autre extrémité de la ville passer quelques heures de l'après-midi auprès du vénéré infirme, prendre ses commissions ou lui porter ses réponses, l'intéresser par le récit de quelque nouvelle courante, remplir à la fois le rôle de consulteur et celui de secrétaire

L'objet de la grande privation pour M. Ruffat, c'était la messe, la communion, l'Eucharistie. Par une modestie exagérée, « pour ne pas, disait-il, se donner des airs de Prélat », il refusa longtemps les offres qui lui furent faites d'avoir un oratoire privé. Et son âme vécut de cet ostracisme cruel envers elle-même, jusqu'à se priver de Dieu.

M. Andrieu, aujourd'hui évêque de Marseille, se perfectionnait déjà dans l'avenir de ses vertus pontificales, en venant, à l'aurore de chaque dimanche, porter la Sainte-Communion à ce prêtre fervent et éprouvé.

Tout était spirituel chez lui. Le corps n'existait plus, l'*Expecto* de la délivrance était le cri de son âme, affaiblie par la dissolution successive des membres.

La fin approchait et il s'y préparait angéliquement !...

De l'Abbé Ruffat à saint Vincent de Paul

Je viens de relire pour la dixième fois le récit des dernières années de saint Vincent de Paul, par Abelly, évêque de Rodez; et, sous l'impression profonde de mon Sujet, je lui ai trouvé de belles ressemblances avec celles de ce saint que nous vénérons tous comme un prince de la charité et un héros des bonnes œuvres dans l'Eglise de France. J'y ai appris que, sur la fin d'une carrière si fructueuse et longue — car M. Vincent vécut jusqu'à quatre-vingt-cinq ans — ce serviteur de Dieu avait été assujetti à des maladies et à des souffrances corporelles qui eussent été incompatibles avec ses obligations, s'il n'eût été, lui, en possession d'une ferveur digne des premiers martyrs. Ce que les bourreaux, en effet, opérèrent en ces preux du christianisme, les infirmités le produisirent en celui que les apologistes du grand siècle ont appelé *un homme de miséricorde : Virum misericordiæ !* « Depuis quarante-cinq ans, écrit l'historien, ses jambes enflées ne le portaient qu'avec peine, et il n'en continuait pas moins tous les travaux du ministère le plus accablant. C'est à cheval qu'il allait, à Paris, de Saint-Lazare à la Salpêtrière, de la Salpêtrière aux *Bons-Enfants.* Et telles étaient les infirmités dont il était le prisonnier, qu'il ne descendait pas de sa monture à cause des difficultés qu'il avait pour y remonter, et donnait, dans la cour même de l'établissement, ses audiences en selle ». Les deux dernières années, l'archevêque de Paris lui imposa l'usage d'une modeste cariole, et jusqu'aux extrêmes limites de son âge, ce vieillard continua l'administration de ces grandes œuvres. La miséricorde qui semblait être *sortie avec lui du sein de sa mère* l'accompagna jusqu'à sa tombe ; et jusqu'à ce terme, « on ne le vit accepter aucun des adoucissement que sa piété elle-même réclamait. » N'est-ce pas à ce grand modèle de l'humilité dans la ferveur que M. l'abbé Ruffat, *prisonnier aussi de ses infirmités*, dans ses dernières années, se reportait, quand il refusait de convertir en oratoire sa propre chambre? Ce n'est pas à cheval — la mode en était passée — mais dans un modeste fiacre qu'il allait, le dimanche matin — tant que cette course lui fut possible — dire sa messe à la maison-mère de la Sainte-Famille. Mais un moment vint où il ne fut plus possible à sa dévotion de se donner cette complaisance; c'est alors qu'avec une gaieté de bon aloi, il répétait la parole de David : « Que voulez-vous ? j'ai été jeune autrefois, je suis vieux aujourd'hui. » J'ai eu vingt-cinq ans aux Blanchers et au quai de Brienne, j'en ai plus de quatre-vingts dans ma chambre de malade. Or, je vous affirme — foi de chrétien qui se dispose à paraître devant Dieu — que je n'ai jamais vu le juste délaissé ni ses enfants manquant de pain! — Et je le crois bien, après votre passage surtout ; car vous avez dû leur en donner toujours.

Encore un rapprochement entre ces deux vieillards, à deux siècles de distance : ils ont eu sur leurs lèvres le même cri, à plusieurs reprises répété, parce qu'il était constant dans leur cœur : « *Deus in adjutorium meum intende!* » Cri de détresse, mais de la détresse confiante ! Et lorsqu'on a vu mourir de la même sorte ce géant historique de la sainteté et cet humble prêtre, compagnon de notre exil et de nos travaux vulgaires, ce fondateur si éminent, si justement honoré dans l'Eglise de Dieu par l'immense retentissement de ses vertus et de ses miracles, et ces confrères modestes, inférieurs encore à M. l'abbé Ruffat par leurs titres officiels, mais qu'on avait rencontrés en d'autres temps au chevet des malades, aussi fréquemment dans une mansarde que dans une chambre capitonnée, — un pauvre curé de campagne ou un vicaire de faubourg, — et lorsqu'on les a vus mourir comme un trappiste sur le lit de sangles, ou comme Vincent de Paul sur le matelas que ses frères lui ont imposé... Quand on a étudié ces morts douces et saintes sur le visage des pauvres de l'hôpital ou sur celui des prélats honorés, on n'a aussi qu'un cri sur les lèvres : « Puisse mon âme mourir de la mort des justes ! Puisse ma fin dernière ressembler à celle dont je viens de considérer le consolant tableau ! »

Telle vie, telle mort. Celui qui fut un fils obéissant et dévoué, un frère attentif et empressé, un séminariste pieux, un vicaire zélé, d'intention pure, un chanoine ou un vicaire général modeste et bienveillant, de qui il a dépendu d'être évêque..., tous ces types, qui nous ont édifiés dans la vie d'un seul nous instruisent surtout et nous corroborent à la mort !

C'est pour les retrouver là qu'on fait des prières et qu'on compose des livres. C'est dans ce but unique de *la fin* qu'on fait tout ce qu'on fait.

Derniers Jours

Les religieuses de la Sainte-Famille regardèrent comme une consolation la faveur de pouvoir entourer, à ses derniers moments, leur vénéré Supérieur.

Pendant les quinze derniers jours, elles se suc-

cédèrent auprès du cher malade, et lui témoignè-
rent, par leurs soins dévoués, leur filiale reconnaissance.

Les derniers moments de ce saint prêtre furent
l'écho de sa vie; on le retrouvait, à chaque instant,
aussi bon, aussi patient, aussi humble qu'on
l'avait toujours connu.

Il acceptait avec une aimable reconnaissance
tous les soins dont il était l'objet. Lorsqu'on parlait avec éloge de sa patience à supporter ses
souffrances : « Ne parlez pas de cela, disait-il, je
ne fais que ce que je dois ».

L'application de la glace sur la tête lui était une
fatigue constante. Instinctivement, il cherchait à
alléger ce poids incommode ; il suffisait alors de
lui dire que le médecin l'avait ordonné pour que
l'obéissant malade laissât retomber sa main, se
soumettant avec un doux sourire. Malgré ses souffrances et l'état de prostration où il était tombé,
il n'oubliait pas celui avec qui il avait vécu dans
une si grande intimité. Souvent on l'entendait
demander d'une voix à peine articulée : « l'abbé
est-il là. » Sur la réponse affirmative, il paraissait
heureux. Tous les instants lucides que lui laissaient
ses souffrances étaient employés à la prière et aux
saintes aspirations. Son délire même était em-
preint de cette douce et suave piété qui était le
fond de son caractère. C'est alors qu'il confessait,
donnait des avis, consolait des âmes affligées
qu'il croyait présentes devant lui.

Il disait aussi la sainte messe, se communiait
lui-même, et excerçait les diverses fonctions de
son ministère sacerdotal, d'une manière qui touchait les personnes qui l'entouraient.

23

D'autres fois il demandait avec sollicitude : « Le clergé de Saint-Etienne va-t-il me porter la sainte Communion »; on répondait affirmativement pour contenter son désir. Il se soulevait alors péniblement, et comme tout pénétré de l'action qu'il accomplissait il se préparait à la sainte Communion avec une piété angélique.

Narration dont la naïveté exprime la fidélité.

A quoi donc pouvait-il penser mourant, sinon à ce qui fut le travail, l'honneur et la vertu de toute sa vie.

Les Funérailles

En collectionneur que j'ai dû être, de toutes pièces afférentes à mon sujet, j'aurais volontiers fait de celle-ci un thème à développer; car tout y est. A l'heure tardive où je l'ai rencontrée, je l'adopte comme un *résumé* éloquent et je remercie cordialement son auteur. Il a jugé l'abbé Ruffat en homme habitué à tremper la plume dans son cœur :

« Certains hommes ne devraient jamais mourir : on est « tenté de reprocher leur départ au bon Dieu. Beaucoup « valent peu, sans doute; mais celui-ci était un excellent « cœur et un saint. » — Propos surpris au passage, le 11 juin, sur les lèvres d'un brave ouvrier au moment où le char funèbre — les obsèques étant finies à la Métropole — emportait, vers le cimetière de Villeneuve-les-Cugnaux, la vénérable dépouille de M. le chanoine Ruffat.

« Cette petite oraison funèbre sans apprêt fait plus d'honneur au très regretté chanoine qu'un éloge académique ou un discours officiel. Sur la bière, ni harangues, ni fleurs !

Elle s'était avancée de la rue Maletache à la cathédrale escortée des bénédictions du peuple et parée du souvenir d'attrayantes vertus. L'attitude très recueillie de la foule et l'expression de filiale tristesse répandue sur bien des visages révélaient assez quel prêtre d'élite le diocèse venait de perdre, quel ami dévoué, quel sage directeur, quel conseiller avisé, quel homme d'œuvres, quel bienfaiteur, généreux on bénissait dans cette suprême manifestation. »

Et la signature de M. le chanoine Dupin est celle-ci : *Un Ami*.

Le Ciel de l'Abbé Ruffat

Ce chapitre est grandement une affaire d'imagination, mais la doctrine n'en est pas absente, puisqu'elle lui sert de fondement.

Je me souviens d'avoir lu, il y a de cela soixante ans, une pièce de poésie dont le sujet était ainsi libellé : *Le ciel d'un bon curé !*

C'était une *procession*. L'auteur l'avait placée dans le ciel, où le bon pasteur de son choix entendait raconter à Dieu, par les reconnaissants d'autrefois, les actions charitables de sa vie pastorale.

C'était la *procession des œuvres* plaidant la cause finale d'un grand élu. Mes lecteurs peuvent facilement se figurer cette scène de jugement particulier. Ils ont vu, ils savent tout ce que l'abbé Ruffat fut capable d'accomplir, en œuvres de miséricorde soit spirituelles, soit corporelles. Faisons passer devant le trône du souverain-juge toutes ces catégories d'assistés : les enfants, les pauvres, les ma-

ladès, les orphelins, les sourds-muets, les vieillards, les pécheurs, les instruits, les pardonnés,
les consolés de toute tristesse et de toute douleur, prêtons à chaque avocat de chaque phalange, le langage de la reconnaissance, telle
qu'elle doit survivre au ciel et s'adressant à Dieu
même. Nous aurons le poème de l'apothéose qui
doit clore une semblable vie. La scène théologique de la justification d'une âme, d'une carrière
sacerdotale, plus féconde encore qu'honorée !

J'écris cette dernière note le lundi de la première semaine de carême, où Jésus, racontant à
ses apôtres la scène future du jugement, place sur
ses lèvres même, cette explication : « Ce que vous
avez fait au plus petit d'entre les miens, c'est à
moi que vous l'avez fait, » et cette conclusion
finale et irrévocable pour l'éternité : « Venez les
bénis de mon père, possédez le royaume qui vous
a été préparé depuis le commencement du monde !»
C'est classique comme l'évangile.

On dira que nous terminons ce livre comme
l'abbé Ruffat aurait à pareil jour terminé une
homélie ? Nous ne nous en défendons pas ; au
contraire, nous nous sommes tellement attaché à
notre vénéré frère que, après l'avoir suivi dans
tous les sentiers du siècle qu'il a si noblement
foulés, nous n'avons voulu nous séparer de lui
qu'après l'avoir accompagné au sein de son éternité !...

Et j'ajoute :

Nous nous sommes tellement attaché à la
compagnie de nos lecteurs, que nous n'avons
voulu nous séparer d'eux qu'après avoir tiré les

suprêmes conséquences des beaux exemples que nous leur avons montrés.

On revient toujours à ses vieilles habitudes. Or, les miennes sont celles d'un sermoneur invétéré, d'un missionnaire qui, écrivain comme orateur, ne croit sa station terminée que quand il a passé par la résurrection et le jour de Pâques.

La vie de l'abbé Ruffat ne s'est arrêtée pour nous qu'à l'*alleluia* !

Dernier recueillement

Je ne crois pas qu'il y ait un recueillement plus *naturel* et plus *doux* que celui d'un auteur qui vient d'écrire, sur la dernière page du livre qu'il a composé, ce monosllabe qui, pour lui, résume tous ses efforts, toutes ses appréhensions, tous ses désirs et toutes ses espérances : *Fin*.

Quand ce mot est écrit, l'auteur n'a plus qu'à se présenter devant sa conscience, à qui il confia son entreprise, et devant Dieu, à la volonté duquel il s'en remet du *lendemain*, c'est-à-dire de tout ce qui peut suivre l'émission de son travail.

Quand il s'agit d'un poème littéraire ou d'une thèse philosophique, l'écrivain se console facilement de n'avoir pas perdu son temps et d'avoir rempli son but, par l'intérêt qu'il a su inspirer.

Mais quand il a pris pour sujet Dieu lui-même ou des choses qui se rapportent directement à Dieu, il est plus exigeant dans ses visées et il n'aspire à rien moins qu'à un succès durable comme son âme.

Il voudrait entendre — et il n'en désespère pas — le crucifix devant lequel il prie lui dire cette parole qui rendit si consolé le cœur de saint Thomas-d'Aquin : *Bene Scripsisti de me.*

Pourquoi n'ambitionnerai-je pas ce prix plus qu'académique ? On nous a tant de fois répété cette affirmation de saint Chrysostome : « Le prêtre est un autre Christ » ; or, j'ai tracé la vie d'un prêtre, d'un vrai prêtre... Et, si je n'ai rien exagéré, j'ai dû produire, dans la copie, les traits de ce type, de celui qui fut et demeure notre *modèle à tous.*

Je l'ai, en quelque sorte, *humanisé* pour le rendre plus saisissable, plus adaptable à mes lecteurs et à moi-même.

Mon Dieu, ceci fut le travail final des longues expériences que vous avez accordées à ma carrière apostolique.

Il y a quelques années déjà, je vous consacrai les « restes d'une voix qui s'éteint » ; aujourd'hui je vous consacre les restes d'une plume qui s'immobilise.

Je commençai, il y a cinquante ans passés, par l'*In nomine patris* d'une carrière à son exorde. Je termine aujourd'hui par l'*Amen* de la vie éternelle ; mais c'est toujours vous que je prêche, vous que j'attends !

TABLE DES MATIÈRES

Toulouse. — Imprimerie Lagarde et Sebille, rue Romiguières, 2.